46
36
43
29
26
41
34
28
27
17
20
45
18
19
16
42
3
10
48
35
47
4
38
2
37
1

50 EINMALIGE ORTE ZUM TAUCHEN

50 EINMALIGE ORTE ZUM
TAUCHEN

Die besten Tauchspots zwischen Australien und den Malediven

CHRIS SANTELLA

INHALT

DIE TAUCHSPOTS

DANK

Dieses Buch wäre nie zustande gekommen ohne die Hilfe der Tauchexperten, die mir ihre Zeit und Erfahrung zur Verfügung stellten, um diese 50 wunderbaren Orte zum Leben zu erwecken. Diesen Männern und Frauen danke ich von ganzem Herzen. Mein besonderer Dank gilt Ethan Gordon, Tom Phillipp und der Scubazoo-Crew, die für mich Kontakte knüpften und mir die Feinheiten ihrer geliebten Unterwasserwelt nahebrachten. Ich möchte mich auch für die großartige Arbeit meiner Lektorin Jennifer Levesque, des Grafikdesigners Paul Wagner und der Korrektorin Sylvia Karchmar bedanken, ohne die es dieses Buch gar nicht gäbe. Danke auch an Claire Greenspan, deren unermüdliche Arbeit die Fifty-Places-Reihe überhaupt erst möglich machte. Meiner Agentin Stephanie Kip Rostan danke ich für ihren weisen Rat und ihre ausgleichende Einflussnahme. Danken möchte ich an dieser Stelle auch meinen Eltern, die mich nach einem verhängnisvollen Tauchausflug in Acapulco 1977 trösteten und mich ermutigten, meinen Traum vom Autorendasein weiterzuverfolgen. Mein größter Dank gilt jedoch meiner Frau Deidre und meinen Töchtern Cassidy Rose und Annabel Blossom für ihre unendliche Geduld, Flexibilität und Liebe. Ich hoffe, dass einige Wunder der Unterwasserwelt noch existieren, wenn sie alt genug sind, um selbst tauchen zu gehen.

VORWORT

»Wo tauchst du am liebsten?« Eine berechtigte Frage, die mir häufig gestellt wird, wenn ich tropfnass und halb nackt bin. Meist schäle ich mich in diesem Augenblick gerade zusammen mit einer Bootsladung anderer Taucher aus meinem Tauchanzug. Typischerweise erreicht zeitgleich mit diesem unaufreizenden Striptease die übliche Euphorie nach dem Tauchgang ihren Höhepunkt, und die Gedanken schlagen Purzelbäume, um der Antwort auf eine ganz einfache Frage näherzukommen: »Welcher Ort könnte zum Tauchen wohl noch besser sein als der, an dem ich mich gerade befinde?« Als Fotojournalist, der sich auf Tauchziele auf der ganzen Welt spezialisiert hat, sollte ich vermutlich eine fundierte Meinung zu dieser Frage haben. Aber eine einfache Antwort darauf gibt es nicht.

Fast jeder Tauchplatz hat seine ganz besonderen Vorzüge, ob es nun ein unberührtes Korallenriff ist oder ein Luxushotel als bequeme Tauchbasis. Manchmal ist die Unterwasserwelt an einem Tauchplatz eher durchschnittlich, doch die Einheimischen, der Tauchführer oder die Mittaucher machen den Tauchgang unvergesslich. Ein anderes Mal erinnert die Unterbringung eher an eine heruntergekommene Armeebaracke, aber der Tauchgang selbst ist so unglaublich überwältigend, dass einem das überhaupt nichts ausmacht.

Wie auch immer, die Mittaucher, die mir diese Frage stellen, wollen wissen, wohin sie als Nächstes aufbrechen sollten, und ich muss eine befriedigende Antwort finden. Bei solchen Gelegenheiten zitiere ich gern den Quarterback Tom Brady, der auf die Frage, welcher seiner Super-Bowl-Ringe sein liebster sei, stets antwortet: »Der nächste.« Glücklicherweise konnte Chris Santella sich nicht so schlagfertig herauswinden. Für dieses Buch spürte Chris 50 Experten aus der ganzen Welt auf, die sich zu den besten Tauchplätzen der Welt äußern sollten. Dem begeisterten Taucher wird das Buch helfen, Abenteuer für den Rest seines Lebens zu planen. Und alle, die dort schon waren, werden die herrlichen Fotos an die großen Abenteuer erinnern, die sie schon erlebt haben! Wenn Sie also das nächste Mal tropfnass und halb nackt am Heck eines Tauchboots stehen und sich fragen, was wohl den Tauchgang noch toppen könnte, den Sie gerade hinter sich haben: Trocknen Sie sich erst mal ab. Ziehen Sie sich etwas an (oder tragen Sie wenigstens Sonnencreme auf). Nehmen Sie dann dieses Buch zur Hand, und beginnen Sie, Ihre nächste Tauchreise zu planen.

ETHAN GORDON

EINLEITUNG

Die Weltmeere bergen viele wundersame Überraschungen – ob kleine, farbenprächtige Tierchen im Schlamm vor der Küste von Papua-Neuguinea, anpassungsfähige Humboldt-Kalmare in den Tiefen der Cortes-See oder Schiffswracks als stumme Zeugen vergangener Konflikte in der Lagune des Bikini-Atolls. Mit dem Aufkommen moderner Tauchausrüstung erleben immer mehr Menschen diese Unterwasserwunder aus erster Hand. Ständig werden neue Tiere, neue Riffe, neue angesagte Tauchplätze entdeckt, und begeisterte Taucher möchten diese Orte zu gern selbst erkunden. Für diese Menschen ist *50 einmalige Orte zum Tauchen* gedacht.

Die Fruchtbarkeit eines gesunden Riffsystems wird in den Gewässern von Fidschi mehr als offenkundig.

»Was macht aus einem Tauchplatz einen Ort, an dem man einmal im Leben getaucht sein muss?«, fragen Sie sich nun vielleicht. Haie, Mantarochen und andere imposante Tierarten vielleicht? Eine unglaublich üppige biologische Vielfalt? Gesunde Riffe? Eine besonders lohnende Atmosphäre auf dem Tauchschiff oder an Land? Die Antwort lautet: all das und noch viel mehr. Eins wusste ich, als ich mit diesem Projekt begann: Ich war *nicht* in der Lage, eine solche Liste allein zusammenzustellen. Also folgte ich einer Strategie, die mir bei meinen ersten Fifty-Places-Büchern schon gute Dienste geleistet hatte: Ich suchte den Rat von Experten. Für *50 einmalige Orte zum Tauchen* befragte ich eine Vielzahl von Menschen, die eng mit der Tauchwelt in Verbindung stehen, und bat sie, mir ihre schönsten Erlebnisse zu erzählen. Die Palette reichte von Filmemachern (Stan Waterman) über Fotografen (Stephen Frink und Ethan Gordon), Meeresbiologen (Mike Beck), Ausrüstungshersteller (Doug Toth) und Tauchsicherheitsexperten (Dan Orr) bis hin zu Abenteurern (Scott Cassell). Einige erzählten mir von Gegenden, an denen ihr Herz hängt, an denen sie den Grundstein für ihre Karriere legten, andere von Orten, an denen sie nur einmal waren, die aber einen bleibenden Eindruck bei ihnen hinterlassen haben. Die Menschen lieben das Tauchen aus vielen verschiedenen Gründen, und diese breite Palette kommt in diesem Buch sehr deutlich zum Ausdruck. (Um zu demonstrieren, wie unterschiedlich Tauchbiografien sein können, folgt auf jeden Beitrag eine Kurzbiografie des oder der Interviewten.)

Dieses Buch listet 50 fantastische Orte zum Tauchen auf, versucht aber auf keinen Fall, irgendeine Art von Rangfolge aufzustellen. So ein Ranking wäre ohnehin subjektiv – mit Weißen Haien zu schwimmen könnte für einen Makrofotografen ein wahrer Albtraum sein! In diesem Sinne sind die Orte ganz einfach alphabetisch geordnet.

In der Hoffnung, einige Leser zu eigenen Abenteuern zu inspirieren, gebe ich am Ende jedes Kapitels kurze Reisetipps, in denen auch die Namen guter Tauchbasen und Tauchreiseveranstalter zu finden sind, die Reisen in die besprochene Gegend organisieren. Die Reisetipps sind nicht als vollständige Liste zu verstehen, sondern sollen lediglich als Basis für die Planung der eigenen Reise dienen. (Hinweis: Bei Tauchplätzen, die vom Land aus gut zu erreichen sind, werden Informationen sowohl zu Unterkünften als auch zu Tauchbasen aufgeführt. Bei Tauchplätzen, die per Tauchschiff oder von abgelegenen Ferienorten aus angesteuert werden, werden nur Informationen zur Unterkunft aufgelistet.)

Man muss nicht bis ans Ende der Welt reisen, um einen unvergesslichen Tauchgang zu erleben. Doch die Reise zu einem Traumziel kann lebenslange Erinnerungen schaffen. Ich hoffe, dass dieses Buch Sie dazu inspiriert, eigene Tauchabenteuer zu erleben.

Dieser prächtige Mantarochen ist eines Hofstaates würdig – in diesem Fall bestehend aus Schiffshaltern und einem Fotografen.

Die Tauchspots

Antarktis

MCMURDO-SUND

EMPFOHLEN VON **Linda Kuhnz**

Pinguine und Meeressäuger trifft man im McMurdo-Sund eher über als unter Wasser an.

Es gibt Kaltwassertauchen. Es gibt Eiswassertauchen. Und es gibt Antarktis-Eistauchen!

Während ihrer Zusammenarbeit mit den Moss Landing Marine Laboratories bot sich Linda Kuhnz die Gelegenheit, eine Forschungs-Tauchexpedition zum McMurdo-Sund an der Südspitze der Ross-Insel in der Antarktis zu begleiten. »Ich wusste ein Jahr im Voraus, dass ich mitfahren würde, und hatte reichlich Zeit, mich vorzubereiten und über die bevorstehende Expedition nachzudenken«, beginnt Linda. »Ich war schon oft in Tauchanzügen unterschiedlicher Stärke in kaltem Wasser getaucht, aber recht bald wurde klar, dass ich lernen musste, im Trockenanzug zu tauchen. Ich dachte, dass Eistauchen sich beengend oder gar klaustrophobisch anfühlen würde, und ich war mir nicht sicher, wie ich darauf reagieren würde. Einige Taucher, die die Erfahrung schon gemacht hatten, erzählten mir, wenn man sich durch das Eisloch hinabsinken lässt – manchmal bis zu drei Meter dickes Eis –, kann das schon ein bisschen beängstigend sein.«

Die Antarktis gehört nicht unbedingt zu den einladendsten Orten der Erde. Dafür spricht schon allein, dass es keine Ureinwohner auf dem Kontinent Antarktika gibt, trotz der Tatsache, dass er mit mehr als 36 Millionen Quadratkilometern etwa anderthalb mal so groß ist wie die USA! Ein Kontingent von 5000 Wissenschaftlern aus den 27 Unterzeichnerstaaten des Antarktisvertrags bewohnt den Kontinent das ganze Jahr über; weitere rund 25 000 Touristen pro Saison besuchen die wärmsten Gebiete der antarktischen Halbinsel. Ein Großteil der Landmasse – geschätzte 98 Prozent – besteht aus Eis und Schnee mit einer durchschnittlichen Stärke von 2000 Metern; Wissenschaftler glauben, dass bis zu 70 Prozent der weltweiten Süßwasservorräte hier lagern. In den Wintermonaten, wenn die Temperaturen bei kuscheligen –40 bis –70 Grad liegen, friert das Meerwasser um den Kontinent bis zu 300 Kilometer vor der Küste zu und bedeckt ein Gebiet, das noch größer ist als die Landmasse von Antarktika. Im Sommer (Dezember bis März) taut das Meereis, jedoch nicht vollständig. Das Eistauchen ist also auch im Sommer möglich. Der McMurdo-Sund liegt etwa 1400 Kilometer vom Südpol entfernt am äußersten westlichen Rand des Kontinents (oder auch 3800 Kilometer südlich von Christchurch in Neuseeland).

Laut Forschungsarbeiten erfolgte der erste Tauchgang unter das Eis von Antarktika im Jahr 1902, als Willy Heinrich, ein Zimmermann auf dem deutschen Schiff »Gauß«, ins Wasser ging, um Reparaturarbeiten auszuführen. Heute wie damals gibt es beim Eistauchen einige besondere Herausforderungen. Zunächst einmal muss das Eis durchstoßen werden. Diese Aufgabe erledigt in der Regel ein großer Eisbohrer, der mit einem Kettenfahrzeug (ähnlich einem sehr großen Schneemobil) auf das Eis zur gewünschten Tauchstelle gebracht wird. Das Loch kann mit bis zu 3,50 Metern Durchmesser recht groß sein; wenn man besonders großes Glück hat, befindet es sich in einem beheizten Eishaus, das man sich vorstellen kann wie eine Fischerhütte auf dem Eis. (Manchmal nutzen Eistaucher auch die Atemlöcher von Weddellrobben, um Arbeit zu sparen.) Ist der Taucher erst einmal im Wasser – das bis zu –2 Grad kalt sein kann –, muss er unbedingt warm bleiben. Trockenanzüge sind unumgänglich, und es wird empfohlen, dass die Besucher vor ihrer Ankunft bereits ein paar Tauchgänge im Trockenanzug hinter sich gebracht haben. Zur weiteren Ausrüstung gehören Trockenhandschuhe, die mit dem Anzug verbunden werden, mehrere Schichten Funktionsunterwäsche aus Polypropylen und ein Regler für niedrige Temperaturen. (Zum Glück für die Forscher verfügt die McMurdo-Station über ein gut sortiertes Inventar an Kaltwasser-Tauchzubehör.)

»Bei der Vorbereitung auf meinen ersten Tauchgang verspürte ich eine Mischung aus Vorfreude und Angst – man fragt sich unwillkürlich, ob man es schaffen wird oder nicht«, fährt Linda fort. »Es war ein heller, sonniger Tag. Ich ließ mich durch das Eis fallen und sah nach oben. Das Sonnenlicht drang durch das Eis, das gletscherblau leuchtete – eins der schönsten Dinge, die ich je gesehen habe. Ehrfurcht ergriff mich ob der Farbenpracht. Wenn ich nur davon rede, bekomme ich schon eine Gänsehaut. Ich war in einer surrealen Welt, die so schön war wie jedes tropische Riff.« Dank der richtigen Ausrüstung fühlte Linda sich im eisigen Wasser erstaunlich wohl. »Ein winziges Stück meines Gesichts kam in Berührung mit dem Wasser, der Bereich unter meiner Maske, wo die Kapuze am Kinn anliegt. Aber insgesamt war die Kälte kein besonders großes Problem.«

Die Sicht in den Gewässern unter dem Eis des McMurdo-Sunds kann verblüffend gut sein. »Es gab kaum schwebende Partikel im Wasser«, erklärt Linda. »Wenn man hochblickt, kann man das Eisloch ganz deutlich sehen, selbst aus 20 Metern Entfernung. Einige meiner Forscherkollegen waren schon im Vorfrühling unten, bevor die Sonne richtig scheint, weswegen es dann nur sehr wenig Plankton gibt. Sie erzählten, dass die Sicht zu dieser Jahreszeit bis zu 300 Meter betragen kann. Einmal bohrten sie zwei Löcher im Abstand von 300 Metern, und die Taucher sagen, sie konnten beide Ausstiege sehen.« Eine Sichtweite von 90 bis 180 Metern ist allerdings eher üblich.

Die kaleidoskopischen Brechungen des Lichts, das durch das dicke Eis auf dem McMurdo-Sund sickert, sind nicht die einzige Attraktion. Den Taucher erwartet auch eine Vielzahl von Wirbellosen. »Ich sehe mir immer sehr gern die Kleinlebewesen an, vielleicht deshalb, weil ich bei der Arbeit so oft durch ein Mikroskop schaue«, fährt Linda fort. »Es gibt da ein Tier namens *Glyptonotus antarcticus*, das in den Gewässern des McMurdo-Sunds lebt. In anderen Teilen der Welt wird diese Assel nur einige Zentimeter lang. In der Antarktis habe ich Exemplare von 13 bis 15 Zentimeter Länge gesehen. Die Tiere in diesen konstant eiskalten Gewässern müssen nicht viel Energie aufbringen, um Temperaturänderungen auszugleichen, und deswegen werden sie sehr groß. Das gilt auch für andere Krebstiere Schwämme und Seesterne. Auf einem Tauchgang, bei dem wir tiefer gingen als gewöhnlich, bis auf etwa 50 Meter, fotografierten wir mannshohe Schwämme!«

LINDA KUHNZ ist leitende Forschungstechnikerin am Monterey Bay Aquarium Research Institute. Wenn sie nicht arbeitet, ist sie oft mit ihrem Tauchclub Abreojos Diving Adventures unterwegs, den sie von je einer Basisstation in Monterey (Kalifornien) und an der Küste von North Kohala (Hawaii) aus betreibt.

REISETIPPS

► **Anreise:** Wer nicht eine Forschungsexpedition begleitet, muss per Schiff in die Antarktis reisen, da es keinen kommerziellen Luftverkehr gibt.

► **Beste Reisezeit:** Reisen in die Antarktis sind nur im Frühling und Sommer möglich, etwa von November bis Ende April.

► **Unterkünfte:** Es gibt nicht viele Schiffe, die Tauchexpeditionen in die Antarktis anbieten. Ein Veranstalter ist Aurora Expeditions in Australien (www.auroraexpeditions.com.au).

EAGLE HAWK NECK

EMPFOHLEN VON **Karen Gowlett-Holmes**

Wer Tasmanien hört, denkt oft zuerst an die kurzlebige Cartoonfigur Taz, den rastlosen Tasmanischen Teufel. Ginge es nach der Tauchergemeinde, dächte man jedoch zuerst an Seedrachen und all die anderen Attraktionen der Gewässer vor der Tasman-Halbinsel.

Seedrachen sind eng mit den Seepferdchen verwandt und gehören zu den größten Tauchattraktionen Tasmaniens.

Tasmanien ist eine große Insel 200 Kilometer südlich von Melbourne auf der anderen Seite der Bass-Straße. Der australische Bundesstaat zeichnet sich vor allem durch große unberührte Naturgebiete aus; fast 40 Prozent seiner 68 000 Quadratkilometer bestehen aus Nationalparks und Weltnaturerbe-Regionen. Das Klima ist kühler und feuchter und die Vegetation üppiger als auf der großen Insel im Norden. Neben dem Tasmanischen Teufel (ja, dieses Wesen gibt es tatsächlich – ein Fleisch fressendes Beuteltier von der Größe eines kleinen Hundes, auch Beutelteufel genannt) gibt es in Tasmanien noch viele andere endemische Pflanzen- und Tierarten, die man nirgendwo sonst findet. Das gilt auch für die artenreiche tasmanische Meereswelt, die rein gar nichts von dem tropischen Ambiente des Great Barrier Reef hat. »Unsere marine Flora und Fauna ist extrem artenreich für eine eher kühle gemäßigte Zone«, sagt Karen Gowlett-Holmes. »Unter den gemäßigten Zonen der ganzen Welt findet man in Tasmanien die meisten Wirbellosen- und Algenarten. Geschätzt nur etwa 30 Prozent der wirbellosen Meeresbewohner sind wissenschaftlich beschrieben. Zu unseren endemischen Arten – die entweder nur in Südaustralien vorkommen oder sogar nur im Südosten Tasmaniens – gehören beispielsweise der Seedrachen und der mit den Anglerfischen verwandte Handfisch. Diese Tiere locken viele Taucher in die Region.«

Die Tasman- und die Forestier-Halbinsel liegen nur eine Autostunde südwestlich von Hobart, vereinen aber die ganze Schönheit und Wildheit der »Insel vor der Insel«, wie Tasmanien manchmal auch genannt wird. Die dicht bewaldeten Klippen, die sich 300 Meter über dem Meer erheben, bieten sowohl von den vielen Wanderwegen als auch vom Wasser aus einen spektakulären Anblick. Eaglehawk Neck wird die Landbrücke zwischen den beiden Halbinseln genannt. Im Osten befinden sich die Tasmansee, im Westen die geschützteren Gewässer der Norfolk Bay. Die meisten bekannteren Tauchplätze in der Region liegen auf der Meerseite. Eine Attraktion der tasmanischen Unterwasserwelt, die sich die meisten Besucher nicht entgehen lassen, sind die gewaltigen Tangwälder. Ausgedehnte Bestände von *Macrocystis pyrifera* mit sechs bis 50 Meter hohen Pflanzen waren einst ein gewohnter Anblick vor den Küsten der Tasman- und der Forestier-Halbinsel. Leider gehen die Wälder inzwischen stark zurück – über 90 Prozent sind in den letzten zehn Jahren aufgrund des Klimawandels verschwunden. Die Wälder in der Fortescue Bay, die in der Mitte der Tasman-Halbinsel liegt, sind aber noch gesund. Hier wächst der Tang bis zu 50 Meter hoch vom sandigen Boden zur Wasseroberfläche. In verschiedenen Etagen dieses Unterwasserwalds können Taucher unterschiedliche Lebewesen beobachten, beispielsweise Tintenfische, Kofferfische, Rundstechrochen, Kraken und einen von Tasmaniens Unterwasserstars, den Seedrachen. Die Seedrachen sind eng mit den Seepferdchen verwandt und verdanken ihren Alternativnamen »Kleiner Fetzenfisch« den Hautanhängseln an Kopf und Körper, die ihnen in ihrem Lebensraum zwischen Tang und Seegras eine gute Tarnung bieten. Wenn sie bewegungslos verharren, übersieht man sie leicht!

»Zu den Seedrachen zu tauchen ist eine der beliebtesten Besucherattraktionen«, fährt Karen fort. »Es gibt mehrere Stellen, an denen die Wahrscheinlichkeit sehr hoch ist, welche zu sehen. Die Tauchtouristen staunen oft über ihr Erscheinungsbild und auch über ihre Größe – sie werden 40 bis 45 Zentimeter lang, aber die meisten stellen sie sich viel kleiner vor. Wenn man sich vorsichtig annähert, ignorieren sie die Taucher und fressen oder schwimmen ganz unbefangen weiter. Im Sommer tragen die meisten Männchen Eier.« Der Lebensraum der Seedrachen beschränkt sich auf die südlichen Gewässer Australiens von Geraldton im Westen bis Sydney im Osten, im Süden bis zum unteren Teil Tasmaniens. Übrigens tragen die Männchen die 100 bis 300 Eier der Weibchen an ihre Schwänze geklebt etwa zwei Monate lang mit sich herum und befruchten sie dabei auch gleich.

Die Felsformationen Devil's Kitchen und Tasman Arch gehören zu den eindrucksvollsten Überwasserattraktionen der Tasman-Halbinsel, und auch unter Wasser in der Waterfall Bay finden sich spektakuläre Gesteinswelten. »In den Höhlen und an den Wänden der Waterfall Bay leben unglaublich viele Arten, die Wände sind voller bunter Wirbelloser, darunter auch viele Nacktkiemer«, sagt Karen. »Die Cathedral Cave ist die größte Höhle, von der aus man in viele kleinere Höhlen mit engen Tunneln und Passagen gelangt.

In der Nähe der Eingänge sammeln sich oft große Fischschwärme. Auch in den Schluchten in der Nähe des Paterson's Arch findet man eine Vielzahl von Wirbellosen.«

Ein Besuch am Eaglehawk Neck wäre nicht vollständig ohne einen Ausflug nach Hippolyte Rocks etwa 1,5 Kilometer vor dem Eingang zur Fortescue Bay. Auf dem größeren der Felsen lebt eine Kolonie von 100 Südafrikanischen Seebären, der größten Art in der Gattung der Südlichen Seebären. Die Tiere werden bis zu 450 Kilogramm schwer. Wenn es um das Schwimmen mit Meeressäugern geht, stehlen Delfine und Wale ihnen oft die Show, aber auf Hippolyte lassen sie sich von den Walen nicht so leicht aus dem Rampenlicht verdrängen. »Seebären sind sehr neugierige Tiere und kommen oft zu den Tauchern geschwommen«, erzählt Karen. »Vor allem jüngere Seebären sind sehr verspielt. Offenbar finden sie die Luftblasen der Taucher amüsant.«

KAREN GOWLETT-HOLMES ist Mitinhaberin des Eaglehawk Dive Centre in Tasmanien. Sie taucht seit über 30 Jahren und arbeitet als Meeresbiologin für CSIRO Marine and Atmospheric Research. Karen Gowlett-Holmes ist Mitglied des Australian Institute of Professional Photographers. Beim Wettbewerb Australian Photographer of the Year belegte sie 2000 und 2001 den zweiten Platz in der Kategorie Biomedizin und Wissenschaft. Sie ist ausgebildeter Tauchguide, TDI Gas Blender, Berufstaucherin und DAN Oxygen Provider.

REISETIPPS

► **Anreise:** Die tasmanische Hauptstadt Hobart wird von Qantaslink, Virgin, Jetstar und Regional Express im Linienverkehr von Sydney und Melbourne aus angeflogen.

► **Beste Reisezeit:** April bis August gilt als Hauptsaison, getaucht werden kann jedoch das ganze Jahr über.

► **Unterkünfte:** Das Eaglehawk Dive Center (www.eaglehawkdive.com.au) vermietet Schlafbaracken vor Ort; eleganter kommt man im Lufra Hotel (www.lufrahotel.com) unter. Auf Discover Tasmania (www.discovertasmania.com) finden sich weitere Unterkünfte.

► **Tauchbasen/Guides:** Es gibt mehrere Tauchbasen um Eaglehawk Neck, z. B. das Eaglehawk Dive Center (www.eaglehawkdive.com.au) und Go Dive (www.godivetas.com.au).

GREAT BARRIER REEF

EMPFOHLEN VON **Mike Ball**

In Mike Balls Grundschulzeugnissen standen oft Dinge wie: »Seine Haltung der Bildungseinrichtung gegenüber könnte ihm noch einmal zum Verhängnis werden. Seine Einstellung macht aus jedem Versuch der externen Prüfung eine Farce.« Wie so viele offenkundige Außenseiter in England zog es Mike nach Australien. »Ich kam 1969 nach Sydney, kaufte für fünfzig Pfund eine alte Klapperkiste von einem Auto und fuhr nach Norden. Als ich nach Townsville kam, gab das Auto den Geist auf. Ich hatte gerade noch genug Geld, um ein paar Sauerstoffflaschen zu kaufen und ein Tauchgeschäft zu gründen. Manche würden sagen, ich bin in North Queensland liegen geblieben und nie wieder von dort losgekommen.« Nicht das Schlechteste, was einem passieren kann, wenn man zufällig gern taucht.

Am Cod Hole scheinen die dort lebenden Gefleckten Riesenzackenbarsche nur darauf zu warten, mit vorbeikommenden Tauchern freundschaftliche Bande zu knüpfen.

Für viele ist das Great Barrier Reef der Inbegriff des Tauchens in exotischer Umgebung. Das weltgrößte Korallenriff erstreckt sich vor der nordöstlichen Spitze Australiens (der Provinz Queensland) auf einer Länge von rund 2400 Kilometer im Korallenmeer. 400 Korallenarten, 1500 Fischarten, 17 Seeschlangenarten und sechs Schildkrötenarten leben dort, und die Liste der statistischen Meilensteine ließe sich noch ewig fortführen. Von der Anziehungskraft des Riffs leben die Australier nicht schlecht: Rund zwei Millionen Touristen reisen jährlich an und pumpen geschätzte 5,1 Milliarden australische Dollar (3,6 Milliarden Euro) in die Wirtschaft von Queensland. Von Townsville und Cairns aus werden zwar Tagestouren angeboten, die besten Tauchgänge erlebt man jedoch auf Tauchschiffen, die weiter hinausfahren. Mike formuliert es so: »Queensland und das Great Barrier Reef liegen ziemlich weit ab vom Schuss. Wenn die Leute schon so weit gereist sind, um tauchen zu gehen, würde ich ihnen ungern nur das Becken von Cairns zeigen.«

Bei einem Tauchgebiet von 335 000 Quadratkilometern ist es recht schwierig, ein umfassendes Bild davon zu zeichnen, was das Great Barrier Reef zu bieten hat. Mike verrät uns aber gern einige seiner Lieblingstauchplätze, beginnend im Süden. »Etwa 70 Kilometer vor Townsville liegt ein Schiffswrack, die »Yongala«. Es ist ein ziemlich großes Schiff, über 90 Meter lang, und es liegt in relativ flachem Wasser, 30 Meter bis zum Meeresgrund. Wenn es aus dem Dämmerlicht auftaucht, sieht es fast wie ein Riff aus. Die Konzentration von Meerestieren am Wrack ist bemerkenswert. Im Prinzip ist es ein Überblick über alle Lebewesen, die man zu sehen bekäme, wenn man eine Woche am Great Barrier Reef verbrächte – verflixt große Spatenfische, Gestreifte Adlerrochen, Seeschlangen, Dickkopf-Stachelmakrelen, Napoleon-Lippfische, mächtige Riesenzackenbarsche, die immer unter dem Bug und dem Heck sind und bis zu zweieinhalb Meter lang werden, dazu Meeresschildkröten und in einiger Entfernung vom Wrack Bullenhaie. Wenn man nur einen Tag Zeit hätte, um in Queensland tauchen zu gehen, wäre die »Yongala« das lohnendste Ziel.«

Wegen der Besuchermassen und der seiner Meinung nach schlechteren Tauchplätze im Cairns-Becken (wobei »Massen« und »schlecht« in diesem Fall sicherlich relativ zu verstehen sind) würde Mike diese Region überspringen und weiter nach Norden zu den Ribbon Reefs fahren. Diese Riffkette erstreckt sich über 90 Kilometer, von östlich von Lizard Island im Norden bis östlich von Cooktown im Süden. Der größte Teil der Ribbon Reefs liegt im Great Barrier Reef Marine Park, der die Wunderwelt des Riffs vor den potenziellen Verheerungen durch die kommerzielle Fischerei und andere menschengemachte Zerstörungen schützen soll.

»Die Ribbon Reefs liegen am Rand des Kontinentalschelfs«, erklärt Mike, »und bieten die besten Sichtverhältnisse in dieser Gegend. Die Strömungen bringen viele kleine Beutefische heran, was Stachelmakrelen, Barrakudas und andere große Fische anlockt. Es gibt eine Reihe toller Tauchplätze an den Ribbon Reefs. Die Challenger Bay gehört zu den unberührtesten. Das Wasser ist sehr flach dort, aber wegen der Korallen und der tropischen Fische unglaublich schön. Man taucht nicht sehr tief, aber viele Fotografen von internationalem Ruf haben dort schon im Sand gelegen und einfach fotografiert, was sie umgab. Auf vielen Fahrten machen wir einen nächtlichen Tauchgang in der Challenger Bay. Da bekommen wir dann Muränen zu sehen, Feuerfische und einen großen Barrakuda, der regelmäßig dort vorbeischaut. Wir haben ihn Baza genannt. Baza hat mitbekommen, dass Taucher nachts Unterwasserlampen benutzen und dass die ganz praktisch zum Jagen sein können. Wenn man in der Challenger Bay die Taschenlampe in der rechten Hand hält, steht manchmal plötzlich Baza über der rechten Schulter. Dann schießt er unvermittelt nach vorn und schnappt zu, und das war es dann für einen unglücklichen Beutefisch.«

Direkt nördlich der Challenger Bay liegt einer der am meisten geschätzten Tauchplätze am Riff, Cod Hole. Seinen Namen hat er von dem dort ansässigen Gefleckten Riesenzackenbarsch, auf Englisch *potato cod*, der bis zu »tauchergroß« und größer werden kann (manche Exemplare werden über 1,80 Meter lang und 135 Kilogramm schwer). Der Riffbewohner verdankt seinen Namen wiederum den kartoffelförmigen Abzeichen auf dem Körper. »Ein Tauchgang am Cod Hole ist deswegen so einzigartig, weil die Fische sich von den Tauchern überhaupt nicht stören lassen«, erklärt Mike. »Wenn man Bilder von Tauchern und großen Fischen sieht und der Fisch nicht ohnehin schon dabei ist wegzuschwimmen, zeigt seine Körpersprache normalerweise, dass er sich unwohl fühlt und auf dem Sprung ist. Wegen dieser Vorsicht konnten große Fische überhaupt erst so groß werden. Die Fische am Cod Hole haben sich im Laufe der Jahre an Taucher gewöhnt. Sie kommen gern herangeschwommen. Ganz nah bei so großen Fischen in so klarem Wasser zu tauchen ist etwas ganz Besonderes.«

Zu den häufigsten Expeditionen, die Mikes Unternehmen durchführt, gehört ein Ausflug ins Korallenmeer zum Shark Reef und zum Osprey Reef. »Das liegt etwa 140 Kilometer weit draußen, und die Sicht im Wasser dort ist fantastisch, was den Ort bei Besuchern sehr beliebt macht«, sagt Mike. »Während das obere Ende der Ribbon Reefs eine größere Artenvielfalt zu bieten hat, gibt es an den Riffen weiter draußen im Korallenmeer die größeren Tiere zu sehen. Wir beobachten häufig große Gruppen von Grauen Riffhaien und Weißspitzen-Riffhaien, Mantarochen und manchmal von Hammerhaien vor den Wänden, die mehr als 900 Meter in die Tiefe abfallen.«

Wer noch größere Tiere sehen möchte, dem sei das Lighthouse Bommie empfohlen (ein *bommie* ist ein korallenbedecktes Kuppelriff), an dem sich jedes Jahr im Juni und Juli große Gruppen wandernder Zwergwale einfinden. Zwergwale gehören zu den weltweit verbreiteten Furchenwalen; die hier vorkommende Unterart lebt jedoch nur auf der Südhalbkugel. Fast 200 Tiere wurden im Sommer am nördlichen Great Barrier Reef verzeichnet. »Weil der Zwergwal Boote und Menschen mag, können Taucher besser als überall sonst auf der Welt auch für längere Zeit mit diesen Walen schwimmen«, sagt Mike. (Solche Tauchgänge mit Walen werden übrigens von der zuständigen Behörde des Great Barrier Reef Marine Park reguliert.) »Gäste, die schon mal mit Schwertwalen und Buckelwalen getaucht sind, haben mir erzählt, dass man vom Tauchen mit Zwergwalen viel mehr hat, weil diese Tiere von Natur aus neugierig sind. Sie kommen von selbst heran und wollen Kontakt aufnehmen. Normalerweise ist es andersherum.«

MIKE BALL ist Gründer und Inhaber von Mike Ball Dive Expeditions (www.mikeball.com), eines der führenden Tauchunternehmen Australiens. Er leitet Tauchgänge im gesamten Great Barrier Reef Marine Park und im Korallenmeer und ist als Pionier auf diesem Gebiet bekannt. Nach seiner unspektakulären Ankunft in Townsville 1969 setzte Mike mehrtägige Tauchfahrten in Australien auf die internationale Landkarte der Taucher. Er entwickelte eine einzigartige Luxusexpeditionstauchfahrt auf einem Doppelrumpfboot zum Great Barrier Reef und zu den entfernten Riffen von Papua-Neuguinea. Im Laufe seiner über 38-jährigen Tauchkarriere erhielt Mike Ball zahlreiche Auszeichnungen, darunter den Queensland Tourism Award als bester Tourveranstalter (1992) und die Aufnahme in die International Scuba Diving Hall of Fame 2004. Sein vormals 85 Mitarbeiter starkes Unternehmen, das vier Tauchschiffe und ein modernes Tauchlernzentrum betrieb, wurde inzwischen auf sein Lieblingsschiff, die »Spoilsport«, »gesundgeschrumpft«, damit der Chef sich ganz der Unterwasserfotografie widmen kann.

REISETIPPS

► **Anreise:** Die meisten ausländischen Besucher kommen in Cairns an, das mehrere Fluggesellschaften von Deutschland aus mit ein oder zwei Zwischenstopps anfliegen.

► **Beste Reisezeit:** Die Sicht im Wasser ist das ganze Jahr über recht gut. Die regenreichsten Monate sind Dezember bis April, das Wasser ist dann allerdings am wärmsten.

► **Unterkünfte:** Man kann zwar Tagesausflüge zu weniger abgelegenen Riffen unternehmen, eine mehrtägige Tauchfahrt bietet jedoch die größte Flexibilität. Es gibt zahlreiche Anbieter. Mike Ball Dive Expeditions (www.mikeballdive.com) hat, wie viele andere Unternehmen, jahrzehntelange Erfahrung mit solchen Fahrten. Tropical North Queensland (www.tropicalnorthqueensland.com) hat eine Liste von Unterkünften zusammengestellt.

► **Tauchbasen/Guides:** Es gibt Heerscharen von Tauchbasen für das Great Barrier Reef und Umgebung. Dive the Reef (www.divethereef.com) bietet eine ausgezeichnete Übersicht über die verschiedenen Anbieter.

Australien

4 TAUCHSPOT

LORD HOWE ISLAND

EMPFOHLEN VON **Tas Douglass**

Lord Howe Island ist ein kleiner Vorposten rund 600 Kilometer östlich des australischen Kontinents – in zwei Flugstunden kann man hier von Sydney aus 50 Jahre zurück in eine einfachere und vielleicht glücklichere Zeit reisen. »Lord Howe ist außergewöhnlich sauber und freundlich, ein Ort, wo die Menschen ihre Haustüren nicht abschließen«, sagt Tas Douglass, dessen Familie seit sechs Generationen auf der Insel ansässig ist. »Auch das Wasser ist außergewöhnlich klar und sauber, der Bestand an Fischen und Korallen einmalig – das Riff ist tatsächlich auch das südlichste Korallenriff der Welt. Die Gewässer um Lord Howe sind alles andere als überfüllt. Die meisten Leute scheinen gar nichts von der Insel zu wissen, vielleicht wegen ihrer Abgeschiedenheit und der Tatsache, dass immer nur 400 Besucher gleichzeitig zugelassen sind. Historisch gesehen, haben die meisten Inselbewohner das Wasser stets gemieden. Erst vor 80 Jahren fingen die Einwohner überhaupt an, hier schwimmen zu gehen, ganz zu schweigen vom Tauchen. Gefischt wurde allerdings immer. Jetzt ist das Tauchen bei den Inselbewohnern und bei Touristen ein gleichermaßen beliebtes Freizeitvergnügen.«

Die halbmondförmige Insel ist ein Überbleibsel eines sieben Millionen Jahre alten Vulkans und ein Fragment eines Unterwasserkontinents, den Geologen Zealandia nennen. Er gehörte nie zum australischen Kontinent und entwickelte daher ein ganz eigenes Ökosystem: eine Mischung aus gemäßigten und tropischen Einflüssen mit vielen endemischen Pflanzen- und Insektenarten. Die vulkanische Vergangenheit der Insel zeigt sich in Gestalt der beiden Basaltberge Mount Lidgbird und Mount Gower, die am südlichen Ende der Insel Wache stehen. Ein Großteil der restlichen Insel, rund 15 Quadratkilometer, ist den Bäumen überlassen, darunter der *howea*, einer endemischen Palmenart. Wegen ihrer natürlichen Schönheit und ihrer einzigartigen Ökosysteme über und unter Wasser wurde Lord Howe

Island (und die Inseln in ihrem Umkreis) 1982 als Weltnaturerbe gelistet. Die Gewässer sind außerdem als nationales Meeresschutzgebiet anerkannt.

Lord Howe bietet Tauchern zahlreiche und vielfältige Tauchplätze. Die Korallenriffe im Umkreis der Insel locken mit Tauchgängen in mäßigen Tiefen, bei denen man häufig auf Halfterfische, Harlekin-Süßlippen, Kaiserfische, Mondsichel-Junker und viele andere Rifffische trifft sowie auf verschiedene Stachelmakrelen – und in manchen Schluchten sogar auf eine nur dort vorkommende Muränenart. Die Korallenkolonien sind mit bisher rund 90 verzeichneten Arten eine Attraktion für sich. Für weniger erfahrene Taucher gibt es in der Lagune selbst hervorragende Tauchmöglichkeiten. Nur eine Viertelstunde von Tas' Tauchbasis entfernt findet sich eine Reihe anderer lohnender Tauchplätze. Ein Highlight sind mit Sicherheit die Admiralty Islands mit über 30 Tauchplätzen und durchgehend ausgezeichneter Sicht, die teilweise über 40 Meter hinausgeht. »Den Tenth of June Bombora darf man sich auf den Admiralty Islands nicht entgehen lassen«, meint Tas. »Da findet man seltene Tiere wie den Schnapper *Aprion virescens* und den Japanischen Panzerkopf. Ein weiterer meiner Lieblingstauchplätze heißt North Rock Deep. Dort leben viele Langusten und Nacktkiemer. In einer der Durchschwimmpassagen kann man auf einen 1,80 Meter langen Schwarzen Zackenbarsch treffen, der die Gegend häufig aufsucht. Es gibt hübsche gelbe Weichkorallen und sogar einige baumartige Kolonien von Schwarzen Korallen.«

Wer den Gipfel des Tauchvergnügens auf Lord Howe Island erklimmen will, der sollte Ball's Pyramid besuchen, den größten Brandungspfeiler der Welt. Die monumentale schwarze Basaltsäule, die beeindruckende 550 Meter hoch aus dem Meer aufragt, wurde nach Admiral Henry Lidgbird Ball benannt, der den Inselkomplex 1788 entdeckte, ihn jedoch nach Richard Howe benannte, dem damaligen Ersten Lord der Admiralität für die Royal Navy. »Man braucht für die 20 Kilometer zur Ball's Pyramid etwa eine Stunde«, sagt Tas. »Neben der Pyramide liegen zwei kleine Inseln; das und die Nähe zu einigen sehr tiefen Gewässern sorgen für starke Strömungen, die viele Tierarten heranbringen. Die Pyramide ist umgeben von Schutzgebieten, in denen nicht gefischt werden darf, daher gibt es hier besonders viele Fischarten. Man kann in mehreren großen Höhlen tauchen, eine ist 45 Meter tief. Es gibt hübsche Wände zu erkunden und ein paar tolle Stellen zum Strömungstauchen. Ich kann mich noch lebhaft an meinen ersten Tauchgang an der Ball's Pyramid erinnern, genauer gesagt am Wheatsheaf Islet. Als Kind habe ich mich jahrelang darauf gefreut, und endlich war ich alt genug. Die Strömung war an diesem Tag ideal und brachte viele Fische mit sich. Wir gingen an der Ankerkette hinunter, und man konnte

Die Vulkangipfel von Lord Howe Island (und Ball's Pyramid in der Nähe) geben eine überwältigende Tauchkulisse ab.

nicht weiter sehen als fünf Meter, weil so viele Füsiliere oben auf dem Schelf waren, wo die Strömung hindurchfließt. Einige Minuten später sahen wir einen Samtkaiserfisch, eine Art, die normalerweise in sehr großen Tiefen lebt und schon mal als ausgestorben galt. Es gibt sie nur bei uns. Während wir die Wand aus Fischen bestaunten, bahnte sich plötzlich ein Galapagoshai einen Weg hindurch. Die Fische schwammen vor ihm zur Seite, und der Hai drehte sich um und sah uns an. Als wir nach diesem Tauchgang wieder hochkamen, konnte keiner von uns aufhören zu reden.«

Das Fischen spielt, wie schon erwähnt, seit der Besiedlung der Insel eine wichtige Rolle. »Ich bin mit meinem Vater und Großvater fischen gegangen, als ich klein war«, erinnert sich Tas, »und jetzt tauche ich manchmal an denselben Plätzen, an denen wir früher gefischt haben. Manchmal nehme ich meine Kamera mit runter und filme die Plätze. Mein Großvater hält Tauchen immer noch für gefährlich, aber er und mein Vater finden es faszinierend, ihre Fischplätze von der anderen Seite der Oberfläche aus zu sehen.«

TAS DOUGLASS ist Inhaber und Tauchführer von Pro Dive Lord Howe Island (www.prodivelordhowe.com) und lebt auf Lord Howe Island. Bevor er die Tauchbasis kaufte, arbeitete er sieben Jahre lang auf der Insel als Tauchlehrer. Seine ganz große Leidenschaft ist das Aufspüren neuer Arten von Meereslebewesen und die Bestimmung der Hunderte Arten von Nacktkiemern in den Gewässern um die Insel.

REISETIPPS

- **Anreise:** Qantaslink fliegt Lord Howe Island regelmäßig von Sydney aus an.
- **Beste Reisezeit:** Von September bis Juni kann man durchgehend tauchen. Im Juli und August können starke Winde die Anfahrt zu den Tauchplätzen behindern.
- **Unterkünfte:** Das Lord Howe Visitor Center (www.lordhoweisland.info) hat eine Liste von Bed-and-Breakfast-Angeboten bis zu Luxushütten mit Rundumservice zusammengestellt. Hinweis: Da immer nur 400 Besucher gleichzeitig auf der Insel erlaubt sind, unbedingt *vor* der Anreise reservieren!
- **Tauchbasen/Guides:** Es gibt zwei Tauchbasen auf Lord Howe Island: Pro Dive Lord Howe (www.prodivelordhowe.com) und Howea Divers (www.howeadivers.com.au).

GRAND BAHAMA

EMPFOHLEN VON **Jim Abernethy**

Es gibt nur wenige Orte auf der Welt, an denen man rund um die Uhr mit großen Haien in Kontakt kommt. Einer dieser Orte ist Little Bahama Bank vor der Westküste von Grand Bahama. Die Insel gehört zu den nördlichsten der 700 Bahamas-Inseln und liegt näher an Florida als die anderen größeren Inseln. Einige der Inseln sind von Bänken flankiert, seichten Gebieten, in denen das Wasser nur drei bis neun Meter tief ist und die oft an deutlich tiefere Gewässer grenzen.

»Die Gewässer um Little Bahama Bank sind aus mehreren Gründen etwas Besonderes«, erklärt Jim Abernethy. »Zunächst einmal liegt das Gebiet sehr nahe am Golfstrom, der ständig frische Nährstoffe hindurchspült. Zweitens mischen sich aufgrund der Lage der Bahamas im nördlichen Teil der Karibik dort gemäßigte und tropische Gewässer, weswegen sie eine besonders artenreiche und üppige Unterwasserfauna zu bieten haben. Um die Bahamas herum findet sich die größte Ansammlung großer Haie, die ich jemals gesehen habe – Tigerhaie von bis zu sieben Metern Länge und Große Hammerhaie, die bis zu sechs Meter lang werden. Auch Bullenhaie, Zitronenhaie und Weißspitzen-Hochseehaie kann man hier sehen.«

Tigerhaie sind in gemäßigten und tropischen Meeren auf der ganzen Welt anzutreffen und verdanken ihren Namen den Streifen auf ihren Flanken. Sie werden im Durchschnitt dreieinhalb bis vier Meter lang und sind bekannt für ihren vielseitigen Speiseplan, auf dem beispielsweise Knochenfische, Meeresschildkröten, Schalentiere, Vögel und andere Haie stehen; manchmal findet sich auch Müll in ihren Mägen. Forschungen deuten darauf hin, dass diese Fische sich zu einem großen Teil von Rochen ernähren, vor allem von Stechrochen. Typische Merkmale sind der gerade Kopf und die aufrechte Rückenflosse, die der des Schwertwals ähnelt.

Wie viele Haitaucher locken Jim und sein Team die Haie mit Fischresten an, die sie im Wasser verteilen. Anders als einige andere befinden sie sich jedoch im offenen Wasser ohne Käfige. »Bevor wir ins Wasser gehen, erklären wir jedem, wie er sich verhalten muss, damit die großen Haie uns nicht mit Beute verwechseln«, erklärt Jim, »und Crewmitglieder im Wasser achten darauf, dass alle unsere Regeln zur Tauchsicherheit befolgen.« Wenn Jim eine Exkursion um Little Bahama Bank anführt, fährt er mehrere Orte an. »Wir gehen zu einem Tauchplatz namens Carcharias Cut, wo wir einen ziemlich flachen Rifftauchgang von 15 bis 20 Metern unternehmen. Seinen Namen hat er von der lateinischen Artbezeichnung des Weißen Hais, denn vor einigen Jahren hat man dort einmal einen gesehen. Wir sind allerdings nicht hinter Weißen Haien her – hier finden wir normalerweise Karibische Riffhaie, bis zu 25 Tiere auf einmal. Auch Zitronenhaie, Große Hammerhaie und Tigerhaie bekommt man hier zu sehen und in den Wintermonaten Bullenhaie. Der Platz liegt in der Nähe des Golfstroms, daher ist die Sicht durchgehend gut, manchmal über 30 Meter. Es gibt dort auch eine geräumige Höhle, die von großen Sardinenschwärmen aufgesucht wird, und oft sehen wir Unechte und Echte Karettschildkröten sowie Suppenschildkröten. Dann fahren wir meist noch zum Tiger Beach, vor allem, wenn wir es auf Tigerhaie abgesehen haben. Dort gibt es ein flaches Riff und auch einen Abschnitt mit Seegras. Das ganze Gebiet ist sehr seicht, fünf Meter und weniger, und die Haie kommen bis zum Strand hoch. Wir hatten schon Tauchgänge, auf denen wir 20 Tigerhaie und 30 Zitronenhaie dort sahen, kein Tier weniger als 2,50 Meter lang. Es ist beeindruckend, mit diesen Fischen in so großer Zahl im Wasser zu sein, vor allem, wenn wir uns bewusst machen, wie sehr ihre Bestände in anderen Teilen der Welt zurückgegangen sind.«

Zwar konzentriert sich Jim auf seinen Exkursionen vor allem auf Haie, aber was wäre das Leben ohne Abwechslung? Und mit wem würde man sich lieber die Zeit vertreiben als mit den Delfinen am White Sand Ridge? »In dem Gebiet sind 150 Zügeldelfine zu Hause und 40 Große Tümmler«, fährt Jim fort. »Sie sind vollkommen wild und werden nicht mit Futter für Interaktionen mit dem Menschen belohnt. Sie machen das von sich aus gern. Es kommen Touristen aus der ganzen Welt, um mit ihnen zu schwimmen. Wir bieten Tauchgänge am Tag und in der Nacht an. Tagsüber muss man sich etwas anstrengen – wenn man nicht mit den Delfinen mitschwimmt, verlieren sie das Interesse. Aber wenn man es schafft, mit ihnen abzutauchen, spielen sie mit einem. Ihr Lieblingsspiel ist Schweinchen in der Mitte – man gibt ihnen ein Tuch, und sie reichen es untereinander weiter. Nachts ziehen sie in tiefere Gewässer im Golfstrom, wo sie Kalmare und Fliegende Fische jagen. Wir locken ihre Beute mit Lampen an die Oberfläche, und die Delfine folgen ihnen. Sie jagen etwa eine Stunde lang und sind dann bereit zum Spielen. Auf solchen Tauchgängen haben wir auch schon Fächerfische, Schwertfische und Speerfische gesehen.«

Trotz des furchterregenden Rufs der Tiere wurden Jims Tauchgäste noch nie von einem Hai angegriffen, trotz Hunderter Tauchgänge ohne Käfig. Tatsächlich hat er erlebt, dass Haie sehr verspielt sein können und dass einige eine deutliche Schwäche für die Fotografie haben. »Unter professionellen Unterwasserfotografen gibt es eine ständige Diskussion über die Vorzüge von Canon- und Nikon-Kameras«, sagt Jim. »Ich persönlich bin ein Canon-Fan. Ich erwähne das, weil wir es schon 25-mal erlebt haben, dass Haie sich Kameras von Fotografen ›borgen‹, und bei zwei dieser Gelegenheiten machten sie sogar Fotos. Der erste, den wir Baby Cakes getauft haben, war in zehn der 25 Kameradiebstähle verwickelt. Einmal borgte sich Baby Cakes die Kamera, eine Nikon D70, von einem spanischen Biologen. Das erste Foto, das er schoss, zeigte seinen Nacken. Es war unscharf, dunkel, insgesamt ein ganz misslungenes Foto. Irgendwann spuckte Baby Cakes die Kamera wieder aus, und wir sahen den Blitz auslösen – diesmal war ein Foto von Tiger Beach im Kasten, ganz gerade und scharf. Nicht übel.

Der zweite Tigerhai, der einen Ausflug in die Welt der Fotografie unternahm, war ein Tier namens Nacho. Er klaute zufällig meine Kamera, eine Canon 20D. Nacho schwamm mit dem Gerät davon wie ein kleines Kind mit einem neuen Spielzeug, er schien richtig trunken vor Glück. Er schwamm eine Viertelstunde mit der Canon herum, spuckte sie aus, packte sie wieder. Er teilte sie sogar mit drei anderen Haien, die ebenfalls damit spielten. Nach einer Viertelstunde machte ich mir allmählich Sorgen, schließlich kostet so eine Kamera 7000 Dollar! Einige von uns verfolgten Nacho, wir sahen den Blitz losgehen – ein, zwei, drei, vier Bilder –, dann ließ er los. Als wir uns die Bilder ansahen, erkannten wir, dass er drei Fotos im Querformat und eins im Hochformat geschossen hatte. Wie jeder Fotograf weiß, werden Coverfotos im Hochformat besser bezahlt als querformatige Fotos im Heft, also dachten wir uns, dass Haie wohl rasch lernen. Wie die meisten von uns begannen sie mit einer Nikon und rüsteten dann auf das bessere System Canon auf. Man sieht auch eindeutig, wie die Bilder besser werden. Natürlich nahmen sie stets die Digitalkameras. Und manche Leute halten sie immer noch für dumm!«

JIM ABERNETHY ist der Inhaber von Scuba Adventures (www.scuba-adventures.com) und veranstaltet Tauchexkursionen von Palm Beach in Florida und den Bahamas aus. Als er in der Badewanne zu schnorcheln anfing, nahmen seine Eltern ihn im reifen Alter von fünf Jahren mit zum Meer, und seitdem ist er praktisch nicht mehr aus dem Wasser gestiegen. Mit zwölf machte er seinen Tauchschein und taucht inzwischen seit über 30 Jahren. Ab 1981 arbeitete er als Kapitän, Tauchlehrer und Tauchbootführer. Das Foto- und Filmmaterial des etablierten Fotografen und Videofilmers war schon bei *BBC Wildlife*, *Discovery Channel*, *National Geographic*, *Animal Planet*, *CNN* und zahlreichen lokalen Fernsehstationen in Florida zu sehen. Jim Abernethy liebt Haie, Schildkröten, Delfine und Seekühe und arbeitet regelmäßig mit zahlreichen Behörden zusammen, um sie zu schützen. Wenn er keine Ausflüge leitet, fliegt er gern in seinem unglaublichen fliegenden Schlauchboot »Over-Sea'r« herum. Während seine Gäste von seinen Booten aus Tauchgänge unternehmen, steigt er auch gern in sein Erkundungsflugzeug und sucht nach Mantarochen, Delfinen, Haien, Schildkröten und nach allem anderen, das für Taucher noch von Interesse sein könnte.

REISETIPPS

- **Anreise:** Freeport, eine der größten Städte auf den Bahamas, liegt auf der Insel Grand Bahama und wird von Deutschland aus von mehreren Linien mit ein oder zwei Zwischenstopps angeflogen. Einige Tauchboote, die nach Little Bahama Bank fahren, legen in der Gegend um Palm Beach ab.
- **Beste Reisezeit:** Jim Abernethy unternimmt Tauchfahrten zwischen Dezember und April, der besten Zeit, um Haie zu beobachten.
- **Unterkünfte:** Jim Abernethys Unternehmen Scuba Adventures (www.scuba-adventures.com) veranstaltet eine Reihe mehrtägiger Tauchfahrten nach Little Bahama Bank und weiter, bei denen es vor allem um Haie geht. Die vielen Übernachtungsmöglichkeiten auf Grand Bahama findet man auf der Website des Grand Bahama Island Tourism Board (www.grand-bahama.com).
- **Tauchbasen/Guides:** Wenn Sie auf Grand Bahama Ihr Lager aufschlagen, dann finden Sie dort eine Reihe von Tauchbasen, die Tauchausflüge anbieten, so zum Beispiel UNEXSO (www.unexso.com).

GLADDEN SPIT

EMPFOHLEN VON **Mike Beck**

Wenn die Begriffe »Tauchen« und »Belize« im selben Satz fallen, steigen vor dem inneren Auge des Zuhörers meist Bilder des Blue Hole und der Shark-Ray Alley auf. Aber jedes Jahr im Frühling verlagert sich die Aufmerksamkeit auf die Gewässer vor Placencia und ein Gebiet namens Gladden Spit. Denn hier versammeln sich Schnapper, Zackenbarsche und andere Rifffische in Massen zum Laichen – ein reich gedeckter Tisch unter anderem für Walhaie, die sich ebenfalls in großer Anzahl hier sehen lassen.

»Ich bin immer vor dem südlichen Teil von Belize getaucht«, beginnt Mike Beck. »Das Rifftauchen hier ist ganz in Ordnung, aber ich würde es nicht als spektakulär bezeichnen. Wenn man jedoch im April oder Mai in einer Vollmondnacht da ist, erlebt man etwas ganz Besonderes.«

Belize ist ein kleines Land in Zentralamerika, vor dessen Küste sich ein sehr großes Riff befindet. Das ehemalige Britisch-Honduras liegt im südöstlichen Quadranten der Halbinsel Yucatán zwischen der mexikanischen Provinz Quintana Roo im Norden, Guatemala und Honduras im Westen und Süden und den westlichen Ausläufern der Karibik im Osten. Dank seines größtenteils noch unberührten Regenwaldes hat sich Belize in den letzten Jahren zu einem beliebten Reiseziel für Ökotouristen entwickelt, die Vögel beobachten wollen oder einen Blick auf einen der dort noch verbreiteten Jaguare zu erhaschen hoffen. Unter Tauchern ist Belize schon lange wegen des Mesoamerican Barrier Reef bekannt, das sich über 650 Kilometer vor der gesamten belizischen Küste erstreckt, im Norden bis nach Quintana Roo reicht und im Süden bis zu Teilen Guatemalas und Honduras'. Es ist das längste Barriereriff in der westlichen Hemisphäre und das zweitlängste der Welt. Das Meeresschutzgebiet Gladden Spit umfasst einen Teil des Riffs direkt östlich der Halbinsel Placencia, die wiederum 160 Kilometer südlich von Belize City liegt.

Leider gehört das Mesoamerican Barrier Reef zu den bedrohtesten Riffen der Welt und hat stark unter den Veränderungen von Wassertemperatur und -qualität, der Zerstörung von Lebensräumen und der nicht nachhaltigen Fischerei zu leiden. Es ist aber möglich, dass das Paarungs- und Jagdgetümmel bei Gladden Spit Umweltschützer in Belize und anderswo auf ein Modell hinweist, das die Vernichtung von Riffen und Fischbeständen verzögern könnte, zumindest ein klein wenig. Schon im März, spätestens aber im April und Mai versammeln sich große Schwärme von Schnappern sowie etwas kleinere von Zackenbarschen um Gladden Spit zum Ablaichen. Rogen, Milch und Larven treiben als Plankton im Wasser und ziehen damit die Aufmerksamkeit des größten Planktonfressers im Fischreich auf sich: des Walhais. (Niemand weiß, wie weit Walhaie für dieses Festmahl wandern, aber schon ihre Anzahl lässt vermuten, dass sie von vielen Orten der Karibik aus hier zusammenkommen.) Die Walhaie sind jedoch nicht die Einzigen, die angelockt werden. Schnapper sind beliebte Speisefische, und ortsansässige Fischer konnten sich nur schwer zurückhalten, die dicht gedrängten Schnapperschwärme nicht ganz bequem mit Netzen einzusammeln. Das Abfischen der Schnapper während der Fortpflanzung hatte verheerende Auswirkungen auf die späteren Fischbestände. Hier traten der World Wildlife Fund (WWF), The Nature Conservancy (TNC) und eine lokale Umweltschutzgruppe namens Friends of Nature auf den Plan. Zuerst führte der WWF mit Friends of Nature die notwendigen Forschungsarbeiten durch, um aus Gladden Spit ein Meeresschutzgebiet zu machen. Anschließend entwickelte TNC zusammen mit Friends of Nature für die einheimischen Fischer eine Alternative zur nicht nachhaltigen Schnapperfischerei, indem sie sie als Guides für Taucher und Sportfischer ausbildeten. Studien haben gezeigt, dass Fischer mit den Paarungsorgien mehr Geld verdienen können, wenn sie sie den Touristen zeigen, statt sie wegzufangen. Da die Fische nun weitgehend ungestört bleiben, sind die Chancen für ein langfristiges Überleben der Bestände jetzt viel besser.

Ist die Schnapperversammlung um Gladden Spit den Rummel nun wirklich wert? Mike Becks Beschreibung nach auf jeden Fall! »Der Tauchveranstalter, mit dem wir fuhren (Seahorse Dive Shop), hatte eine ziemlich gute Vorstellung davon, wo wir die Fischschwärme antreffen würden«, erzählt Mike, »und so segelten wir an einen Ort, an dem die Wahrscheinlichkeit hoch war, und verbrachten den größten Teil des Tages damit, dort herumzulungern und auf das große Ereignis zu warten. Bei Sonnenuntergang gingen wir ins Wasser. Ziemlich bald konnten wir Schnapper und Zackenbarsche am äußeren Rand des Riffs entlangschwimmen sehen, etwa 50 Meter vor uns. Erst flitzten sie vorüber, dann ballte

Walhaie kommen jedes Frühjahr nach Gladden Spit, um sich an Rogen und Milch der Schnapper gütlich zu tun.

sich der Schwarm zusammen und gab Rogen und Milch ab. Plötzlich brodelte das Wasser und war milchig trüb. Wenn man währenddessen im Wasser ist, kommt es einem vor, als ob sich alles dreht. Wenn die milchige Substanz sich im Meer verteilt, kommen die Walhaie aus der Tiefe, um den Laich zu fressen. Manchmal kann man auch Blasen mit dem Regler machen, und die Haie kommen hoch, selbst wenn kein Laich im Wasser ist. Es erscheint so unvereinbar – diese gewaltigen Tiere direkt neben einem, die die winzigen Fischeier und Milchpartikel fressen. Einmal war ich bei den Schnappern unten, und die Walhaie waren hochgekommen, da hörte ich das Klicken von Delfinen. Ich drehte mich um und sah einen Walhai etwa drei Meter unter der Oberfläche vorbeiziehen, umgeben von Schnappern, und ein Delfin schwamm auf seiner Bugwelle mit, direkt vor seiner Nase.«

Auf Tauchgängen um Placencia begegnet man aber nicht nur liebestrunkenen Schnappern und schlemmenden Walhaien. Im Innenriff (bzw. in der Lagune) finden sich Gorgonien, Amerikanische Stechrochen und Adlerrochen in relativ geringen Tiefen. An der Außenseite des Mesoamerican Great Barrier Reef (wo es teilweise fast 900 Meter in die Tiefe geht) sichtet man auch größere Tiere wie Schildkröten, Tarpune und Mantarochen. Nach seinem Erlebnis bei Gladden Spit entschied sich Mike Beck für einen entspannteren Ausflug. »Es gibt eine Gruppe namens TIDE (Toledo Institute for Development), die im Süden Belizes zusammen mit Einheimischen Touren zum Thema Umwelt organisiert. Ich hatte gehört, dass sie mich mit jemandem in Kontakt bringen würden, der mir einen Eindruck vom Leben auf dem Wasser vermitteln könnte, wie die Einheimischen es kennen. Ich landete mit einem alten Mann in einem *panga*, einem typischen zentralamerikanischen Boot. Wir gingen ein bisschen schnorcheln, angelten mit der Handleine und fuhren zu ein paar Seegraswiesen, um Meeresschnecken zu sammeln. Der Typ betreibt ein kleines Restaurant in seinem Haus. Wir brachten unseren Fang dorthin, und er bereitete uns ein Abendessen daraus zu.«

MIKE BECK ist leitender Wissenschaftler der Meeresinitiative der Naturschutzorganisation The Nature Conservancy (www.nature.org) und wissenschaftlicher Mitarbeiter an der University of California Santa Cruz. Seine aktuellen Forschungen für The Nature Conservancy konzentrieren sich auf die Bereiche ökoregionale Meeresplanung und Meerespolitik. In der Vergangenheit war er entweder Leiter oder Teammitglied bei Plänen für den nördlichen Golf von Mexiko, das Cook Inlet in Alaska, den Puget Sound und die Georgia Straits in Washington und British Columbia, Südkalifornien, den Atlantik (North Carolina, South

Carolina, Georgia, Florida) sowie die Großen und die Kleinen Antillen. Er schloss die Florida State University in Tallahassee mit einem Doktorgrad (Ph. D.) ab und die University of Virginia in Charlottesville mit einem Master- und einem Bachelortitel.

REISETIPPS

► **Anreise:** Placencia ist mit Tropic Air (www.tropicair.com) und Maya Air (www.mayaairways.com) über Belize City zu erreichen. Von Deutschland aus fliegen mehrere Fluggesellschaften Belize City mit ein oder zwei Zwischenstopps an.

► **Beste Reisezeit:** Einheimische Tauchbasen bieten von März bis Ende Juni Touren zu Laichgebieten und Walhaien an. Am ehesten trifft man im April und Mai auf Walhaie.

► **Unterkünfte:** Auf der Placencia-Website des belizischen Tourismusverbands (www.placencia.com) findet sich eine Liste von Unterkünften in der Region, von *palapas* (offene Hütten mit Strohdach) bis hin zu Ferienorten mit Rundumservice.

► **Tauchbasen/Guides:** Es gibt eine Reihe von Tauchbasen in Placencia. Mike hat gute Erfahrungen mit dem Seahorse Dive Shop (www.belizescuba.com).

BROWNING PASS

EMPFOHLEN VON **Jeffrey L. Rotman**

Die Gewässer von British Columbia haben unter den Liebhabern des Kaltwassertauchens einen besonderen Stellenwert. Und unter den Fans von British Columbia steht Browning Pass – und dort vor allem God's Pocket – ganz weit oben auf der Liste der Tauchplätze, an denen man unbedingt einmal gewesen sein muss. Für den Fotografen Jeffrey Rotman gilt das auf jeden Fall. »Die Gewässer sind der Inbegriff des artenreichen Meereslebensraums«, sagt Jeffrey. »Jeder Fleck scheint von Tieren und noch mehr Tieren besetzt zu sein. Mein größtes Problem beim Tauchen dort ist die Entscheidung, was ich zuerst fotografieren soll.«

Hemilepidotus, *im Englischen* Irish Lord *genannt, gehört zu den Bewohnern der kalten, klaren Gewässer um God's Pocket.*

Browning Pass liegt vor der nordöstlichen Spitze von Vancouver Island in der Nähe der Stadt Port Hardy, rund 500 Kilometer nördlich von Victoria an der Südspitze der Insel. Die offenen Gewässer des Queen Charlotte Sound befinden sich direkt im Norden, und die starken Strömungen, die durch den Browning Pass rauschen, versorgen eine pulsierende Vielfalt von Fischen und Wirbellosen mit Sauerstoff und Nährstoffen. Die Strömung stellt Taucher vor einige Herausforderungen, und einige Plätze sind nur bei Strömungsstillstand zugänglich. Mehrere Inseln, darunter Hurst Island, Bell Island und Boyle Island, liegen mitten in der Passage und bieten geschütztere Tauchplätze. Mit God's Pocket werden sowohl ein Meeresschutzgebiet als auch einer dieser Tauchplätze bezeichnet, eine relativ flache Bucht (fünf bis 15 Meter) auf Hurst Island. Von God's Pocket Resort aus, einem der Tauchziele der Region, ist sie gut zu erreichen.

»In God's Pocket findet man eine große Vielfalt prächtiger Kleinlebewesen«, fährt Jeffrey fort. »Es gibt dort Dekorateurkrabben, die sich so gut tarnen, dass man sie nicht fotografieren kann. Außerdem findet man alle möglichen anderen Krabben, darunter auch die Königskrabbe *Lopholithodes mandtii*, und riesige Seesterne, so groß wie Wasserbälle, mit 24 Armen und blitzschnellen Bewegungen. Diese Seesterne sind so groß, dass sie andere

Seesterne fressen. Für mich ist God's Pocket die Welthauptstadt der Nacktkiemer. Einige erreichen eine Länge von 30 Zentimetern! Alle Wirbellosen werden dort unglaublich groß, weil die Strömung so viele Nährstoffe hindurchspült.«

Ja, Wirbellose erreichen um den Browning Pass und God's Pocket teilweise erstaunliche Größen. »Einer der großen Stars von God's Pocket ist der Pazifische Riesenkrake«, sagt Jeffrey. »In dieser Gegend werden sie in vier Jahren bis zu 50 Kilogramm schwer. In God's Pocket sieht man sie manchmal am Boden auf Nahrungssuche.« Dieser Kopffüßer ist die größte der bekannten Krakenarten um den Browning Pass: Seine Arme können bis zu 1,80 Meter lang werden (mit einer Reichweite von insgesamt 3,60 Metern), und er erreicht ein Maximalgewicht von 70 Kilogramm. An jedem Arm sitzen 280 hochempfindliche Saugnäpfe, die dem Kraken bei der Jagd helfen. Pazifische Riesenkraken ernähren sich in der Regel von Muscheln und Krabben, man hat sie aber auch schon beim Fressen größerer, flinkerer Tiere beobachtet, darunter kleine Haie und Vögel.

Der zweite Star am Browning Pass ist der Pazifische Seewolf, auch Pazifischer Steinbeißer genannt. Obwohl er rein äußerlich entfernt einem Aal ähnelt, gehört der Pazifische Seewolf biologisch zur Familie der Seewölfe. »Sie sehen sehr bizarr aus«, meint Jeffrey. »Der Kopf ähnelt einem Football, der Körper ist 1,50 bis 1,80 Meter lang, und das Maul strotzt vor großen, scharfen Zähnen. Es liegen einige Schiffswracks in den Gewässern um den Browning Pass, und dort findet man häufig Seewölfe. Mit Seeigeln lassen sie sich gut aus ihren Verstecken locken.« Auch Meeressäuger bleiben dem Browning Pass nicht fern, darunter zahlreiche Buckelwale, Seelöwen und Seeotter. »Wenn man Glück hat, trifft man sogar Weißstreifendelfine, mit denen man spielen kann«, fügt Jeffrey hinzu. Auch Schwertwale sind hier häufig anzutreffen, allerdings eher auf dem Weg zu einem Tauchplatz als beim Tauchgang.

Es gibt mehr als 20 renommierte Tauchplätze in der weiteren Umgebung von Port Hardy und dem Browning Pass. Dazu gehören Seven Tree Island, Barry Islet, Dillon Rock, Crocker Rock (wo das Wrack des Frachters »Themis« liegt), North Wall und Frank's Wall. Wenn es einen Ort gibt, der die Essenz des Tauchens am Browning Pass zusammenfasst, dann ist es Browning Wall. Keith und Jon, die Betreiber von www.seaotter.com, nennen es das »Mekka des Kaltwasser-Wandtauchens«. Die Browning Wall reicht über 60 Meter in die Tiefe, doch schon kurz unter der Tangschicht an der Oberfläche erwarten den Taucher zahlreiche Kleinode. Von Weichkorallen in Orange, Rosa und Rot besetzte Abschnitte wechseln sich ab mit fingerartigen Schwämmen (*Neoesperiopsis digitata*), Anemonen und wuscheligen orangefarbenen Nacktkiemern (*Acanthodoris lutea*). In Spalten und auf Vorsprüngen leben Felsenbarsche, Panzergroppen (*Hemilepidotus hemilepidotus*) und gelegentlich Lengdorsche, ab und zu kommt auch ein Krake vorbei. Makrofotografen können sich an den Myriaden kleiner Krabben austoben, die die Wand bevölkern.

Die Wunderwelt unter Wasser steht in malerischem Kontrast zur rauen, dicht bewaldeten Küstenlandschaft im Norden von Vancouver Island. Port Hardy ist der nördlichste Punkt auf der Insel, der mit dem Auto erreichbar ist, und die weitgehend unerschlossene Umgebung lässt erahnen, wie es hier vor Jahrhunderten ausgesehen haben muss. Port Hardy ist schon abgelegen, doch die Tauchunterkünfte, in denen die meisten Besucher absteigen, scheinen in einer anderen Welt zu liegen. »God's Pocket und The Hideaway liegen ein wenig ab vom Schuss«, gibt Jeffrey zu. »Aber auf die wenigen Glücklichen, die es dorthin schaffen, wartet ein ganz besonderes Erlebnis.«

JEFFREY L. ROTMAN gehört zu den führenden Unterwasserfotografen der Welt. Er hat zahlreiche Bücher und Artikel über das Leben unter Wasser geschrieben und wurde 1991 zum BBC Underwater Wildlife Photographer of the Year ernannt. Zweimal (1994 und 2000) gewann er außerdem den National Press Photographers Award für das Bild des Jahres. Er lebt in New Jersey.

REISETIPPS

- **Anreise:** Port Hardy am nördlichen Ende von Vancouver Island wird von Pacific Coastal Airlines (www.pacific-coastal.com) von Vancouver aus angeflogen. Alternativ ist die Stadt auch in etwa vier Autostunden vom Fährhafen in Nanaimo aus zu erreichen.
- **Beste Reisezeit:** Die Saison dauert von April bis Oktober.
- **Unterkünfte:** Es gibt mehrere Tauchunterkünfte in der Gegend um den Browning Pass, unter anderem die Browning Pass Hideaway Lodge (www.vancouverislanddive.com) und God's Pocket Resort (www.godspocket.com).

Costa Rica

KOKOS-INSEL

EMPFOHLEN VON **Martha Watkins Gilkes**

8 TAUCHSPOT

Die Aussicht auf riesige Schulen von Bogenstirn-Hammerhaien gehört zu den großen Attraktionen der Kokos-Insel.

Glücksritter kennen die Kokos-Insel schon lange als Lagerstätte für unrechtmäßig erworbene Schätze. Piraten, Freibeuter und anderes zwielichtiges Gesindel steuerten mehr als 300 Jahre lang die Insel regelmäßig an, angeblich um ihre Beute auf diesem abgelegenen Außenposten vor Costa Ricas Pazifikküste zu verstecken.

Für Martha Watkins Gilkes und unzählige andere Taucher liegen die Schätze der Kokos-Insel vor ihrer Küste. »Die Kokos-Insel gehört zu den wenigen Tauchplätzen, die ich kenne, an denen man nahezu garantiert auf große Hochseefische trifft«, beginnt Martha. »Manchmal große Schwärme von Hammerhaien, manchmal Weißspitzen-Riffhaie, ein riesiger Walhai oder sogar Schwertfische. Und natürlich die Delfine – große Schulen, die auf der Bugwelle des Bootes mitschwimmen und im Wasser mit einem herumtollen. Davon träumt jeder Taucher.«

Die Kokos-Insel ist eine unbewohnte Vulkaninsel rund 500 Kilometer südwestlich von Cabo Blanco (Costa Rica). Aufgrund ihrer Abgeschiedenheit, die sie zum beliebten Treffpunkt für Piraten machte, sind die Ökosysteme der Insel an Land wie im Meer noch weitgehend intakt. Aus diesem Grund wurde sie zum Nationalpark und zum Weltnaturerbe erklärt. Die große Zahl von *tiburones* (spanisch für »Haie«) in den Gewässern vor der Kokos-Insel haben ihr den Beinamen »Insel der Haie« eingebracht. Die Haie und andere Hochseefische werden von den Felssäulen um die Insel angezogen, weitere Überbleibsel ihrer vulkanischen Vergangenheit.

Müsste man eine »typische« Unterwasserattraktion der Kokos-Insel nennen, würde die Wahl wohl auf die gewaltigen Schulen von Bogenstirn-Hammerhaien fallen. Diese Haiart (*Sphyrna lewini*) wird bis zu 4,30 Meter lang. Ihre namensgebende Kopfform hilft den Haien vermutlich bei der Nahrungssuche, indem sie ihre elektrosensorischen Poren über eine größere Oberfläche verteilt und die Nasengänge erweitert. Zwar finden auch andere Haiarten sich in Gruppen zusammen, aber keine bildet so große Schulen wie der Hammerhai. (Studien in der Cortes-See deuten darauf hin, dass die Gruppenbildung es den Hammerhai-Weibchen ermöglicht, in der Nähe ihrer nächtlichen Jagdgründe zu verweilen; die Forscher nennen dieses Verhalten *refuging.*) Zwar weiß niemand genau, warum die Hammerhaie der Kokos-Insel sich in Gruppen von 20, 50, 100 oder mehr Tieren zusammenfinden, aber alle sind sich einig, dass niemand den Anblick einer solchen Schule, die bei Alcyone oder Dos Amigos Grande (zwei verlässliche Haiplätze) über einen hinwegzieht, so schnell wieder vergisst.

Gelegenheiten für Nervenkitzel bieten vor der Kokos-Insel aber nicht nur Hammerhaie und andere Haiarten. Auch Schwarzpunkt-Stechrochen, Mantarochen und Muränen sind dort häufig anzutreffen, dazu große Schwärme Pferdemakrelen und Gelbflossen-Thunfische. Speerfische und Suppenschildkröten kommen ebenfalls regelmäßig vorbei. Viele Arten trifft man bereits in Tiefen von 18 Metern; wer tiefer gehen kann, sieht jedoch wahrscheinlich noch mehr. »Beim Tauchen vor der Kokos-Insel habe ich zum bisher einzigen Mal Fächerfische unter Wasser gesehen«, erzählt Martha. »Wir filmten gerade, als zwei große Exemplare plötzlich auf uns zuschwammen. Als sie uns bemerkten, stellten sie ihre Fächer auf und wandten sich ab. Es war wirklich umwerfend, das zu sehen; jetzt werde ich noch trauriger, wenn ich sie irgendwo ausgestopft an der Wand sehe.«

Für Martha beginnt der Nervenkitzel bereits auf der Überfahrt zur Insel. »Man fährt 36 Stunden mit dem Schiff hinüber, und jedes Mal, wenn ich hinfuhr, war das einer der Höhepunkte der Reise«, schwärmt sie. »Wir haben auf jeder Überfahrt Delfin- und Walschulen gesehen. Ich habe schon oft Delfine in freier Wildbahn beobachtet, aber wenn 100 Delfine auf der Bugwelle mitschwimmen, ist das ein magisches Erlebnis.« Mehrere Tauchschiffe fahren die Kokos-Insel an. Normalerweise gestaltet sich der Ausflug so: »Das Mutterschiff geht in einer der geschützten Inselbuchten vor Anker«, erklärt Martha, »entweder in der Wafer- oder in der Chatham-Bucht. Von dort aus bringen Schlauchboote die Taucher zu den Tauchplätzen. Üblicherweise gibt es ein bis zwei Tauchgänge morgens, ein bis zwei nachmittags und für diejenigen, die möchten, einen nächtlichen Tauchgang. Das Nachttauchen ist richtig aufregend wegen der vielen Haie. Ich weiß noch, wie wir eines Nachts eine große Gruppe Weißspitzenhaie unter den Korallenköpfen entdeckten, die auf der Lauer nach Beutefischen lagen. Ich bemerkte, dass eine meiner Taucherflossen dort hinunterhing, wo die Fische durchkamen, und dachte mir, dass ich sie besser hochziehen sollte, damit ich nicht in den Fressrausch hineingerate! Bei meinen Besuchen auf der Kokos-Insel gehe ich nicht jede Nacht tauchen. Die meisten sind nach den Tauchgängen am Tag ziemlich erschöpft, da die Strömung recht stark ist und das Tauchen in Gewässern wie um die Kokos-Insel auch emotional richtig anstrengend ist. Man steht ständig unter Strom, wenn man so aufregende große Meerestiere filmt.«

Auch wenn das Tauchen vor der Küste der Kokos-Insel sicherlich ein erstklassiges Erlebnis ist, sollten Besucher sich unbedingt Zeit nehmen, um die Insel selbst zu erkunden. Landbesuche werden von der Regierung Costa Ricas streng kontrolliert, um den Charakter der Insel zu erhalten, aber mit etwas Vorausplanung lassen sich normalerweise Exkursionen arrangieren. »Ich habe nur wenige so unberührte Orte wie die Kokos-Insel gesehen«, schwärmt Martha. »An fast jede Bucht, in der man anlandet, grenzt der Regenwald mit wunderschönen Wasserfällen. Ich finde, das Wandern an den Flüssen entlang, die zu den Wasserfällen führen, ist genauso aufregend wie das Tauchen vor der Küste.«

MARTHA WATKINS GILKES ist Inhaberin und Betreiberin der Tauchschule Fanta Sea Island Divers auf der Insel Antigua. Sie taucht seit über 30 Jahren und ist seit mehr als 20 Jahren Tauchlehrerin. Die renommierte Unterwasserfotografin und Autorin ist schon überall auf der Welt getaucht, darunter im Roten Meer, dem Südpazifik, dem Ärmelkanal, in der Karibik und um Galapagos. 1998 wurde sie in den Explorers Club of New York City aufgenommen, 2002 zog sie in die Women Divers Hall of Fame ein, der sie seit 2004 als Präsidentin vorsteht.

REISETIPPS

- **Anreise:** Die Tauchschiffe zur Kokos-Insel legen von Punta Arenas in Costa Rica ab. Das nahe gelegene San José wird von mehreren Airlines von Deutschland aus mit ein oder zwei Stopps angeflogen.
- **Beste Reisezeit:** Die Hauptsaison geht von Mai bis Oktober.
- **Unterkünfte:** Es gibt zwei Tauchschiffe, die zur Kokos-Insel fahren: die »Okeanos Aggressor« (www.aggressor.com) und die »Undersea Hunter« (www.underseahunter.com).

Ecuador

GALAPAGOSINSELN

EMPFOHLEN VON **Eric Hanauer**

Meerechsen gehören zu den faszinierenden Lebewesen, denen man auf den Galapagosinseln mit Sicherheit begegnet.

Das Wort »Galapagosinseln« beschwört viele Bilder herauf – Riesenschildkröten, Seelöwen, Leguane und natürlich den Geist eines bärtigen Charles Darwin, der fieberhaft in sein Notizbuch kritzelt. Es gibt keinen Grund anzunehmen, dass der große britische Naturforscher Zeit unter der Oberfläche der kühlen pazifischen Gewässer 1000 Kilometer vor Ecuador verbrachte. Hätte er das getan, wäre er sicher beeindruckt gewesen.

»Vor meiner ersten Reise freute ich mich im wahrsten Sinne des Wortes doppelt auf die Galapagosinseln: auf die Vögel und Leguane über und die vielen Lebewesen unter Wasser«, beginnt Eric Hanauer. »Ich war angenehm überrascht von der Meeresfauna, die ich sah. Die Protagonisten waren mir vertraut, ähnlich der Besetzung, die ich von den Revillagigedo-Inseln und der Kokos-Insel in Costa Rica her kannte. Dazu gibt es dort unglaublich viele Seelöwen und exotische endemische Arten wie Pinguine und Meerechsen.«

Erstmals schriftlich erwähnt wurden die 19 Inseln und zahlreichen Inselchen, aus denen sich die Gruppe der Galapagosinseln zusammensetzt, 1535 von Tomás de Berlanga, dem Bischof von Panama. Die Inseln schienen so trocken und unbewohnbar, dass er sich nicht die Mühe machte, sie zu benennen, allerdings vermerkte er seine dortige Begegnung mit der *galápago*, der Riesenschildkröte. In den folgenden rund 300 Jahren nutzten Robbenfänger, Walfänger und verschiedene Freibeuter die Galapagosinseln als gelegentliche Operationsbasis, von der aus sie Heerscharen an Meeresschildkröten wegen ihres Fleisches abschlachteten. Als Darwin 1835 dort eintraf, waren die einzigen ständigen menschlichen Bewohner die einer Strafkolonie der ecuadorianischen Regierung auf der Insel Floreana.

Darwin war fast vier Jahre zuvor auf der »HMS Beagle« aus seiner englischen Heimat aufgebrochen, um Proben zu sammeln und Beobachtungen zu machen, als er die Galapagosinseln erreichte. In den fünf Wochen, die er 1835 dort verbrachte, bemerkte er, dass sich die Vogel- und Reptilienarten auf jeder der sechs Inseln, die er besuchte, zwar ähnelten, dass es aber in jeder Art Variationen gab. Dies führte ihn zu der Annahme, dass die Tiere sich im Laufe der Zeit an die Mikrolebensräume der einzelnen Inseln angepasst hatten. Die Idee der Anpassung oder Evolution, die auf den Galapagosinseln entstand, sollte die Grundlage für sein Werk *Über die Entstehung der Arten* bilden, das 1859 veröffentlicht wurde.

Es sind die vielen Strömungen (Äquatorialer Gegenstrom, Humboldtstrom, Süd- und Nordäquatorialstrom), die sich im Gebiet der Galapagosinseln kreuzen, die für die Entstehung dieser artenreichen und merkwürdigen Ansammlung von Lebewesen sorgten. Wissenschaftler glauben, dass die Galapagosinseln aufgrund von vulkanischen Aktivitäten am Meeresgrund entstanden und dass sie niemals mit einem Kontinent verbunden waren. Alle Bewohner erreichten die Inseln schwimmend (Robben, Delfine, Pinguine), treibend (Landschildkröten, Leguane, Insekten, einige Pflanzen) oder fliegend (Vögel, Samen auf Luftströmungen) von so weit entfernen Orten her wie der Karibik und der Antarktis, und der Zusammenfluss von Strömen ist die beste Erklärung für ihre Ankunft. Einmal dort, konnten die Tiere sich anpassen und überleben, vor allem dank der Abwesenheit von Räubern, mit Ausnahme des Menschen.

»Man sollte beachten, dass das Tauchen um die Galapagosinseln nicht einfach ist«, warnt Eric. »Die Dünung ist stark, und die Fahrten zu den Tauchplätzen sind häufig lang und unruhig. Das Wasser kann kalt sein, und wer nie etwas Dickeres als einen Drei-Millimeter-Anzug getragen hat, muss sich erst an das einengende Gefühl und das zusätzliche Gewicht eines Sieben-Millimeter-Tauchanzugs gewöhnen. Die Strömung ist stark und die Sicht nicht besonders gut. Aber die Artenvielfalt unter Wasser macht die Schwierigkeiten wieder wett. Wo sonst bekommt man schließlich die Gelegenheit, mit Pinguinen, Meerechsen und Galapagoshaien zu schwimmen – und das an einem Tag? Es ist wie eine Reise in die Urzeit.« (Galapagoshaie haben übrigens ein großes Verbreitungsgebiet, kommen aber stets nur punktuell vor. Um die Jahrhundertwende wurden sie erstmals im Bereich der Galapagosinseln identifiziert.)

Die Tauchplätze an den Galapagosinseln lassen sich in zwei Bereiche aufteilen: den Süden, wo sich die meisten der Inseln drängen, und den Norden, der aus den Inseln Wolf und Isla Darwin besteht (die auf Englisch auch Wenman Island und Culpepper Island genannt werden). Besucher dürfen die südlichen Inseln betreten, um an den fantastischen Begegnungen mit Landtieren teilzuhaben, die dort gemacht werden können. Die meisten sind der Meinung, dass das Tauchen sich um die isolierten nördlichen Inseln eher lohnt, die rund 250 Kilometer von Santa Cruz und San Cristobál entfernt liegen, den für die Einreise wichtigsten Inseln. Eric hat beide Bereiche erkundet. »Auf meiner ersten Reise sind wir im Süden geblieben. Ich erinnere mich noch an unsere Begegnungen mit Schulen von Goldrochen, Galapagoshaien und einigen Hammerhaien. Auf der zweiten und dritten Reise verbrachten wir mehr Zeit in der Nähe von Wolf und Darwin. Wir sahen gewaltige Schulen von Hammerhaien. Bei Darwin klemmte ich mich einmal in die Felsen, um mich in der Strömung zu verankern und die Hammerhaie über mich hinwegziehen zu sehen. Die Seepocken auf den Felsen zerrissen mir dabei den Taucheranzug. Auch Walhaie sahen wir auf fast jedem Tauchgang.« Rund 400 Fischarten werden um die Galapagosinseln regelmäßig gesichtet, darunter Mantarochen, Schwarzpunkt-Stechrochen, Gefleckte Adlerrochen, Muränen, Kreolenbarsche, Halfterfische, Punktierte Doktorfische und Kalifornische Engelfische. Suppenschildkröten, Meerechsen, Seebären und Seelöwen vervollständigen das Bild.

Es wäre zu schade, würde man auf die Galapagosinseln reisen und die gesamte Zeit unter Wasser verbringen. Die zahlreichen endemischen Bewohner der Inseln wie Leguane, Lavaechsen, Darwinfinken (insgesamt 13 Arten) und Blaufußtölpel – nicht zu vergessen die nördlichste Pinguinpopulation der Welt und die prähistorischen Riesenschildkröten – sind so an Menschen gewöhnt, dass sie nahezu zahm sind. (Der Inseltourismus wird vom Galapagos-Nationalpark streng kontrolliert, um die einheimische Fauna zu schützen und die Tiere gleichzeitig Besuchern zugänglich zu machen.) »Manche Touristen besuchen einen Tauchplatz nur, um ihn und bestimmte Arten von ihrer Liste streichen zu können«, erzählt Eric. »Sie erfahren nie, was sich alles an Land befindet. Ich versuche, auf meinen Reisen immer auch das Land zu erkunden, vor allem an Orten wie den Galapagosinseln.«

Die ecuadorianische Regierung und die internationale Naturschutzgemeinschaft haben zwar große Anstrengungen unternommen, um die Galapagosinseln in ihrer Unversehrtheit zu erhalten, doch Eric sieht Warnzeichen. »In Ecuador gibt es zerstörerische Fischereipraktiken, darunter auch das Shark-Finning, und das stellt eine Gefahr dar. Viele Fischerfamilien ziehen vom Festland auf die Inseln und überfischen hier Hummer und Seegurken. Wahrscheinlich gibt es auch zu viel Tourismus. Ich weiß nicht, wie lange es noch dauert, bis das Leben im Meer dort ernste Schäden davonträgt.«

ERIC HANAUER (www.ehanauer.com) ist als Autor und Unterwasserfotograf bekannt. Er veröffentlichte bisher drei Bücher (*Diving Micronesia, Diving Pioneers: An Oral History of Diving in America* und *The Egyptian Red Sea: A Diver's Guide*), und seine fast 1000 Arbeiten über Themen vom Reisen über die Geschichte des Tauchens und die Tauchausbildung bis hin zur Ausrüstung sind auf Postern, in Zeitschriften, Büchern, auf Videos und CDs erschienen. Fast 50 Jahre aktiven Tauchens verleihen seiner Arbeit eine einzigartige Perspektive. In seinen Büchern deckt er die Sehenswürdigkeiten einer Region an Land ebenso ab wie unter Wasser, aus der Sicht der einheimischen Kultur ebenso wie aus der des Besuchers. Als Tauchlehrer und Ausrüstungsexperte schreibt Eric Hanauer mit fundiertem Fachwissen. Eric Hanauer war Professor an der Fakultät für Bewegungswissenschaft der California State University in Fullerton. Als Wassersportexperte bildete er mehr als 2500 Taucher aus und führte als Trainer in den 1960er-Jahren den Greifstart im Wettkampfschwimmen ein. Er wurde in Stuttgart geboren, wuchs in Chicago auf, ging dort zur Schule und machte dann seinen Bachelor-Abschluss in Sportwissenschaft am George Williams College und seinen Master-Abschluss in Sportwissenschaft an der UCLA. Eric Hanauer lebt mit seiner Frau Karen Straus, ebenfalls eine aktive Taucherin und Unterwasserfotografin, in San Diego.

REISETIPPS

- **Anreise:** Besucher fliegen meist in die ecuadorianische Hauptstadt Quito und von dort aus auf die Galapagosinseln. Quito – wie auch San Cristobál – wird von Deutschland aus mit ein oder zwei Zwischenstopps angeflogen.
- **Beste Reisezeit:** An den Galapagosinseln kann man das ganze Jahr über tauchen, wobei November bis April sowie Juli und August als Hochsaison gelten.
- **Unterkünfte:** Mehrere Tauchschiffe fahren auf die Inseln. Auf der Website von Galápagos Adventures (www.galapagosadventures.com) findet man die verschiedensten Optionen.

BLIGH WATER

EMPFOHLEN VON **Steve Webster**

Es ist unwahrscheinlich, dass Kapitän William Bligh viel Gelegenheit hatte, die tropischen Reize von Fidschi zu genießen, ganz zu schweigen von seinen Unterwasserwundern, als er 1789 in der Barkasse der »Bounty« um die Inseln segelte. Schließlich fühlte er sich zu diesem Zeitpunkt ein wenig ausgestoßen – gerade war er einer der berüchtigtsten Meutereien der Geschichte zum Opfer gefallen und lieferte sich zudem eine wilde Verfolgungsjagd mit zwei Kanus voller Kannibalen.

Steve Webster konnte Fidschi da schon deutlich entspannter ansteuern, auch wenn er wie Kapitän Bligh über Tonga zu dem Archipel reiste. »Freunde von mir waren schon im Südpazifik getaucht, und ich hatte viele Fernsehdokumentationen zu diesem Thema gesehen«, erzählt Steve. »Ich war auf jeden Fall neugierig. Vor etwa zehn Jahren hatten ein paar Freunde einen Tauchtrip nach Tonga geplant. In letzter Minute mussten sie absagen, und ich fuhr an ihrer Stelle mit. Es war eine wunderbare Reise, aber auf Tonga geht es vor allem um Buckelwale. Ich interessiere mich aber mehr für Korallenriffe. Als ich das der Crew der »Nai'a« gegenüber erwähnte, des Tauchschiffs, auf dem wir unterwegs waren, ermunterten sie mich, mal nach Fidschi zu fahren. Ich organisierte eine Reise mit Freiwilligen aus dem Monterey Bay Aquarium. Seit dieser ersten Reise war ich noch elf weitere Male dort.«

Die Republik Fidschi besteht aus rund 300 Inseln (und einer Reihe kleinerer Inselchen) und liegt fast 5000 Kilometer südwestlich von Honolulu. Nur 100 Inseln sind bewohnt, und die meisten der 918 000 Einwohner Fidschis leben auf den beiden größten Inseln, Viti Levu und Vanua Levu. Die fidschianischen Gewässer decken ein riesiges Gebiet ab und bieten zahlreiche Tauchmöglichkeiten, doch die Gegend um Zentral-Fidschi gilt allgemein als bester Ort zum Tauchen. Die »Nai'a« konzentriert sich überwiegend auf Lomaiviti, Namena und Bligh Water, das zwischen Viti Levu und Vanua Levu liegt.

»Um an Korallenriffen so zu tauchen, wie ich es am liebsten habe, brauche ich nirgendwo anders mehr zu suchen als in Fidschi«, schwärmt Steve. »Die ersten Erfahrungen mit dem Rifftauchen habe ich vor 40 Jahren in der Karibik gemacht. Im Südpazifik ist die Artenvielfalt viel größer; während es in der Karibik vielleicht 70 Korallenarten geben mag, sind es im tropischen Pazifik 700. Dasselbe gilt für Fischarten. Fidschi blieb auch von den schweren Ausbrüchen der Korallenkrankheiten verschont, die einige karibische Riffsysteme zerstört haben. Fidschi ist besonders bekannt für seine Weichkorallenkolonien. Da ihnen die steifen Skelette der harten Korallen fehlen, sind Weichkorallen beweglich und ähneln häufig Pflanzen. In Bligh Water gibt es auch viele Bommies, Korallenblöcke. Es sind in sich geschlossene Systeme, meist nicht mehr als 30 bis 60 Meter im Durchmesser. An der Oberfläche wuchern die typischen Steinkorallen – *Acroporidae, Faviidae* und so etwas. An den senkrechten Wänden haften Weichkorallen und Schwämme. Hier findet man Anemonenfische, Garnelen, Seenadeln, Seeigel, Schwämme, Plattwürmer und viele andere farbenfrohe kleine Rifffische. Ich sollte noch erwähnen, dass es in Fidschi nicht nur Korallen und andere Wirbellose zu bewundern gibt. Meine Leidenschaft sind zwar die Wirbellosen, aber Freunde von mir haben Fischlisten aus Fidschi mit mehr als 1200 Arten darauf.«

Cat's Meow ist einer von Bligh Waters bemerkenswertesten Bommies. Er steht in etwa 30 Meter tiefem Wasser und ist von Weichkorallen in allen Schattierungen bedeckt. Kurz über dem Boden befindet sich ein Tunnel, den Taucher durchschwimmen können. »Cat's Meow hat besonders viele bunte Krustenanemonen«, beschreibt Steve, »die aussehen wie kleine Anemonenkolonien. Man findet dort eine Menge Kelchkorallen, die mit den Pilzkorallen verwandt sind. Sie ähneln einer umgedrehten Salatschüssel – manchmal sieht man ein ganzes Feld davon. Sie sind nicht am Meeresgrund oder am Riff verankert. Wenn die Kelchkoralle von der Strömung umgedreht wird, wächst sie weiter. Man bekommt eine Ahnung von der Ordnung der Meereswelt an einem Ort wie Cat's Meow. Es gibt dort regelrechte Wohnviertel. An einer Stelle im Riff lebt eine Art, an einer anderen Stelle eine andere. Um den Bommie herum kreisen Schwärme von Barrakudas, Stachelmakrelen, gelegentlich Thunfische, Hammerhaie und Graue Riffhaie, außerdem Echte Karettschildkröten.« Steve erinnert sich an ein wiederkehrendes Erlebnis, das die Stimmung von Cat's Meow besonders gut einzufangen scheint. »Gegen Ende des Tauchgangs komme ich bis zu einem Punkt hoch, der etwa fünf Meter unter der Oberfläche liegt«, erzählt er. »Oft schwimmen dort riesige Schwärme von Fahnenbarschen – Myriaden dieser fünf bis sieben Zentimeter großen Fische. Während ich dort schwebe, fressen die Fahnenbarsche Plankton, und

Fidschi ist besonders für seine Weichkorallenkolonien bekannt.

Stachelmakrelen stoßen in den Schwarm hinein und wieder hinaus und schnappen sich dabei hier und da einen Fahnenbarsch. Die Barsche haben keine Angst vor Tauchern, weil die nicht auf sie losstürzen. Die Stachelmakrelen haben kein Interesse an Tauchern, weil sie als Beute zu groß sind. Man kann sich also inmitten des Treibens von der Dünung wiegen lassen und mehr oder weniger ein Teil des Ganzen werden. Man kann, so lange man möchte, beobachten, wie die Welt funktioniert – ein sehr angenehmer Zeitvertreib, nachdem man Muränen und Kraken und andere dramatischere Arten gesehen hat.«

DR. STEVE WEBSTER studierte Biologie in Stanford und lehrte dann fünf Jahre lang an der Northfield Mount Hermon School in Massachusetts. 1965 kehrte er nach Stanford zur Hopkins Marine Station in Pacific Grove zurück. 1971 begann er, an der San Jose State University Zoologie der Wirbellosen zu unterrichten. Ab 1978 arbeitete er als Projektkoordinator am Monterey Bay Aquarium zu arbeiten. Während der ersten 16 Jahre des Aquariums war er Leiter der Bildungsabteilung. 2004 ging er als leitender Meeresbiologe des Aquariums in den Ruhestand. Steve Webster ist im Kuratorium der York School, der Sea Studios Foundation und der Elkhorn Slough Foundation. Außerdem ist er seit 45 Jahren Tauchlehrer und Unterwasserfotograf. Er ist ein beliebter Sprecher zu Themen der Naturgeschichte von der Monterey Bay bis zur Karibik, der Cortes-See, dem tropischen Pazifik und den Galapagosinseln. Gegenwärtig organisiert er ein- bis zweimal pro Jahr Tauchfahrten nach Fidschi.

REISETIPPS

- **Anreise:** Nadi auf der Insel Viti Levu ist der wichtigste Ausgangspunkt für Tauchexpeditionen in Fidschi und wird von Deutschland aus von mehreren Fluggesellschaften mit einem Zwischenstopp angeflogen.
- **Beste Reisezeit:** Die Hauptsaison dauert von April bis Oktober, man kann jedoch das ganze Jahr über unter guten Bedingungen tauchen.
- **Unterkünfte:** Steve empfiehlt wärmstens die »Nai'a« (www.naia.com.fj), die seit 1993 in der Gegend Tauchfahrten unternimmt.

KEY LARGO

EMPFOHLEN VON **Stephen Frink**

»Ich schlug 1978 im Urlaub in Key Largo auf, mit einem Master-Abschluss in experimenteller Psychologie, einem Quäntchen Erfahrung in kommerzieller Fotografie und Tauchkenntnissen auf Hobbyniveau«, beginnt Stephen Frink. »Mir fiel auf, dass viele Leute tauchten, aber keine Unterwasserfotos schossen – und ich fand, dass sie das unbedingt tun sollten. Also ging ich das Wagnis ein und eröffnete einen Laden, in dem ich Unterwasserkameras vermietete und Fotos entwickelte. Es stellten sich wunderbare Synergieeffekte ein. Da Key Largo die nördlichste Landmasse der Keys ist, wirkt der Einfluss des Golfstroms dort am stärksten, und die Wahrscheinlichkeit für klares Wasser ist am höchsten. Dank seiner Nähe zu Miami lag Key Largo auch im Zentrum der ersten Meeresschutzinitiativen, insbesondere der von John Pennekamp. Ihm ist es zu verdanken, dass Key Largo schon früh unter Schutz stand und heute zu den besten Rifftauchplätzen in den USA gehört.« (Der John Pennekamp Coral Reef State Park wurde 1960 zu Amerikas erstem Unterwasserschutzgebiet ernannt.)

Key Largo gehört zum Florida Keys National Marine Sanctuary, einem 9500 Quadratkilometer großen Gebiet, das den Archipel der Keys sowie angrenzende Teile des Atlantiks, des Golfs von Mexiko und der Florida Bay umfasst. Dank dem 205 Kilometer langen Overseas Highway (dem südlichen Ende der US Route 1) sind die Keys Amerikas zugänglichstes Stück des karibischen Lebens. Das Schutzgebiet so zu verwalten, dass die Bedürfnisse der Berufsfischer, der Touristen und des Ökosystems, das die ersten beiden Gruppen anzieht, gewahrt bleiben, ist ein ständiger Balanceakt. Während die beiden Parteien, die ihre Meinung kundtun können, niemals ganz zufrieden sind, scheinen sich die Bemühungen auf Meeresflora und -fauna positiv auszuwirken. »Wenn ich Taucher mitnehme, staunen sie Bauklötze über die Fischpopulationen dort, nur zehn Kilometer vom Land entfernt und 80 Kilometer südlich von Miami«, erzählt Stephen. »Solche großen Fischkonzentrationen

findet man sonst nirgends in der Karibik. Dank der Schutzmaßnahmen kann das marine Aufwuchsgebiet in der Florida Bay und um die nördlichen Keys so funktionieren, wie die Natur es vorsieht. Das Ergebnis ist eine Explosion der Fischbestände.«

Im Fall von Key Largo hatte Mutter Natur ein wenig Hilfe in Form von mehreren prominenten künstlichen Riffen, als die »Duane«, die »Bibb« und die »Spiegel Grove« dort versenkt wurden. Die »Duane« und die »Bibb« sind zwei baugleiche 100 Meter lange Kutter der US-Küstenwache, die seit 1987 in 800 Metern Entfernung voneinander 35 Meter tief auf dem Meeresgrund liegen. Die »Duane« ist die gefragtere Attraktion von beiden, weil sie aufrecht steht, und einer der beliebtesten Tauchplätze um Key Largo. »Die ›Duane‹ könnte man als bestes Schiffswrack in diesem Teil der Welt bezeichnen, was die Farben und die Konzentration der Meerestiere angeht«, schwärmt Stephen. »Sie ist mit Schwämmen und orangefarbenen Kelchkorallen überzogen und zieht eine Menge Fische an. Um den Radarturm kreisen fast immer Barrakudas. Auch Bläuelschwärme sind hier zu finden.« Die »Duane« und die »Bibb« wurden vor einiger Zeit von der »Spiegel Grove« aus dem Rampenlicht verdrängt, einem 155 Meter langen Landungsdockschiff (für den Transport des Landungsboots, in dem Kampftruppen an Land gehen), das in 40 Meter Tiefe in der Nähe von Dixie Shoals versenkt wurde. Seit 2002 liegt sie nach mühevollen Anstrengungen durch die Handelskammer von Key Largo, das Schiff von seinem Liegeplatz auf dem James River in Virginia herbringen zu lassen, auf dem Meeresgrund. Bei ihrer Versenkung legte sich die »Spiegel Grove« ursprünglich auf die Steuerbordseite. Als Hurrikan Dennis 2005 über Florida hinwegfegte, richtete er neben den Verheerungen, die er verursachte, auch das Schiff wieder auf. »Die Größe der ›Spiegel Grove‹ ist einschüchternd«, sagt Stephen. »Man kann nicht alles bei einem Tauchgang sehen, nicht mal bei drei Tauchgängen. Wenn die Leute zum ersten Mal dort tauchen, sind sie ganz überwältigt von der schieren Größe. Im Moment sind dort nicht so viele Fische wie an der ›Duane‹, vielleicht weil sie quer zur Strömung steht. Das könnte sich noch ändern, wenn sie länger dort liegt. Trotzdem macht dieses Schiff jetzt Schlagzeilen, und es hält, was es verspricht.«

Die positiven Eigenschaften von Key Largo gehen jedoch über seine beeindruckenden Wracks hinaus. »Die Riffe hier sind flach und hell«, fährt Stephen fort. »Das schüchtert die Besucher nicht übermäßig ein. Oft haben wir hier eine Sicht von 20 Metern, selten ist sie schlechter als zehn Meter. Und es gibt eine fantastische Infrastruktur, viele professionelle Veranstalter und jede Menge Unterkünfte.« Um die Riffe vor Schäden durch Anker zu schützen, wurden im Zuge des Key Largo National Marine Sanctuary Program Ankerbojen

Fische – hier Französischer und Caesar-Grunzer – leben in großer Zahl um Key Largo, weil das Gebiet schon früh unter Naturschutz gestellt wurde.

entworfen und an beliebten Tauchplätzen in der Region installiert. (Die hier erstmals eingesetzten Bojen werden inzwischen an vielen Tauchplätzen in der Karibik und darüber hinaus verwendet.) Bojen markieren auch das Riff Key Largo Dry Rocks, wo die Christus-Bronzestatue *Cristo degli abissi* auf dem Meeresgrund steht, sowie das Wrack der »Benwood« und das Molasses Reef. »Ich tauche gern an einem Ort am südlichen Ende des Molasses Reef, den Fire Coral Caves«, sagt Stephen. »Im Freiwasser ist dort immer etwas los, und die ansässigen Riesenzackenbarsche und Atlantischen Spatenfische sind ein toller Anblick.«

STEPHEN FRINK ist der Unterwasserfotograf, der weltweit am meisten publiziert hat. Er ist Leiter der Bildverarbeitungstechnologie für die Zeitschrift *Scuba Diving* und schreibt eine monatliche Kolumne über Trends und Techniken in der Unterwasserfotografie. Seine Artikel wurden außerdem in einer Vielzahl von Publikumszeitschriften wie *Natural History, Glamour, Time, Newsweek, Islands, Travel + Leisure, Esquire, Fortune, Forbes, Money* sowie in zahlreichen Veröffentlichungen des *National Geographic Magazine* veröffentlicht. Stephen Frink ist Autor des Bildbandes *Wonders of the Reef.* In seinen Heimatgewässern von Key Largo in Florida betreibt er die Stephen Frink School of Underwater Photography. Darüber hinaus besitzt Frink mit WaterHouse Tours and Reservations (www.waterhousetours.com) ein Unternehmen, das sich auf exotische Tauchreisen für Unterwasserfotografen und Kurse für Digitalfotografie spezialisiert hat.

REISETIPPS

- **Anreise:** Mehrere Airlines fliegen Key Largo von Deutschland aus mit einem oder zwei Stopps an.
- **Beste Reisezeit:** Getaucht werden kann das ganze Jahr über in Key Largo. In den Sommermonaten sind jedoch die Bedingungen am ruhigsten, und die Sicht ist am besten.
- **Unterkünfte:** Auf der Website von Key Largo/Florida Keys Tourism (www.fla-keys.com/keylargo) findet sich eine große Auswahl von Unterkünften in der Urlaubshochburg.
- **Tauchbasen/Guides:** Ebenfalls auf der Website von Key Largo/Florida Keys Tourism sind zahlreiche Tauchbasen vor Ort aufgeführt.

RANGIROA

EMPFOHLEN VON **Paul Sloan**

Manchmal steht man in der Welt des Marketings und Verkaufs vor einer ernsten Herausforderung. Unwillkürlich fällt einem dann die alte Geschichte vom Kühlschrankhändler ein, der seine Produkte an Eskimos verkaufen will. In einem früheren Arbeitsleben stand Paul Sloan einmal vor einer etwas weniger schweren Aufgabe: Er sollte Französisch-Polynesien als Tauchziel verkaufen.

»Ich war ursprünglich nach Französisch-Polynesien gekommen, um Tauchlehrer zu werden«, erzählt Paul. »Einige Jahre später kehrte ich nach Los Angeles zurück und wurde Marketingdirektor für Tourismus in Französisch-Polynesien. Zu meinen persönlichen Aufgaben zählte es, eine Nische für Französisch-Polynesien als Tauchziel zu schaffen. Die Flitterwöchner, die nach Tahiti und Moorea kamen, gingen zwar manchmal auch tauchen, aber leidenschaftliche Tauchfans hatten die Inselgruppe noch nicht so recht auf dem Schirm. Wenn man bedenkt, was die Gegend zu bieten hat – große Tiere, warmes und klares Wasser, gut zugängliche Tauchplätze –, schien sie prädestiniert zu sein. Und wenn ich mich auf eine Insel in Französisch-Polynesien beschränken sollte, um sie als Tauchinsel zu vermarkten, dann wäre das Rangiroa.«

Zu Französisch-Polynesien gehören 118 Inseln, die über fast 2,5 Millionen Quadratkilometer im Südpazifik verstreut liegen, etwa 4000 Kilometer südlich von Hawaii. Die Inseln, deren Topografie von bergig bis nahezu flach reicht, gehören zu fünf Archipelen: den Gesellschaftsinseln, den Marquesasinseln, dem Tuamotuarchipel, den Austral-Inseln und den Gambierinseln. Tahiti ist die am stärksten bevölkerte und bekannteste Insel Polynesiens, Rangiroa gehört zum Tuamotuarchipel und liegt rund 400 Kilometer nördlich von Tahiti. Der Archipel gilt als das zweitgrößte Atoll auf der Welt und besteht aus 240 kleinen Inselchen (von den Einheimischen *motus* genannt), die einen 175 Kilometer langen Kreis um eine 70 Kilometer lange und 25 Kilometer breite Lagune bilden. Rangiroa ist das polynesische Wort für »großer Himmel«; gemeint ist damit die Lagune.

»Rangiroa bietet drei ganz unterschiedliche Erlebniswelten beim Tauchen«, fährt Paul fort. »Man kann in der Lagune tauchen, an den Steilwänden außen am Riff oder in den Passagen. Ein Tauchgang in der Lagune ist ganz undramatisch: relativ flach, klares, sehr ruhiges Wasser. Der Name einer der bekannteren Stellen in der Lagune sagt alles – man nennt sie *The Aquarium*. Außen am Riff an den Wänden sieht man einige der großen Tiere, für die Rangiroa berühmt ist – Thunfische, Schildkröten, Mantarochen, Napoleon-Lippfische, manchmal auch Große Tümmler.« Zu den gern aufgesuchten Tauchplätzen im offenen Meer gehören Wrasse Plateau, The Big Blue und The Wind Turbine.

Wenn es ein Erlebnis gibt, das Taucher mit Rangiroa gleichsetzen, ist es das Hindurchschießen durch die Passage bei Tiputa, das für viele zu den großen Adrenalinräuschen in der Tauchwelt gehört. Bei Flut braust das Wasser durch die beiden Passagen Tiputa und Avatoru (wo die Lagune sich zum Meer hin öffnet). Da das hereinschießende Wasser Beutefische und andere Leckereien mit sich bringt, gehen größere Tiere an den Wänden in Stellung und hoffen auf eine gute Mahlzeit – und die Taucher tun es ihnen gleich, um das Spektakel zu genießen. Von den beiden Passagen gilt Tiputa als die aufregendere. »Bei einem Tauchgang bei Tiputa«, erklärt Paul, »setzt ein Boot einen vor dem Riff ab, etwas über der Passage und außerhalb der Hauptströmung. Man schwimmt auf die Strömung zu, und sobald sie einen packt, spült sie einen durch die Passage. 40 Minuten später taucht man in der Lagune wieder auf. Auf dem Höhepunkt der Flut ist das Wasser richtig schnell – mehrere Knoten, würde ich sagen. Als das Tauchschiff ›Tahiti Aggressor‹ hier war, führten sie ein PADI-Fortgeschrittenen-Zertifikat für das Tauchen in der Tiputa-Passage ein.«

Jedes Mal, wenn man durch die Passage schwimmt, sieht man etwas anderes. An manchen Tagen sind es verschiedene Haie, an anderen Mantarochen oder Gefleckte Adlerrochen, an wieder anderen große Schwärme von Stachelmakrelen und Barrakudas. Haisichtungen sind bei jedem Tauchgang so gut wie garantiert – mindestens drei oder vier, manchmal viel mehr. Regelmäßig lassen sich unter anderem Graue Riffhaie, Silberspitzenhaie, Seidenhaie, Weißspitzen-Riffhaie, Schwarzspitzen-Riffhaie, Milchhaie, Sichelflossen-Zitronenhaie, Große Hammerhaie und gelegentlich Tigerhaie bei Rangiroa sehen. »In Richtung Boden gibt es Höhlen in der Passage«, fügt Paul hinzu. »Manchmal findet man dort Haie und andere Fische, in andere Höhlen kann man sich hineinziehen und festhalten, um das Schauspiel um sich herum zu beobachten. Wenn man sich dort am Boden festklammert und dann die Delfine und die Grauen Riffhaie sieht, die völlig unbeeindruckt von der Strömung vorbeischwimmen, wird einem wieder einmal deutlich, wie gut sie an ihre Umgebung angepasst sind.«

Übrigens scheint es, als sei Paul in seinen Bemühungen erfolgreich gewesen. Französisch-Polynesien und Rangiroa stehen inzwischen regelmäßig auf der Liste der besten Tauchplätze der Welt.

PAUL SLOAN lernte in den späten 1970er-Jahren tauchen, als er noch auf die Highschool in der kalifornischen Monterey Bay ging. Er arbeitete zunächst als Forschungstaucher für die University of California, wurde in den späten 1980er-Jahren dann Tauchlehrer und leitete Tauchschulen in der Karibik, in Mexiko und im Südpazifik. Paul Sloan war einmal der Marketingdirektor für Tahiti Tourisme. Derzeit beaufsichtigt er das internationale Marketing und den internationalen Vertrieb für die Marke Gilbert Wane™, tahitianische Ökoperlen, die umweltfreundlich in der kristallklaren Lagune von Toau innerhalb des UNESCO-Biosphären-Reservats Tuamotu gezüchtet werden. Paul schloss die School of Business der George Washington University mit dem Master in Tourismusverwaltung ab und hat einen Bachelor-Abschluss in Umweltbiologie. Gegenwärtig lebt er mit seiner Familie in einem Meeresschutzgebiet auf der Insel Moorea in Französisch-Polynesien, wo er mit seinem vierjährigen Sohn Maui bei jeder Gelegenheit schnorcheln geht.

REISETIPPS

- **Anreise:** Rangiroa lässt sich am besten über Papeete auf Tahiti mit Air Tahiti (airtahiti nui-usa.com) erreichen. Nach Papeete gelangt man von Deutschland aus mit zwei Stopps.
- **Beste Reisezeit:** Tauchen kann man das ganze Jahr über unter ausgezeichneten Bedingungen, wobei einige Tierarten zu bestimmten Zeiten im Jahr häufiger anzutreffen sind.
- **Unterkünfte:** Zum Hotel Kia Ora Resort gehören Bungalows in der Nähe der Tiputa-Passage. Weitere Übernachtungsmöglichkeiten finden sich auf der Website von Tahiti Tourisme North America (www.tahiti-tourisme.com).
- **Tauchbasen/Guides:** Es gibt sechs Tauchbasen in Rangiroa, darunter Blue Dolphins (www.bluedolphinsdiving.com) und den Raie Manta Club (raiemantaclub.free.fr).

GRAND CAYMAN

EMPFOHLEN VON **Sergio Coni**

Konzernbuchhalter, Fondsverwalter und leitende Bankangestellte wissen, dass die Kaimaninseln sich hervorragend eignen, um Finanztransaktionen zu verdecken, nein, auszuführen. Taucher dagegen wissen, dass die größten Schätze der Kaimaninseln sich unter der Wasseroberfläche verstecken und von Haus aus viel einfacher zu verstehen sind als die oben angesprochenen Geschäfte!

»Ich kam vor 20 Jahren von Argentinien nach Grand Cayman, um einige Jahre hier als Tauchlehrer zu arbeiten«, berichtet Sergio Coni. »Ich blieb einfach hier. Es gibt zwar andere Orte auf der Welt, an denen man aufsehenerregendere Lebewesen trifft, aber es gibt mehrere Aspekte, die die Kaimaninseln so besonders machen. Zunächst einmal ist das Wasser extrem klar, noch klarer als im Hotelpool, und etwa genauso warm, zwischen 25 und 30 Grad. Wenn man zur Bloody Bay Wall bei Little Cayman taucht und über der Stelle schwebt, wo die Wand beginnt, fühlt man sich bald, als treibe man im Nichts. Zweitens bietet Grand Cayman zwar alle Annehmlichkeiten der modernen Welt, aber man gelangt auch sehr schnell an ganz abgelegene, unberührte Orte. Drittens vermitteln die Kaimaninseln einem insgesamt das Gefühl, sehr weit vom Alltag entfernt zu sein, aber wenn man zum Beispiel in die USA zurückmuss, ist man in wenigen Stunden dort.«

Die Kaimaninseln liegen 250 Kilometer südlich von Kuba und 700 Kilometer südlich von Florida in der Westkaribik. Nachdem Christoph Kolumbus sie 1503 entdeckt hatte, interessierten sich nach Sir Francis Drakes Landung 1586 die Briten für die Inseln. (Drake benannte sie nach dem karibischen Wort für »Salzwasserkrokodil«, die damals in großer Zahl hier lebten, inzwischen jedoch ausgestorben sind.) Noch heute sind die Kaimaninseln ein britisches Überseeterritorium. Sie bestehen aus Grand Cayman, wo fast die gesamte Bevölkerung lebt, Little Cayman und Cayman Brac. Die drei Kaimaninseln bilden den Rand

Fütterungszeit in Stingray City, eine der beliebten Tauchertraditionen um Grand Cayman.

des Kaimangrabens, der vor den Südküsten der Inseln 2500 Meter in die Tiefe abfällt. Zwar erregen besonders solche Steilwände die Aufmerksamkeit der Tauchwelt, aber schon in 60 bis 90 Zentimetern Tiefe lassen sich spannende Beobachtungen machen. »Es gibt viele Stellen um Grand Cayman, wo man schnorcheln oder sogar durch das Wasser waten und trotzdem das Leben im Meer bewundern kann«, erzählt Sergio. »Einer meiner Lieblingsplätze ist der South Sound, wo es ein sehr seichtes Barriereriff und die Überreste eines alten Schiffswracks zu bewundern gibt. Der tiefste Punkt liegt bei höchstens 1,80 Metern. Man kann mit dem Schnorchel darüber hinwegschwimmen oder sich auch einfach hinstellen und ins Wasser sehen, wenn man möchte. Man sieht Adlerrochen, Ammenhaie, Seepferdchen. Ich empfehle diese Stelle gern Leuten, die nicht tauchen können, weil man hier wunderbar Meerestiere entdecken kann.«

Es gibt mehr als 200 anerkannte Tauchplätze auf den Kaimaninseln. Viele sind gut von der Hauptstadt Georgetown und der Touristenhochburg Seven Mile Beach aus zu erreichen. Zu Sergios Lieblingstauchplätzen gehört auch Big Tunnels, der mit einer langen Steilwand und einem beeindruckenden Korallenbogen am Grund (35 Meter) aufwarten kann, der häufig von einem Schwarm Tarpune bewacht wird. Eine weitere Empfehlung ist das Turtle Farm Reef, eine flachere Stelle (15 bis 18 Meter) mit einer Miniwand. Das Riff liegt direkt an der Turtle Farm, wo Meeresschildkröten aufgezogen und ausgewildert werden. Einige Schiffswracks sind ebenfalls gut zu erreichen, darunter die »Keith Tibbets«, ein ehemaliger russischer Zerstörer, der extra für Taucher in der Nähe von Cayman Brac versenkt wurde. Nicht zu vergessen natürlich die berüchtigte Bloody Bay Wall vor Little Cayman, wo der Meeresboden auf einer Tiefe von 7,50 Metern plötzlich auf 1800 Meter abfällt. Die Überfülle an Korallen und Schwämmen, die die Wand überziehen, wird hier von Myriaden farbenfroher Rifffische ergänzt. Je tiefer man taucht, desto größer ist die Wahrscheinlichkeit, auf vorbeiziehende Haie, Rochen und Zackenbarsche zu treffen.

Wer sich mit einem Tauchveranstalter auf den Weg macht, dessen Chancen stehen gut, dass mindestens einer seiner Tauchtage mit einem der Unterwassererlebnisse endet, von denen am häufigsten berichtet wird: einer Begegnung mit den Rochen bei Stingray City, einer Reihe von Sandbänken im North Sound bei Grand Cayman. Der Legende nach begannen sich Stechrochen hier zu versammeln, um die Fischreste zu fressen, die einheimische Fischer über Bord warfen, wenn sie ihren Fang säuberten. Nach und nach setzten die Tiere das Geräusch von Bootsmotoren mit Futter gleich und gewöhnten sich langsam an Menschen, auch an solche mit Pressluftflaschen auf dem Rücken und Futterstücken in der

Hand. Selbst wenn es vielleicht nicht für alle Taucher gleich verlockend ist, so lässt sich doch nicht bestreiten, dass Stingray City ein spektakulärer Anblick ist. »Als ich zum ersten Mal bei den Stechrochen war, konnte ich nicht glauben, dass das echt war«, erzählt Sergio. »Man hatte mir immer gesagt, wenn man beim Fischen einen Stechrochen erwischt, muss man ihn töten, weil sie böse und gefährlich seien. Wenn man aber mit ihnen taucht, erkennt man schnell, dass sie nicht gefährlich sind. Wenn man auf sie tritt, ja, dann kann man schon gestochen werden oder sich den Fuß an der rauen Haut auf ihren Köpfen aufscheuern. Aber wenn man mit ihnen schwimmt, sind sie ganz friedlich. Nach Steve Irwins Tod hatten viele Leute Angst, mit den Rochen zu schwimmen. Sie verstanden offenbar nicht, dass er mit einer anderen Art Stechrochen gearbeitet hatte und dass die Gefahr, dass so etwas passiert wie in seinem Fall, sehr gering ist. Ich beschreibe es so: Wenn man barfuß den Strand entlanggeht und auf eine zerbrochene Bierflasche tritt, würde man auch nicht die Flasche für seine Schnittwunden verantwortlich machen. Auf jeden Fall nimmt das Interesse an den Rochen wieder zu. Ich tauche fast jeden Tag mit ihnen.«

Abgesehen von Stingray City kann man auf den Kaimaninseln nicht gerade auf viele Begegnungen mit großen Tieren hoffen. Aber wegen der Nähe der Inseln zur Tiefsee weiß man andererseits nie, was man vorfindet. »Vor Jahren, es war 1990, fuhr ich mit einer Gruppe Tauchern zu einer Stelle namens Princess Penny's Wall an der Nordwand von Grand Cayman«, erinnert sich Sergio. »In der Gruppe war auch ein Freund aus Argentinien. Die Bedingungen an diesem Tag waren hervorragend. Kurz nachdem wir abgetaucht waren, zog mich jemand am Arm und bedeutete mir, dass er einen Hai gesehen hatte. Ich sah nach unten und sah etwas aus der blauen Tiefe emporsteigen. Es waren zwei Hammerhaie, und sie kamen direkt zu uns geschwommen und beobachteten unsere Gruppe. Ich war etwas nervös, gab mir aber alle Mühe, Haltung zu bewahren, weil ich wusste, dass die Gäste sich nach mir richten würden. Als die Haie außer Sichtweite waren, kam eine Gruppe von vier Adlerrochen aus der entgegengesetzten Richtung heran. Sie bewegten sich wie in Zeitlupe. Es war ein magischer Augenblick. Als wir aus dem Wasser zurück ins Boot kletterten, fielen mein Freund und ich uns in die Arme. Ich glaube, wir fühlten uns beide, als hätten wir eine Verbindung zu diesen Wesen. Zufällig traf ich diesen Freund 17 Jahre später in Spanien wieder. Ich staunte, an wie viele Details dieses Tauchgangs er sich noch erinnerte.«

SERGIO CONI ist Betriebsleiter bei Don Foster's Dive Cayman (www.donfosters.com) auf Grand Cayman. Der gebürtige Argentinier arbeitet seit über 30 Jahren in der Tauchbranche und war unter anderem Berufstaucher in Argentinien, bevor er 1988 nach Grand Cayman zog. Er tauchte bereits in Patagonien, Costa Rica, Venezuela, Bonaire, vor der Isla de Margarita, Key Largo, in Kalifornien und im Mittelmeer. Nicht nur er, sondern auch seine Frau und seine drei Kinder tauchen leidenschaftlich gern.

REISETIPPS

- **Anreise:** Verschiedene Linien bieten Flüge mit ein oder zwei Zwischenstopps nach Grand Cayman an.
- **Beste Reisezeit:** Die Tauchbedingungen sind das ganze Jahr über durchgehend gut. Vom Spätherbst bis zum Vorfrühling ist es meist etwas trockener und weniger schwül.
- **Unterkünfte:** Auf den Kaimaninseln gibt es Unterkünfte für jeden Geschmack und Geldbeutel, von Strandhotels in der Nähe von St. George bis hin zu abgelegenen Bungalows auf Little Cayman. Auf der Website von Cayman Islands Travel & Tourism (www.caymanislands.ky) finden sich weitere Möglichkeiten.
- **Tauchbasen/Guides:** Es gibt rund 40 Tauchbasen auf den Kaimaninseln. Eine umfassende Liste (darunter auch Sergios Veranstalter Don Foster's Dive Cayman) finden Sie auf www.caymanislands.ky.

KONA

EMPFOHLEN VON **Marty Snyderman**

Marty Snyderman ist der Meinung, dass Hawaii als Tauchziel nicht ernst genug genommen wird. »Lange Zeit hatte Hawaii den Ruf, hinter der Tauchwelt herzuhinken. Es hieß, die Veranstalter würden ihre Gäste dorthin bringen, wo sie am ehesten selbst etwas zum Abendessen fischen können, statt ihnen wirklich die Unterwasserwelt der Inseln zu zeigen. Ich hatte vor sechs Jahren die Gelegenheit, relativ häufig von Kona und anderen Orten auf Maui aus tauchen zu gehen, und war beeindruckt von der Qualität sowohl des Tauchens selbst als auch der Veranstalter. Wenn man Veranstalter an einigen beliebten Tauchplätzen fragt, was es Neues gibt, erzählen sie von einem neuen Abkommen mit einer Fluglinie oder dem neuen Koch in einem ihrer Restaurants. Auf Hawaii erzählen sie von neuen Meerestieren, denen sie begegnet sind. Die Veranstalter gehen mit echter Leidenschaft an ihr Geschäft, sie lieben ihre Meerestiere. Die leben fürs Tauchen, sie sind echte Meermenschen. Mit solchen Menschen verbringe ich persönlich gerne meine Zeit.«

Die acht Inseln, aus denen Hawaii besteht, bilden den abgelegensten Archipel der Welt. Dieser Umstand wird oft vergessen, da allgegenwärtige Pauschalreisen die Inseln viel näher erscheinen lassen, als sie sind. Die Landmasse von Hawaii hat den weltweit größten Anteil an endemischen Pflanzen- und Tierarten; bei 4000 Kilometern Entfernung zum nächsten Kontinent finden fremde Vogelarten tatsächlich nur selten den Weg hierher. Dasselbe gilt für die Arten im Meer. Wissenschaftler glauben, dass mehr als 20 Prozent der Fische, Wirbellosen und Korallen um Hawaii endemisch sind – man trifft sie nirgendwo sonst auf der Welt an. Die Insel Hawaii ist die südöstlichste der acht Inseln. Die Küste von Kona liegt mittig auf der Westseite der Insel.

»Es gibt eine Redensart, die lautet: ›Hawaii hat einige der schönsten Fische im Meer, aber keinen Platz für sie‹«, fährt Marty fort. »Es stimmt, dass es vor Hawaii keine großen,

leuchtend bunten Korallenriffe gibt. Die Riffe bestehen aus erstarrter Lava, genau wie die Inseln selbst. Die steilen Abhänge der Inseln setzen sich im Meer fort, es geht unglaublich tief nach unten. In Kalifornien muss man 15 oder 20 Kilometer hinausfahren, um in tiefere Gewässer zu kommen. Vor Kona (und vielen anderen Stellen in Hawaii) ist man in zehn Minuten in extrem tiefem Wasser und hat gute Chancen, große Tiere zu sehen. Das offene Meer um die Inseln herum bietet meiner Meinung nach das blaueste, klarste Wasser in den Subtropen. Wenn sich ein Tier aus dem offenen Meer zeigt, sieht man es sehr deutlich. An manchen Orten, wo die Sicht nur zwölf Meter beträgt, sieht man von einem zwölf Meter langen Wal nicht sehr viel. Vor Hawaii erkennt man diesen Wal schon aus großer Entfernung und sieht ihn beim Herankommen immer klarer. Man erkennt das ganze Tier, die ganze Schule, und zwar sehr deutlich.«

Es gibt rund 80 Tauchplätze an der Küste von Kona, die meisten nicht mehr als 20 Minuten von der Küste entfernt. An vielen kann man große Tiere beobachten – Ostpazifische Delfine, Seidenhaie, Tigerhaie, Hammerhaie, Buckelwale und manchmal sogar Pottwale. Zu den schönsten Erlebnissen beim Tauchen vor Kona gehört das nächtliche Beobachten von Mantarochen. Nirgendwo auf der Welt sieht man mit solcher Zuverlässigkeit Mantarochen wie auf diesem Tauchgang. »Das nächtliche Mantafüttern ist ein surreales Erlebnis«, erzählt Marty. »Alle Tauchveranstalter fahren an dieselbe Stelle. Die Taucher bekommen Lampen, mit denen sie von unten nach oben leuchten, um Plankton anzulocken. Wenn das Plankton herankommt, folgen die Mantarochen in der Regel bald. Wir hatten schon bis zu 17 gleichzeitig dort – der Rekord liegt bei 28 oder 29 Rochen. Beim Fressen machen sie anmutige Rückwärtssaltos, nur Zentimeter von den Tauchern entfernt. Auch wenn ich diese Tiere lieber unter natürlichen Bedingungen beobachte – das Mantatauchen ist wirklich ein magisches Erlebnis.

Auf Hawaii konnte ich Teile des Meereslebens erkunden, die ich in 30 Jahren Tauchen noch nie gesehen hatte«, fährt Marty fort. »Besonders die Tauchgänge im offenen Meer sind überwältigend. Das Land ist noch in Sichtweite, aber wenn man das Boot verlässt, hat man Hunderte von Metern freies Wasser unter sich. Da draußen gibt es Bojen an Ketten, und man schwimmt nach unten und hängt an einer dieser Ketten, die Hunderte Meter lang sind, und hofft, dass einer der Godzillas vorbeikommt. Man fühlt sich wie ein Stück Beute. Verletzlich, klein und nackt. Das Adrenalin schießt einem nur so durch den Körper. Man weiß, dass nichts Schlimmes passiert, aber ich habe immer noch jedes Mal Schmetterlinge im Bauch. Nur man selbst hängt dort und starrt in gespannter Erwartung ins Blau. Ich

Wenn man in den Gewässern vor Kona nur lange genug wartet, kommt mit hoher Wahrscheinlichkeit etwas Großes vorbei – in diesem Fall ein Buckelwal.

muss dann immer daran denken, dass Sportler vor einem großen Wettkampf sicher ähnlich angespannt sind. Dann kommt Godzilla – ein Weißspitzen-Hochseehai oder eine Schule Grindwale –, und alles ist gut. Alles da draußen schwimmt so viel besser als man selbst. Es macht demütig, aber es ist auch ein Privileg. Ich war verschiedene Male im Winter tauchen und konnte unter Wasser die ganze Zeit dem Gesang der Buckelwale lauschen. Ich sehe sie dann vielleicht nicht, aber ich höre sie. Irgendwie hilft mir das, die richtige Perspektive zu finden: Es ist ein großer Ozean und ein großer Planet, und wir sind nur ein Teil davon. Ich glaube wirklich, wenn die Politiker und Entscheidungsträger der Welt solche Erfahrungen machen könnten, stünde die Umwelt nicht so weit unten auf ihrer Prioritätenliste.«

MARTY SNYDERMAN ist Standfotograf, Filmproduzent, Autor und hält Vorträge. Er hat sich auf das Thema Meer spezialisiert. Bei der Zeitschrift *Dive Training* ist er Redakteur für die Meeresfauna. Seine Fotos und Texte erschienen u. a. schon bei *National Geographic*, in zahlreichen Veröffentlichungen der National Wildlife Federation, von *Natural History*, *Time* und *Newsweek*. Neun Bücher brachte Marty Snyderman bisher heraus, darunter *California Marine Life* sowie *Guide to Marine Life of the Caribbean, Bahamas, and Florida*. Darüber hinaus wurden seine Aufnahmen u. a. in dem Film *Free Willy* verwendet sowie in Filmen der National Geographic Society. Marty Snyderman bietet einen Online-Fotokurs an, den die Kursteilnehmer in ihrem eigenen Tempo durcharbeiten können. Weitere Details finden Sie auf www.martysnyderman.com.

REISETIPPS

- **Anreise:** Kona auf der Insel Hawaii wird von mehreren Airlines mit zwei Zwischenstopps von Deutschland aus angeflogen.
- **Beste Reisezeit:** Auf Kona kann man das ganze Jahr über unter kaum veränderlichen Bedingungen tauchen. Buckelwale sind dort von November bis Mai anzutreffen.
- **Unterkünfte:** Eine umfassende Liste mit Unterkünften bietet das Big Island Visitors Bureau (www.bigisland.org).
- **Tauchbasen/Guides:** Es gibt mehrere Tauchveranstalter, die zur Küste von Kona fahren, beispielsweise KonaHonu Divers (www.konahonudivers.com).

UTILA

EMPFOHLEN VON **Adam Laverty**

Das moderne Leben in der wohlhabenden westlichen Welt ist für manche Menschen die Suche nach dem richtigen Gleichgewicht. Arbeit, die zufrieden macht, aber nicht zu viel davon, Zeit mit der Familie, Zeit für sich selbst. Viele suchen auch in ihrer Freizeit nach dem richtigen Gleichgewicht. Schöne Tauchgänge sind wichtig, aber auch interessante Erlebnisse an Land.

Adam Laverty findet dieses Gleichgewicht in idealer Ausprägung auf der honduranischen Insel Utila. »Ich habe in Ägypten und in Thailand gearbeitet«, erzählt Adam. »In Ägypten konnte man hervorragend tauchen, aber die Atmosphäre an Land war weniger berauschend. Die Menschen, das Essen und die allgemeine Stimmung in Thailand fand ich großartig, aber das Tauchen im Golf ist nicht wirklich erstklassig. Utila bietet sowohl schöne Plätze zum Tauchen als auch eine äußerst angenehme Umgebung an Land. Alles dort ist sehr entspannt, keine Spur von der üblichen Hektik. Die Menschen, die auf der Insel leben und arbeiten, tun alles, damit jeder sich willkommen fühlt. Innerhalb von zwei oder drei Tagen nennen einen alle beim Vornamen. Ursprünglich wollte ich hier nur meine Tauchlehrerprüfungen ablegen und ein Jahr bleiben. Das ist jetzt mein fünftes Jahr.«

Utila, die kleinste der drei großen Bay Islands (zu denen auch die bekanntere Insel Roatan gehört), liegt etwa 30 Kilometer nördlich der Festland-Hafenstadt La Ceiba in der westlichen Karibik. Die Einwohnerzahl der nur 30 Quadratkilometer großen Insel liegt bei etwa 2500, von denen die meisten in und um die Stadt East Harbor (manchmal auch nur Utila genannt) leben. Es gibt mehr als 60 Tauchplätze in der Region, von Wracks und Höhlen bis zu Steilwänden. (Die südlichsten Ausläufer des Mesoamerican Barrier Reef liegen in der Nähe der Bay Islands; östlich des Riffs geht es mehr als 900 Meter steil in die Tiefe.) In der Vergangenheit war Utila unter Rucksacktouristen als eins der Tauchziele mit dem besten Preis-Leistungs-Verhältnis sehr beliebt. Schnäppchenjäger finden immer noch äußerst günstige Tauchangebote auf der Insel, auch wenn in den letzten paar Jahren durchaus luxuriöse Ferienanlagen dort ihre Pforten geöffnet haben. »Das Angebot ist ziemlich breit«, sagt Adam, »von Schlafsaalbetten für drei bis fünf Dollar pro Nacht bis hin zu Luxusunterkünften wie dem Deep Blue Resort für über 1500 Dollar pro Woche. Utila bietet viele verschiedene Riffsysteme mit unterschiedlichen Lebensräumen, von seichten, sandigen Stellen bis hin zu Steilwänden. Die Bedingungen sind das ganze Jahr über für Taucher jeden Niveaus fantastisch; in der Regel ist das Wasser sehr ruhig, es gibt kaum Strömungen. Lieblingsplätze habe ich einige. Duppy Waters – *duppy* nennen die Einheimischen einen Geist – ist eine Steilwand in Turtle Harbor. Wenn man über den Rand schwimmt, scheint es ewig weit nach unten zu gehen. Man sieht Pferdemakrelen, Kreolen-Lippfische, Große Barrakudas und Karibische Vasenschwämme, Hammerhaie ziehen vorbei. Blackish Point, ebenfalls auf der Nordseite der Insel, eignet sich mit seiner sanften Strömung und den Höhlen hervorragend zum Strömungstauchen. Bei Black Hills, einem Unterwasserberg vor der Ostküste der Insel, trifft man beim Tauchen garantiert auf große Schwärme des Atlantischen Spatenfischs sowie auf die dort ansässigen Meeresschildkröten. Vor einem Jahr war ich an einer Stelle namens Black Coral Wall. Als wir über einen sandigen Fleck schwammen, kam eine Echte Karettschildkröte nach oben, sah jedem Taucher in die Augen, umkreiste uns und versuchte tatsächlich, sich auf die Hand eines Tauchers zu legen. Wenn man im Frühling oder Herbst hier ist, sieht man fast immer Walhaie. Ich war schon auf Tauchgängen, auf denen man ein Neun-Meter-Exemplar vor dem Boot hatte, einen Sechs-Meter-Walhai hinter dem Heck und ein Delfinpärchen in der Mitte. Ich wusste gar nicht, wo ich zuerst hinsehen sollte.«

Wegen des gigantischen Walhais kommen viele Taucher nach Utila. Walhaie sind die größten Fische der Welt: Das größte offiziell vermessene Exemplar hatte eine Länge von über zwölf Metern, auch wenn Geschichten von 15 oder sogar 18 Meter langen Tieren munter die Runde machen. (Die durchschnittliche Länge der Walhaie um Utila liegt zwischen sechs und neun Metern, das Gewicht zwischen 15 und 20 Tonnen. Größere Exemplare sollen über 100 Jahre alt werden.) Trotz ihrer gewaltigen Größe sind diese Tiere recht friedlich und ernähren sich von Plankton. Sie fressen, indem sie ihr Maul aufsperren und die Mikroorganismen so einfangen. Nachdem er das Maul wieder geschlossen hat, streift der Hai mit seinen Kiemenreusen, etwa zehn Zentimeter langen borstigen Strukturen, die gefangene Beute von den Kiemen. Was nicht durch die Kiemen passt, wird gefressen. Walhaie sind Einzelgänger und normalerweise im tiefen Wasser des offenen Ozeans zu finden. Niemand versteht ganz genau, was so viele Walhaie in die Gewässer um Utila zieht; einige Forscher glauben, dass die Gewässer am nördlichen Teil der Insel auf ihrem Wanderweg liegen.

»Walhaie sind aufregend und Ehrfurcht gebietend«, findet Adam, »aber da wir diese fantastischen Tiere nicht jeden Tag zu sehen bekommen, sind die kleinen Fische auch nicht zu verachten. Für mich haben Anglerfische jede Menge Persönlichkeit und auch der Hechtschleimfisch. Zu meinen Lieblingsfischen um Utila gehört der Goldstirn-Brunnenbauer. Er ist nur etwa fünf Zentimeter groß und benutzt sein Maul zum Graben im Sand. Zur Paarungszeit kommt das Männchen aus der Höhle und führt einen kleinen Tanz auf, um eine Partnerin anzulocken. Er bläst die Lippen auf und springt mit den Flossen an der Seite hin und her, wie ein kleiner Mick Jagger auf der Bühne. Nachdem er sie in seine Höhle geführt und beide ihre Aufgabe erfüllt haben, trägt er die Eier zum Schutz in seinem Maul herum.«

ADAM LAVERTY ist Tauchlehrer im Alton's Dive Center (www.altonsdiveshop.com) auf Utila und hat sich auf Unterwasserfotografie, Walhaie und Meerestiere allgemein spezialisiert. Das Tauchen lernte er im Urlaub auf der Insel Kho Tao im Golf von Thailand und entwickelte sofort eine große Leidenschaft dafür. Er tauchte schon in ganz Südostasien, Ägypten, England und Mittelamerika; in Thailand und Ägypten arbeitete er als Tauchguide. In den letzten Jahren führte er Taucher zu den herrlichen Riffen von Utila.

REISETIPPS

- **Anreise:** Die meisten Besucher erreichen Utila über Roatan, das verschiedene Linien mit ein oder zwei Stopps von Deutschland aus anfliegen. Von Roatan aus fliegt man weiter mit dem Shuttleflugzeug der Aerolinas Sosa oder der Atlantic Airlines International (www.atlanticairlinesint.com) nach Utila.
- **Beste Reisezeit:** In Utila kann man das ganze Jahr über tauchen, aber wer Walhaie sehen möchte, sollte zwischen März und Mai oder von August bis Oktober kommen.
- **Unterkünfte:** Auf AboutUtila.com findet man eine Vielzahl an Unterkünften auf Utila.
- **Tauchbasen/Guides:** Es gibt viele Tauchveranstalter in Utila, darunter auch Captain Morgan's (www.divingutila.com).

KOMODO-NATIONALPARK

EMPFOHLEN VON **Greg Heighes**

Wollte man einen Werbeslogan für den Komodo-Nationalpark erfinden, käme man vermutlich auf etwas wie: »Sie werden wegen der Warane kommen. Und zum Tauchen bleiben.«

»1988 habe ich mein Studium unterbrochen, um als Tauchguide auf einem Tauchschiff zu arbeiten, das die Gewässer um Indonesien bereiste«, berichtet Greg Heighes. »Ich tauchte überall, auch im Komodo-Nationalpark. Damals hatte ich noch nicht viel Erfahrung, und die Tauchplätze sahen für mich alle ähnlich aus. Je mehr Rückmeldungen ich jedoch von den Gästen bekam, desto mehr wurde mir klar, wie besonders der Komodo-Nationalpark war. Wenn wir in den Gewässern um Indonesien waren, plante der Kapitän immer Extrazeit für Komodo ein. Es gibt dort wirklich für jeden etwas – für Hobbytaucher, für Fotografen und für Adrenalinjunkies.«

Die Region Komodo umfasst mehrere Vulkaninseln in Ostindonesien zwischen den größeren Landmassen Sumbawa und Flores, etwa 370 Kilometer östlich von Bali. Der überwiegende Teil des Gebiets gehört zum 1800 Quadratkilometer großen Komodo-Nationalpark, ebenso wie die größeren Inseln Komodo, Rinca, Gili Mota, Nusa Kode und Padar. Der Nationalpark wurde 1980 vor allem eingerichtet, um die zurückgehenden Populationen der Komodowarane zu schützen. Inzwischen ist er wegen seiner einzigartigen Fauna über und unter der Oberfläche der umgebenden Floressee von der UNESCO als Weltnaturerbe anerkannt. Wie auch die westlich gelegene Lombokstraße dient die Komodo-Region als eine Art Trichter zwischen dem Indischen und dem Pazifischen Ozean. Der Wasserdurchfluss und die mitgeschwemmten Nährstoffe sorgen für ein günstiges Umfeld, in dem mehr als 250 Korallenarten und 1000 Fischarten gedeihen und Meeressäuger aller Art sich wohlfühlen, von vorbeiziehenden Blauwalen bis hin zu Dugongs, Verwandten der Seekühe, die ausschließlich im Salzwasser leben.

Imperatorgarnelen gehören zur faszinierenden Makrofauna, die man an Orten wie Cannibal Rock findet.

»Es gibt unglaublich viele Tauchmöglichkeiten im Komodo-Nationalpark«, fährt Greg fort, »von Säulen und Wänden bis hin zu Unterwasserbergen und Passagen und dazwischen alles, was man sich vorstellen kann. Manche beschreiben die Region als das genaue Gegenteil von Bali. Dort ist die Vegetation an Land sehr artenreich und üppig, die Unterwasserwelt aber nicht ganz so interessant. Die Inseln um Komodo sind sehr trocken, aber das Leben unter Wasser ist unglaublich fruchtbar und abwechslungsreich. Andere nennen Komodo die Galapagosinseln des Asien-Pazifiks. Das trifft es ganz gut, denn auf der Insel Flores in der Nähe der Wallace-Linie treffen tatsächlich asiatische und australische Arten aufeinander. Vielleicht meint man damit aber auch, dass es auf beiden Inselgruppen großartige Tauchplätze und charakteristische Reptilien gibt.«

An vielen Tauchplätzen um Komodo herrschen starke Strömungen, aber Taucher mit Ortskenntnissen können diesen Umstand auch zum eigenen Vorteil nutzen. »Es gibt da eine Stelle namens Castle Rock«, erzählt Greg. »Wir gehen rund 90 Meter vor den Felsen rein, die etwa viereinhalb Meter unter Wasser liegen, schwimmen runter und lassen uns dann mit der Strömung hindurchtreiben. Dabei sieht man riesige Schwärme kleinerer Fische, all die Planktonfresser sind dabei. Dann stieben die Fische plötzlich in alle Richtungen auseinander, wenn Einfarben-Thuns oder Stachelmakrelen mit unglaublichem Tempo angeschossen kommen – sie bewegen sich so schnell, dass man sie nur verschwommen sieht.« Ein weiterer Lieblingsplatz von Greg ist Batu Bolong, eine kleine Felseninsel zwischen den Inseln Komodo und Tatawa. »Jeder Zentimeter ist belebt«, beschreibt Greg, »als würden die Meerestiere darum kämpfen, sich irgendwo ansiedeln zu können.« In der Nähe der Oberfläche wimmelt es auf Batu Bolong von Korallen und Wirbellosen, weiter unten trifft man häufig auf Napoleon-Lippfische, riesige Stachelmakrelen und große Schwärme von Regenbogenmakrelen, durch die gelegentlich ein Mantarochen segelt.

In Komodo kann man jedoch noch viel mehr bewundern als mitreißende Strömungen und große Fische. »Im Süden des Nationalparks gibt es Stellen mit umwerfend prächtigen Wirbellosen, nach denen alle Fotografen ganz verrückt sind«, sagt Greg. »Ich tauche zwar recht regelmäßig um Komodo, aber trotzdem finde ich dort jedes Mal etwas, was ich noch nie gesehen habe, darüber freue ich mich immer sehr.« Der bemerkenswerteste Tauchplatz im Süden ist wohl Cannibal Rock. Die mit Weichkorallen (darunter gewaltige violette Gorgonien), leuchtend bunten Seeäpfeln und Seegurken überzogenen Hänge des Unterwasserbergs sind ein Paradies für Makrofans, die sich dort an Nacktkiemern in psychedelischen Farben, Fangschreckenkrebsen, Zwerg-Seepferdchen und Anglerfischen ergötzen können.

Kein Besucher der Inseln möchte wieder abreisen, ohne den berühmtesten Einwohner der Region gesehen zu haben: den Komodowaran. Das größte Mitglied der Gattung der Warane und gleichzeitig die größte Echse der Welt wird annähernd 2,50 Meter lang und wiegt zwischen 55 und 70 Kilogramm. Das größte vermessene Exemplar erreichte fast drei Meter Länge und wog 166 Kilogramm. Auf dem Speiseplan der Warane stehen hauptsächlich die kleinen Mähnenhirsche der Insel, sie fressen jedoch auch Eier von anderen Waranen und Schildkröten, Büffel, Wildschweine, Wildpferde und Affen. Obwohl sie recht flink sind, verlassen sie sich bei der Jagd vor allem auf das Überraschungsmoment. Man findet Komodowarane gelegentlich am Wasser, wo sie an Stränden oder auf Felsvorsprüngen liegen, aber auf einer geführten Tour mit Mitarbeitern des Nationalparks Komodo trifft man nahezu garantiert auf eine der Riesenechsen, vor allem in der Nähe der Waldhüterstationen, da der Essengeruch sie anlockt. Durch den Rückgang der Hirschbestände ist auch die Anzahl der Warane zurückgegangen; die jetzige Population von etwa 3000 Tieren bleibt jedoch erfreulicherweise stabil.

»Ich habe mal gesehen, wie Warane in freier Wildbahn einen Hirsch erlegt haben«, erinnert sich Greg. »Ein Tier hatte sich in ein Bein des Hirsches verbissen und zerrte ihn zurück in den Busch. Sein Schwanz schlug dabei so wild hin und her, dass er ganze Büsche beiseitefegte. Dann kam ein zweiter Waran aus dem Wald und schnappte sich ein anderes Bein des Hirsches. Die Geräusche waren schaurig, dieses Dreschen und Knurren. Ein anderes Mal unternahm ich mit einem Waldhüter, den ich kenne, auf der Insel Rinca eine vierstündige Wanderung. Wir waren oben in den Bergen im langen Gras, als der Waldhüter mich auf zwei große Warane aufmerksam machte, die wie Soldaten gerade einen Zangenangriff unternahmen. Sie standen eindeutig am oberen Ende der Nahrungskette und waren ganz klar auf der Jagd. Sie waren sehr präsent, und man spürte, dass sie wussten, wer hier der Boss war.«

GREG HEIGHES ist Tauchguide und veranstaltet seit 2000 Tauchreisen per Schiff mit dem Schwerpunkt Komodo-Nationalpark. Er lernte das Tauchen an der Seite seiner berühmten Tante und seines ebenso berühmten Onkels, Valerie und Ron Taylor. Zusammen mit seinem Bruder Mark Heighes betreibt Greg das Unternehmen Dive Komodo.

REISETIPPS

► **Anreise:** Viele Tauchschiffe legen von Labuhanbajo auf der Insel Flores ab. Nach Labuhanbajo kommt man über Denpasar in Bali, das man von Deutschland aus mit ein oder zwei Zwischenstopps erreicht. Von Denpasar aus bieten GT Air und Trans Nusa Flüge nach Labuhanbajo an. Die Abflugzeiten schwanken allerdings etwas, und die Tauchveranstalter empfehlen, die Flüge mit ihrer Hilfe zu buchen, damit Anschlussflüge erreicht werden.

► **Beste Reisezeit:** Tauchschiffe befahren den Komodo-Nationalpark das ganze Jahr über. Komodo ist den Großteil des Jahres über sehr trocken, im Januar und Februar gibt es aber eine Monsunzeit.

► **Unterkünfte:** Mehrere Tauchschiffe fahren den Komodo-Nationalpark an, z. B. Dive Komodo (www.divekomodo.com). Dieses Unternehmen fährt mit nachgerüsteten *phinisis,* traditionellen indonesischen Segelschiffen.

LEMBEH-STRASSE

EMPFOHLEN VON **Chuck Nicklin**

Erwähnt man in Muck-Diving-Kreisen die Lembeh-Straße, fangen die Augen der Zuhörer sofort an zu leuchten. Schließlich liegt dort das Epizentrum des Tauchens nach bizarren kleinen Lebewesen. Chuck Nicklin redet Klartext: »Kein Ort, an dem ich je war, verschafft einem die Möglichkeit, mehr exotische Tiere unter so einfachen Tauchbedingungen zu fotografieren, wie die Lembeh-Straße.«

Die Lembeh-Straße ist ein schmales Gewässer am östlichen Rand der Provinz Nord-Sulawesi in Indonesien, wo ein Ausläufer der sulawesischen Landmasse sich zwischen der Celebessee und der Molukkensee erstreckt. Die nur 15 Kilometer lange und etwas über 1,5 Kilometer breite Meeresstraße ist nach der Insel Lembeh genannt, die im Osten dieses Gewässers liegt. Vom Boot aus gesehen, wirkt die Lembeh-Straße nicht direkt einladend. Keine Spur von dem klaren Wasser, das viele mit den gemäßigten Gewässern dieser Gegend verbinden; manche nennen es sogar schmutzig. Auch der Meeresgrund selbst bietet wenig Abwechslung außer schwarzem Sand und versprengten Korallen. Aber gerade dort im Sand – dem *muck* – tun sich denen neue Welten auf, die langsam unterwegs sind und nach unten sehen. Was erst so leblos und öde aussieht, entpuppt sich bei genauerem Hinsehen nämlich als wimmelndes Ökosystem.

Muck-Diving ist ein relativ neues Phänomen. Der Taucher Bob Halstead erfand diese Art des Tauchens (und den Namen) in den 1980er-Jahren auf nächtlichen Tauchgängen vom berühmten Schiff »Telita« in Milne Bay auf Papua-Neuguinea. Auf solchen sandigen oder anderweitig weichen Böden suchen Muck-Taucher nach den kleineren, häufig faszinierenden Lebewesen, die das Sediment bewohnen und die größtenteils ignoriert worden waren, bevor neue Techniken in der Unterwasser-Makrofotografie es möglich machten, diese *critters* in ihrer ganzen Pracht auf Film zu bannen. Lembeh entdeckten solche Taucher

in den frühen 1990er-Jahren. »Freunde von mir kamen mit tollen Makrobildern aus Nord-Sulawesi zurück und weckten meine Neugier«, erinnert sich Chuck. »Andere Freunde hatten in Thailand ein Tauchschiff namens »Aqua One« und erweiterten ihre Routen auf Sulawesi und die Lembeh-Straße. Ich buchte eine Reise bei ihnen, und nach ein paar Tauchgängen packte mich das Muck-Fieber. Ich hatte das Glück, mit Kameras mit hoher Auflösung zu arbeiten, und mir gelangen ein paar wunderschöne Aufnahmen. Seither war ich noch viele Male unten.«

»Faszinierend, verblüffend, berauschend.« Mit diesen Adjektiven beschreiben Besucher die winzigen Bewohner der Lembeh-Straße am häufigsten. Die Familie der Seepferdchen ist mit mehreren Zwergarten zahlreich vertreten, ebenso Mandarinfische, Geisterpfeifenfische und der atemberaubende endemische Banggai-Kardinalbarsch. Außerdem findet man Ambon-Drachenköpfe, Teufelsfische, Finger-Leierfische, Wunderpus, Steinfische, Mimik-Oktopusse, Anglerfische, Harlekingarnelen, Spinnenkrabben, Zwergtintenfische und Schlangenaale, ganz zu schweigen von einer scheinbar endlosen Vielfalt an Nacktkiemern. Für Chuck sind Tintenfische eine der großen Attraktionen von Lembeh. »Kürzlich konnte ich auf einer Tauchreise schlüpfende Tintenfische fotografieren. Sie waren nur etwa zweieinhalb Zentimeter groß und noch farbenfroher als die erwachsenen Tiere, denen ich schon begegnet war. Während sie schlüpften, versuchten winzige Krabben, sie zu fressen. Das auf Film zu bannen war für mich etwas ganz Besonderes.«

Ein Pluspunkt für das Tauchen in Lembeh ist das einfache Programm. »Es ist zweifellos eine lange Reise bis nach Nord-Sulawesi«, gibt Chuck zu, »aber wenn man erst mal dort ist, ist alles ganz einfach. Tauchen kann man quasi direkt vor der Hütte – fünf bis zehn Minuten im Boot, höchstens eine halbe Stunde, dann kann man runtergehen. Es ist alles sehr entspannt dort. Man kann rausfahren, tauchen gehen, zurückkommen, eine Kleinigkeit essen und die Kamera checken, noch mal tauchen gehen, zu Mittag essen, wieder tauchen gehen, ein Nickerchen halten und dann noch mal für einen nächtlichen Tauchgang ins Boot steigen. Drei bis vier Tauchgänge pro Tag sind ganz normal.«

Es gibt über 30 Tauchplätze, die in der Lembeh-Straße derzeit besucht werden, genug für die wachsende Zahl von Makrofans. Die meisten Stellen liegen in relativ flachem Wasser – zwölf bis 15 Meter –, und die Strömungen sind schwach. Zu den besser bekannten Tauchplätzen gehören Hair Ball (ein Zufluchtsort für Anglerfische) und Police Pier (ein guter Platz zum Nachttauchen, wenn Skorpionfische und Feuerfische auf der Lauer liegen). Auch wenn die meisten Besucher zum Muck-Diving nach Lembeh kommen, gibt es in der

Viele Lebewesen in der Lembeh-Straße sind noch gar nicht offiziell klassifiziert, genau wie diese unbekannte Krakenart.

Gegend auch einige Riffs und sogar ein Schiffswrack. In wenigen Stunden gelangt man zu anderen Stellen, die Nord-Sulawesis gigantische Artenvielfalt unter Beweis stellen: Hier findet man über 3000 Arten. Ob am Meeresgrund oder an den benachbarten Riffen: Die meisten Taucher sieht man später ihre Fischführer zücken, um herauszufinden, was sie da alles gesehen haben.

»Ich schätze, dass immer mehr Taucher in diesen Teil der Welt kommen werden, da er immer beliebter wird«, fügt Chuck hinzu. »Die Hotelanlagen und ihre Tauchguides wissen, dass die Tauchplätze an Wert verlieren, wenn sie sich nicht richtig um ihre Tiere kümmern. Man kann schließlich ein Kameragehäuse nur eine gewisse Anzahl von Malen gegen eine Gorgonie hauen, bevor die Gorgonie davon eingeht.«

CHARLES »CHUCK« NICKLIN war 42 Jahre lang im Tauchhandel tätig. Der erfolgreiche Unterwasserfilmer bereiste bei Dreharbeiten für Hollywoodfilme und Dokumentationen schon die ganze Welt. Inzwischen hat er den Einzelhandel aufgegeben und leitet mit seiner Frau (einer erfolgreichen Standfotografin) unter dem Namen Chuck Nicklin Travel (www.chucknicklin.com) Tauchreisen auf der ganzen Welt.

REISETIPPS

- **Anreise:** Verschiedene Airlines fliegen Manado auf Sulawesi von Deutschland aus mit zwei Stopps an.
- **Beste Reisezeit:** Bei Lembeh kann man das ganze Jahr über gut tauchen.
- **Unterkünfte:** Auf Lembeh gibt es eine Reihe von Hotelanlagen für Taucher. Chuck übernachtet in der Regel im Kasawari Resort (www.kasawari-lembeh.com).

NATIONALPARK WAKATOBI-INSELN

EMPFOHLEN VON **Ken Knezick**

Ken Knezick liebt den Nationalpark Wakatobi-Inseln: »Wakatobi hat die schönsten, gesündesten, artenreichsten unberührten Riffe, an denen ich jemals tauchen durfte«, stellt er fest. »Und ich muss sagen, das Wakatobi Dive Resort gehört zu den bemerkenswertesten Taucherhotels, die ich je besucht habe.« Die Tatsache, dass Ken ein Tauchreisenspezialist mit 25 Jahren Erfahrung ist und mehr als 3000 Tauchgänge absolviert hat, verleiht seinem Lob noch mal ein ganz besonderes Gewicht.

Der 14 000 Quadratkilometer große Nationalpark Wakatobi-Inseln liegt vor der südöstlichen Spitze der indonesischen Provinz Sulawesi in der Bandasee. Der Name »Wakatobi« ist ein Akronym aus den jeweils ersten beiden Buchstaben der vier Hauptinseln der Region: Wangi-Wangi, Kaledupa, Tomia und Binongko. Die Wakatobi-Inseln und die vielen anderen kleineren Inseln der Umgebung werden zusammen als Tukang-Besi-Archipel bezeichnet. Wakatobi gilt als eins der artenreichsten Gebiete der Welt und kann mit mehr Korallengattungen aufwarten als jeder andere Ort der Erde. Dementsprechend steht die Region schon länger im Zentrum verschiedener Bemühungen um Artenschutz und nachhaltige Fischerei vonseiten der Nature Conservancy, des World Wildlife Fund und Operation Wallacea.

»Ich fahre aus drei Gründen immer wieder nach Wakatobi«, fährt Ken fort. »Weil das Tauchen dort einfach ist, wegen der Schönheit und Unberührtheit der Riffe und wegen der häufigen und spannenden Begegnungen mit Tieren. Wakatobi ist nicht der beste Ort für große Freiwassertiere, auch wenn man die manchmal zu sehen bekommt. Einmal schwamm ein junger Walhai keine anderthalb Meter von mir entfernt vorbei, als ich nach einem Tauchgang an der Oberfläche schwebte. Es kam mir vor wie ein Geschenk von Baruna, dem indonesischen Meeresgott. Aber was tropische Fische und Wirbellose angeht, ist Wakatobi kaum zu schlagen. Ich glaube, die meisten Taucher, die schon mal dort waren, würden sagen, dass man in Wakatobi besser ufertauchen kann als irgendwo sonst. Sobald man dem Guide gezeigt hat, dass man ordentlich taucht, darf man nach Belieben vom Ufer aus tauchen gehen. Manche schaffen fünf Tauchgänge pro Tag oder sogar noch mehr. Man kann problemlos so viel tauchen wie von einem Tauchschiff aus, wenn nicht noch öfter. Viele Riffe beginnen nur einen Meter unter Wasser, und so kann man auch in sehr seichtem Wasser fantastische Tauchgänge erleben. Ich habe schon direkt vor dem Strand Zwerg-Seepferdchen gesehen und auch eine meiner Lieblingsarten, den Echten Mirakelbarsch. Ich habe Anglerfische in nur zwei Meter Tiefe gesehen. Für Fotografen ist das großartig, denn so kann man dasselbe Motiv bei verschiedenen Gelegenheiten einfangen, weil viele Plätze einfach so nahe am Ufer liegen. Zum Beispiel lebt eine kleine Familie von Samtanemonenfischen direkt vor dem Strand, die ich seit vielen Jahren schon besuche.«

Es ist eine lange Reise bis Wakatobi, aber wenn man erst einmal dort ist, braucht man keine weiten Strecken mehr zurückzulegen, um wunderbare Tauchplätze zu finden. Das Riff zum Beispiel, das weniger als 100 Meter vor der Ferienanlage liegt, ist in jeder Hinsicht Weltklasse. »Hier gibt es eine bunte Vielfalt an Fischen, Wirbellosen, Makrolebewesen, herrlichen Weichkorallen, Gorgonien, Manteltieren, Drahtkorallen, Schwämmen, Rochen, Überhängen und vor allem ein unerreichtes Farbenspektrum«, zählt Ken auf. »Das House Reef ist sogar so gut, dass einige der ersten Profifotografen, die herkamen, gleich beschlossen, gar nicht erst mit dem Boot zum Tauchen zu fahren.« Zu den häufigen Fischarten am House Reef zählen Anemonenfische, Fledermausfische, Krokodilfische, Sepien, mehrere Arten von Zwerg-Seepferdchen und Mandarinfische.

So schwierig es erscheinen mag, sich vom House Reef und mehreren angrenzenden Tauchplätzen loszureißen (darunter auch Onamobaa Cavern, die man schon mit den berühmten Hanging Gardens von Sipadan gleichsetzte) – nur ein kurzes Stück mit dem Boot weiter warten andere Wunderwelten. »Wakatobi eignet sich für alle möglichen Arten des Tauchens, und viele der besten Plätze zum Bootstauchen sind nur 15 bis 30 Minuten entfernt«, sagt Ken. »Wo man auch hinkommt, staunt man über die Gesundheit der Riffe.« Zu den bekanntesten Tauchplätzen in Wakatobi gehörten Inka's Palette, Mari Mabuk, Turkey Beach und Lorenz's Delight (benannt nach dem Schweizer Lorenz Mäder, der das Resort 1995 einrichtete). Wenn er sich eine Stelle in Wakatobi aussuchen müsste, an der er wieder und wieder tauchen sollte, würde Ken wohl Roma wählen. »Man startet in hellen Lichtstrahlen im kaum anderthalb Meter tiefen Wasser, wo große Schwärme Füsiliere, Gelbe Pyramidenfalterfische, Gestreifte Sergeants, Krokodil-Hornhechte, Rotzahn-Drückerfische und andere in einem endlosen Tanz um einen herumwirbeln«, erzählt Ken. »In der Mitte des Riffs steht eine kompakte Felssäule, randvoll mit Farben und Leben. Nattern-Plattschwänze sind hier häufig anzutreffen und geben aufregende Fotomotive ab. Was mich bei jedem Besuch in Wakatobi auch sehr beeindruckt«, schließt Ken, »ist die unglaubliche Sorgfalt, mit der Lorenz und seine Mitarbeiter das Ökosystem schützen, in das sie sich so verliebt haben. Obwohl es im Resort an keiner modernen Bequemlichkeit fehlt – die Küche zum Beispiel ist mindestens so raffiniert wie ihre Gegenstücke in europäischen Städten –, ist es ihnen gelungen, ihren ökologischen Fußabdruck zu beschränken.«

KEN KNEZICK ist Gründer und Geschäftsführer von Island Dreams Travel (www.divetrip.com). Er absolvierte bereits über 3000 Tauchgänge überall auf der Welt und verfügt über eine umfassende Erfahrung als Tauchguide im Golf von Mexiko. Als professioneller Gruppentauchführer mit über 25 Jahren Erfahrung führte Ken mehr als 50 Tauchgruppen allein nach Cozumel. Er ist Vorsitzender der Seaspace Exposition des Houston Underwater Club, war Präsident des Houston International Diver's Club und Gründungsmitglied der Houston Underwater Photographic Society. Nach seinem Abschluss an der Rutgers University ließ Ken sich in Houston (Texas) nieder. 2005 bekam er den PADI Project Aware/Seaspace Environmental Awareness Award.

REISETIPPS

► **Anreise:** Zunächst reist man nach Denpasar in Bali, das von Deutschland aus von vielen Fluggesellschaften mit ein oder zwei Zwischenstopps angeflogen wird. Von Denpasar aus gibt es einen Charterflug nach Wakatobi.

► **Beste Reisezeit:** Die Hauptsaison dauert von April bis Juni und von September bis November. Auch zu anderen Zeiten kann man oft unter guten Bedingungen tauchen; während der Regenzeit im Januar und Februar ist Wakatobi geschlossen.

► **Unterkünfte:** Das Wakatobi Dive Resort (www.wakatobi.com) ist die einzige Landunterkunft auf Wakatobi. Mit seinen freundlichen Angestellten, dem großartigen Essen und seiner konsequenten Ausrichtung auf echte Tauchfans ist es sehr zu empfehlen.

Indonesien

NUSA LEMBONGAN

EMPFOHLEN VON **Roger Munns**

19 TAUCHSPOT

Mondfische werden gelegentlich von Seglern oder Fischern beim »Sonnenbaden« an der Wasseroberfläche gesichtet. Nicht wenige verwechseln dabei ihre Rückenflosse mit der eines Hais. Während jedoch Sichtungen an der Oberfläche relativ häufig vorkommen, gibt es nur wenige Möglichkeiten, mit ihnen zu tauchen. Vor einer kleinen Insel südöstlich von Bali versammeln sich jedes Jahr während mehrerer Monate Mondfische in beachtlicher Zahl. Dieses Spektakel bietet Tauchern die Möglichkeit, mit den scheuen Fischen in Kontakt zu kommen. »Die Mondfische kommen sehr zuverlässig zu einer Stelle namens Blue Corner bei Nusa Lembongan«, erklärt Roger Munns. »Dort trifft man fast garantiert immer einen. Witzigerweise bin ich früher zum Surfen nach Bali gekommen, und einer der guten Breaks ist nur 50 oder 100 Meter von der Blue Corner entfernt!«

Als beliebtes Reiseziel ist Bali die bekannteste der indonesischen Inseln. Die steilen Vulkane und die unberührten schwarz-weißen Sandstrände gelten als Inbegriff eines gelungenen Urlaubs in den Tropen. Nusa Lembongan liegt zusammen mit seinen Nachbarinseln Nusa Penida und Nusa Ceningan 20 Kilometer von Bali entfernt inmitten der Lombokstraße. Diese Meeresstraße gehört zum Indonesischen Durchstrom, der eine zentrale Rolle beim Wasseraustausch zwischen dem Indischen und dem Pazifischen Ozean spielt. Lembongan liegt außerdem fast direkt an der Wallace-Linie, der biogeografischen Trennlinie zwischen der asiatischen und der australischen Fauna. Wegen des Indonesischen Durchstroms kann die Strömung um Lembongan äußerst stark werden, Anfänger sollten hier daher nicht tauchen. Da die Strömung kaltes Auftriebswasser aus einem tiefen Graben nördlich von Nusa Penida in die Meeresstraße leitet, können die Wassertemperaturen um bis zu zehn Grad schwanken. »Die Thermokline sind unglaublich«, sagt Roger. »Wenn man die Hand ausstreckt, ist das Wasser dort manchmal fünf Grad kälter. Ziemlich verrückt!«

Nusa Lembongan gehört zu den wenigen Orten auf der Welt, an denen man Mondfische regelmäßig unter Wasser beobachten kann.

Die Gewässer um Lembongan können mit gesunden Riffen und Stellen aufwarten, an denen Makrofans auf ihre Kosten kommen, und dank der Nähe der Insel zu starken Strömungen und Tiefenwasser kommen hier regelmäßig Fischarten wie Manta- und Adlerrochen, Weißspitzen- und Schwarzspitzenhaie, Thunfische und Dickkopf-Stachelmakrelen vorbei. Doch es ist die hohe Wahrscheinlichkeit, mit Mondfischen zu schwimmen, die viele Taucher nach Lembongan zieht. Ihr wissenschaftlicher Name *Mola mola* stammt vom lateinischen Wort für »Mühlstein«, und die doppelte Benennung unterstreicht noch den massiven Eindruck, den diese seltsame Kreatur auf den Beobachter macht. Mondfische sind fast ebenso hoch wie lang und wiegen im Durchschnitt eine Tonne, können aber durchaus auch ein Gewicht von mehreren Tonnen und eine Höhe (einschließlich Flossen) von über drei Metern erreichen. Um ihr Gewicht zu halten, fressen Mondfische Quallen in gewaltigen Mengen. Sie selbst stehen bei Schwertwalen, Seelöwen und größeren Haien auf dem Speiseplan. Untersuchungen deuten darauf hin, dass sie sich meist in Tiefen von mehr als 180 Metern aufhalten; über ihre Lebensweise ist sonst nur wenig bekannt. Mondfische scheinen etwas gegen tiefere Wassertemperaturen (zehn bis zwölf Grad) zu haben; einige Forscher glauben, das Sonnenbaden könnte eine Methode sein, um sich aufzuwärmen.

Es gibt mehrere Stellen um Lembongan, an denen in den Sommermonaten regelmäßig Mondfische zu finden sind, aber Blue Corner ist die zuverlässigste und auch die bekannteste. »Im oberen Teil gibt es ein abschüssiges Riff, das von Weich- und Hartkorallen überwuchert ist«, erklärt Roger. »Man folgt der Strömung um eine Ecke und trifft auf eine senkrechte Wand, die 30 Meter und mehr abfällt. Hier kann man die Mondfische sehen.« Die Tiere kommen in die relativ seichten Gewässer am Riff, um sich von Schwärmen von Wimpelfischen die Parasiten von der Haut lesen zu lassen. »Sie steigen hoch, bleiben irgendwo zwischen zehn und 40 Metern Tiefe stehen und strecken die Schnauze in einem 45-Grad-Winkel zur Oberfläche«, erklärt Roger. »Die Wimpelfische steigen dann zu ihnen hoch. Angesichts der Größe so eines Mondfisches und der Anzahl von Parasiten auf ihm ist der Tisch für die Wimpelfische reich gedeckt. Während sie geputzt werden, kann man sich den Mondfischen gut nähern, sie sind richtig friedlich. Aber wenn sie gerade an der Putzstation ankommen, verhalten sie sich sehr scheu. Manchmal stürzen die Taucher auf sie zu, und dann sind sie wie ein geölter Blitz wieder weg. Man muss also Geduld haben und warten, bis das Putzen begonnen hat, bevor man näher heranschwimmt.« Die besten Bedingungen für Begegnungen mit Mondfischen sind gegeben, wenn der Gezeitenstrom stark genug ist, um sie heranzulocken, aber nicht so stark, dass er die Sicht beeinträchtigt.

»Meine beste Begegnung mit einem Mondfisch hatte ich, als ich für *Monty Halls' Abenteuer Ozean* drehte«, erzählt Roger. »Mein Kollege Simon Christopher filmte gerade Monty, und ich machte Fotos. Wir hatten in etwa 30 Metern Tiefe einen Mondfisch gefunden, der uns nicht beachtete, und verbrachten fast eine halbe Stunde mit ihm. Er schwamm ein wenig am Riff herum und hielt dann an, um sich putzen zu lassen. Bei diesem Tauchgang verbrachte ich mehr Zeit mit einem Mondfisch als an allen anderen Tagen zusammen.«

ROGER MUNNS ist leitender Kameramann bei Scubazoo (www.scubazoo.com). Bevor er dort anfing, war er zum Surfen und Snowboarden überall auf der Welt unterwegs. Als während einer Surfreise tagelang keine Wellen aufkamen, lernte Roger tauchen. Seither ist Tauchen seine größte Leidenschaft. Robert Munns wirkte an einer Reihe von Scubazoos Fernsehproduktionen mit, zum Beispiel an Projekten für die *BBC*-Programmreihe zur Naturgeschichte, für den World Wildlife Fund, Dorling Kindersley sowie die Hotel- und Resortkette Four Seasons. Fotos und Artikel des versierten Unterwasserfotografen sind bereits in zahlreichen Zeitschriften und Büchern auf der ganzen Welt erschienen. Besondere Freude hat er an den Farben und abstrakten Formen, auf die man in der Makrofotografie stößt. Roger Munns studierte Mathematik an der Nottingham University.

REISETIPPS

- **Anreise:** Zunächst führt die Route bei der Anreise nach Denpasar in Bali, das von Deutschland aus von vielen Fluggesellschaften mit ein oder zwei Zwischenstopps angeflogen wird. Von Denpasar aus nimmt man ein Schiff nach Lembongan; in der Regel kann das Hotel das Abholen mit dem Boot organisieren.
- **Beste Reisezeit:** Die Regenzeit dauert von Dezember bis Februar, während des übrigen Jahres ist das Wetter sehr beständig. Mondfische sind von Juli bis Oktober zu sehen.
- **Unterkünfte:** Auf der Website von World Diving Lembongan (www.world-diving.com) findet sich eine Reihe von Unterkunftsmöglichkeiten.
- **Tauchbasen/Guides:** Es gibt mehrere Tauchveranstalter auf Lembongan, beispielsweise World Diving Lembongan (www.world-diving.com).

Indonesien

RAJA AMPAT

EMPFOHLEN VON **Berkley White**

20 TAUCHSPOT

565 Arten von Hartkorallen, und ständig werden neue entdeckt. 1100 Arten von Rifffischen, und ständig werden neue entdeckt. 600 Arten von Weichtieren, und ständig werden neue entdeckt. Experten aller Couleur, von The Nature Conservancy über den Ichthyologen Dr. Gerald Allen (der 283 Fischarten bei *einem* Tauchgang zählte!) bis hin zum Korallenspezialisten Dr. John Veron, sind sich einig: Die Korallenriffe und die Fischwelt in Raja Ampat sind wahrscheinlich die artenreichsten auf der ganzen Welt. »Die Dichte von Weichkorallenriffen dort ist einfach unglaublich«, schwärmt Berkley White. »Taucher, die es wegen der vielen unterschiedlichen Korallen und Fische nach Fidschi und Palau gezogen hat, wird Raja Ampat schlicht umwerfen. Das Ökosystem dort ist wild und unberührt, quasi der Amazonas-Regenwald der Unterwasserwelt.«

Raja Ampat (vier Könige) ist ein Archipel aus 1500 kleinen Inseln und Untiefen vor der nordwestlichen Spitze der Vogelkopfhalbinsel in der indonesischen Provinz Papua Barat (früher bekannt als Irian Jaya Barat). Es gibt vier größere Inseln (Waigeo, Salawati, Batanta und Misool); das ganze Gebiet umfasst insgesamt 40 000 Quadratkilometer Land und Meer und liegt im Herzen des Korallendreiecks, das die Riffe von Nordaustralien, Indonesien, den Philippinen und Neuguinea bilden. Hier treffen die Strömungen aus den umliegenden Regionen zusammen und schaffen ein besonders nährstoffreiches Milieu. »Die Gewässer um Raja Ampat sind bei optimaler Sicht türkisblau«, fährt Berkley fort. »Manchmal sind so viele Nährstoffe im Wasser, dass es ganz grün erscheint und die schlechte Sicht das Tauchen beeinträchtigen kann. Ich kenne zwar Kollegen, die solche schlechten Bedingungen schon erlebt haben, aber ich selbst habe im Laufe der letzten drei Jahre insgesamt drei Monate dort verbracht und hatte immer gute Sichtverhältnisse.« Raja Ampat profitiert von der Tatsache, dass in dieser Gegend kaum Menschen leben. In unmittelbarer Umgebung gibt es

Ein Schnorchler erkundet eine Höhle in der Nähe der Insel Misool in den Gewässern von Raja Ampat.

kaum Bewohner, und von den wenigen fahren die meisten als Fischer nur für den Eigenbedarf aufs Meer. Allerdings wurde in der Gegend auch Dynamitfischerei nachgewiesen (vermutlich durch kommerzielle thailändische und philippinische Fischereiunternehmen), und es besteht die Sorge, dass der illegale Holzeinschlag auf einigen Inseln zur Verschlickung der Riffe und damit zum Tod der Korallen führen wird. Umweltschützer drängen darauf, Raja Ampat zum UNESCO-Weltnaturerbe erklären zu lassen. Damit hätten Schutzmaßnahmen eine deutlich bessere Chance auf Umsetzung.

Beim Tauchen in Raja Ampat fühlt man sich oft wie ein Pionier, der ein neues Unterwasserterrain entdeckt – hauptsächlich deshalb, weil es so ist! »Es gibt einen niederländischen Veranstalter, Max Ammer, der seit fast 15 Jahren hier taucht«, erzählt Berkley. »Er hat viele der heutigen Tauchplätze gefunden. Die ersten Tauchschiffe kamen 2002, aber erst in den letzten drei Jahren ist die Tauchwelt auf Raja Ampat aufmerksam geworden. Ich kann mir vorstellen, dass man noch in den nächsten 50 Jahren immer neue Stellen finden wird, auch wenn es richtig schwierig ist, motiviert auf die Suche nach Neuem zu gehen, weil die vorhandenen Stellen schon so fantastisch sind. Es gibt Felssäulen mit üppigen Weichkorallensystemen und hervorragender Fischdichte, und eine Viertelstunde entfernt liegen Mangrovenwälder, in denen die Weichkorallen bis zum Ufer wachsen, direkt auf den Mangrovenwuzeln. Dieses Gebiet ist eine verrückte Mischung aus Dschungel und Meer, ein ganzer Regenbogen von Farben mit Brackwasserfischen wie Schützenfischen, die man eher im Amazonas erwarten würde. Es gibt sogar fjordähnliche Stellen voller Quallen, die mit der Sonne von einer Seite des Wassers auf die andere ziehen. Man sieht übermannsgroße Gorgonien, und an fast jedem Tauchplatz haben wir eine gewaltige Anzahl von Zwerg-Seepferdchen gesehen. Was auch immer man sucht, ob Kleinlebewesen, Farben oder Rifffische, Raja Ampat bietet einfach alles, und das in großer Vielfalt.«

Fast jeder Tauchgang in Raja Ampat bietet Wunder und Überraschungen, aber zwei Stellen stechen für Berkley ganz besonders hervor. Die erste sind die Kalksteinklippen der kleinen Insel Farondi, östlich von Misool. »Ein wahres Weichkorallen-Paradies«, schwärmt er. »Einer der fantastischsten Gärten auf der ganzen Welt, und voller Kleinlebewesen. Eine andere Stelle, an der viele Taucher feuchte Augen bekommen, ist die Passage (manchmal auch Kabui-Passage genannt), ein enger Kanal zwischen den Inseln Waigeo und Gam. Hier kann man wunderbar den Übergang von Riff zu Mangrove beobachten. Man fühlt sich wie in einem Dschungelfluss, und wenn die Flut in vollem Gange ist, wird man dort ganz schön herumgeschleudert, aber es gibt auch viele Stellen, an denen man sich der Strömung entziehen kann. Man kann dort bei Ebbe und bei Flut tauchen, und wenn man dann genug hat und die Strömung stark genug ist, lässt man sich einfach zusammen mit den Büffelkopf-Papageifischen, die im Kanal patrouillieren, von ihr mitziehen.

Häufig reisen Tauchfans auf die andere Seite der Erde und erleben weitaus intensivere Begegnungen mit Tieren als mit Menschen«, sinniert Berkley. »Zum Teil kommt das von der Isolation auf einem Tauchschiff. Trotzdem ist es immer nett, mit den Menschen an dem Ort, den man gerade besucht, in Kontakt zu kommen.« Berkley kann von solchen Begegnungen berichten. »Einige andere Taucher und ich waren mit der eingehenden Strömung durch die Passage getaucht. Die anderen Taucher beschlossen, wieder zurückzukehren, aber ich blieb dort, um später mit der ausgehenden Strömung hinauszuschwimmen. Während ich mich so von der Strömung treiben ließ, tauchte ich ab und zu auf, um mich zu vergewissern, dass ich nicht zu weit abdriftete. Einmal tauchte ich in einem Strudel auf und sah einen Einbaum am Strand. ›Wow!‹, dachte ich. ›Jemand ist hier reingefahren, während ich unten war.‹ Neben der Stelle, an der das Kanu hochgezogen worden war, befand sich eine kleine Höhle, und darin stand ein Papuaner – lockiges Haar, dunkle Haut, ganz anders als die anderen Indonesier. Er hielt einen Speer in der Hand und trug eine Art Lendenschurz. Er sah mich in meiner Hightechausrüstung an, als sei ich gerade vom Himmel gefallen. Wir starrten uns mindestens fünf Minuten lang an. Schließlich zog er sich wieder in die Höhle zurück, und ich tauchte ab und schwamm weiter. Ich kann mir vorstellen, dass er immer noch an das seltsame Wesen denkt, das er in der Passage gesehen hat – ich jedenfalls denke immer noch an ihn.

Wenn unser Zeitplan es zulässt, fahre ich mit den Gästen gern in die kleinen Dörfer auf den Inseln. Manche Gäste möchten den Kindern Spielzeug und Schulmaterialien bringen. Wir werden immer freundlich empfangen. Manchmal kommen die Dorfbewohner zum Boot heraus. Für sie müssen wir total seltsam aussehen. Einmal am Tag zeigen wir die besten Fotos des Tages auf einer Leinwand, wenn alle Taucher an Bord sind. Wenn wir gerade in der Nähe eines Dorfes sind, projizieren wir sie manchmal auch auf ein Segel. Gelegentlich kommen die Dorfbewohner dann in ihren Einbäumen heraus – 80 oder 100 Leute – und sehen sich die Diashow an. Bei jedem Tierchen, das auf dem Segel erscheint, werden Rufe der Bewunderung laut.«

BERKLEY WHITE ist ein führender Experte im Bereich Unterwasserfotografie und digitale Bildverarbeitung. Der Profifotograf und Fotografielehrer bringt Interessierten jedes Jahr auf einer Reihe von Reisen seine Fototechniken und digitalen Bearbeitungsmethoden näher. Berkley White ist der Gründer von Backscatter (www.backscatter.com) in Monterey (Kalifornien), dem größten Spezialausrüster für Unterwasserfotografie in den USA, und organisiert internationale Fotoveranstaltungen wie das Digital Shootout.

REISETIPPS

- **Anreise:** Sorong in West-Papua ist der Ausgangspunkt für viele Expeditionen nach Raja Ampat. Von Deutschland aus fliegt man mit verschiedenen Airlines mit zwei Stopps nach Manado in Indonesien. Nach einer Übernachtung in Manado geht es dann weiter nach Sorong.
- **Beste Reisezeit:** Im Oktober und November sind Winde und Regen am schwächsten, man kann jedoch das ganze Jahr über in Raja Ampat tauchen.
- **Unterkünfte:** Viele Besucher von Raja Ampat verbringen die meiste Zeit auf einem Tauchschiff. Mehrere Veranstalter befahren die Region; Berkley hat gute Erfahrungen mit Kararu Dive Voyages (kararu.com) gemacht. Papua Diving (www.papua-diving.com), der erste Veranstalter von Tauchreisen nach Raja Ampat, hat mehrere Unterkünfte auf der Insel Kri im Angebot.

Kalifornien

KANALINSELN

EMPFOHLEN VON **Tom Phillipp**

Auf Taucher warten vor den kalifornischen Kanalinseln viele Attraktionen, aber für Tom Phillipp sticht eine dabei besonders heraus: die Tangwälder. »Viele Leute meinen, sie kennen Tangwälder schon, weil sie sie von der Oberfläche aus gesehen haben«, beginnt Tom. »Die braunen Matten, die man von oben sieht, werden ihnen aber keinesfalls gerecht. Unter Wasser sind sie unglaublich schön. Von unten fühlt es sich fast an, als schwämme man durch einen Mammutbaumwald. Die Stängel wachsen vom Meeresgrund aus dreißig Meter in die Höhe – unter günstigen Bedingungen kann Seetang 60 Zentimeter am Tag wachsen. Goldene Sonnenstrahlen fallen durch das Blätterdach. Die Wälder sind in sich geschlossene Ökosysteme. Kleine Tiere kommen hierher, um Nahrung zu suchen und sich vor größeren Räubern zu verstecken, die ihnen wiederum dort nachspüren.«

Die Kanalinseln sind ein Archipel aus acht Inseln vor der Südküste von Kalifornien. Sie erstrecken sich über 250 Kilometer von San Miguel im Norden (etwa 100 Kilometer westlich von Ventura) bis San Clemente im Süden (110 Kilometer westlich von San Diego). Zu den nördlichen Inseln gehören außerdem noch Anacapa, Santa Cruz und Santa Rosa, zu den südlichen San Nicolas, Santa Barbara und Santa Catalina. Jede Kanalinsel hat ihren eigenen Charakter. San Miguel beispielsweise ist dem rauen Klima des offenen Meeres ausgesetzt, wo Windgeschwindigkeiten von 80 Stundenkilometern nichts Ungewöhnliches sind, und die felsige Küste erschwert das Navigieren erheblich. Aus diesen Gründen kommen in den meisten Jahren weniger als 300 Besucher nach San Miguel. Am anderen Ende der Skala begrüßt Santa Catalina (meist nur Catalina genannt) über eine Million Touristen pro Jahr, vor allem wegen der kaum 35 Kilometer Entfernung nach Los Angeles, einer regelmäßig verkehrenden Fähre und zahlreichen Touristenattraktionen. Catalina ist die einzige der acht Inseln mit einer dauerhaft bewohnten Stadt: Avalon hat 4000 Einwohner.

Der Riesentang (*Macrocystis pyrifera*) gehört zu den Großalgen. Seinen Artnamen *pyrifera* verdankt er den birnenförmigen Schwimmblasen, die Kinder gern zerdrücken. Er ist von Alaska bis Niederkalifornien heimisch, wächst aber am dichtesten im Süden seines Verbreitungsgebiets, vor allem um die Kanalinseln, und gedeiht in Tiefen von sechs bis 35 Metern bei Temperaturen unter 20 Grad (ideal sind knapp über zehn Grad). Er wird kommerziell geerntet und zu Algin verarbeitet, das als Nahrungsmittelzusatz verwendet wird. Noch wichtiger ist er aber als Nahrungsgrundlage für die vielen Lebewesen, die in den Tangwäldern zu Hause sind, von Nacktkiemern, Seeanemonen, Seegurken und Schwebegarnelen über Schildfische, Kelpfische und junge Felsenbarsche bis zu Kraken auf Nahrungssuche und gelegentlich dem einen oder anderen Seelöwen – ganz zu schweigen von den vorbeiziehenden Freiwasserarten. Die günstigen Bedingungen um die Kanalinseln sorgen für ein ideales Lebensumfeld für Seetang und andere Meereslebewesen. Aufsteigendes Tiefenwasser bringt Nährstoffe nach oben, die Heerscharen von Plankton versorgen, und legt damit eine fruchtbare Grundlage für den Rest der Nahrungskette. Zusammen mit der Lage der Inseln entsteht daraus eine Artenvielfalt, die den Kanalinseln schon den Beinamen »Galapagos von Nordamerika« eingebracht hat.

Jede der Inseln im Kanalsystem bietet ganz eigene Attraktionen für Taucher. Die südlichste Insel, San Clemente, punktet mit Vielfalt: Sie kann mit einem Schiffswrack (dem Marinezerstörer »USS Butler«), guten Plätzen zum Speerfischen und Toms Lieblings-Tangwald (vor dem südlichen Teil der Insel) aufwarten. San Nicolas und Santa Rosa haben vor allem Kalifornische Langusten zu bieten, und zwar besonders große. In Kalifornien dürfen Taucher die Langusten von Anfang Oktober bis Mitte März für den Eigenbedarf fangen. Die Langustenjagd findet nachts statt; Toms Rekord liegt bei einem sechs Kilogramm schweren Exemplar! Catalina ist der beliebteste Tauchplatz in der Gegend und bietet die besten Stellen zum Küstentauchen im ganzen Kanal. Dort ergeben sich reichlich Gelegenheiten, dem Garibaldifisch zu begegnen, einem leuchtend orangefarbenen Riffbarsch. Auf Santa Cruz gibt es reichlich Höhlen zu entdecken, beispielsweise die Painted Caves, die sich über fast 400 Meter erstrecken und bis zu 30 Meter breit sind; die Decken in diesem Höhlensystem liegen bis zu 50 Meter über dem Wasser. Auf Santa Barbara sind große Kolonien von Kalifornischen Seelöwen zu Hause, die eine amüsante Tauchbegleitung abgeben. »Sie kommen gleich heran und nehmen Kontakt auf, indem sie zum Beispiel Luftblasen in Richtung der Taucher ausstoßen«, erzählt Tom. »Jungtiere kauen auch schon mal an den Taucherflossen. Wenn man beobachtet, wie mühelos diese herrlichen Wesen durch das Wasser gleiten, wird

Die Tangwälder vor den Kanalinseln erinnern an die Erhabenheit von Mammutbaumwäldern.

einem bewusst, wie wenig sich Menschen doch für das Leben unter Wasser eignen. Ich werde oft gefragt, wo man am besten tauchen kann«, fährt Tom fort, »und wenn ich sage: ›In Kalifornien‹, antworten sie: ›Aber da ist das Wasser so kalt.‹ Ich sage dann immer, dass es einem mit großer Wahrscheinlichkeit gefällt, wenn man die richtigen Vorkehrungen trifft, um beim Tauchen im Kaltwasser warm zu bleiben. Die Sicht kann unglaublich gut sein, wenn man sich ein bisschen von den Inseln entfernt. Ich hatte schon Gäste aus Hawaii, die sagten, sie hätten bei all ihren Tauchausflügen zu Hause noch nie so klares Wasser gesehen. Ich glaube, Kalifornien und die Kanalinseln sind kaum zu schlagen. Wo sonst kann man schließlich durch Tangwälder schwimmen, mit Robben spielen und vielleicht sogar Blau- und Grauwalen, Big-Game-Fischen und sogar Riesenhaien begegnen?«

TOM PHILLIPP hat den größten Teil seines Erwachsenenlebens in der Tauchbranche gearbeitet: als Tauchlehrer, im Tauchladen und in der Tauchgeräteherstellung. Gegenwärtig ist er Produktmanager der Profitaucher-Abteilung von Aqualung. Er hat schon Tauchgänge überall im Südpazifik, der Karibik, im Mittelmeer, der Cortes-See und entlang der Ost- und Westküste Nordamerikas unternommen.

REISETIPPS

► **Anreise:** Die Kanalinseln sind von Südkalifornien zwischen Santa Barbara und San Diego aus gut zu erreichen. Dorthin gelangt man von Deutschland aus mit einem oder zwei Zwischenstopps.

► **Beste Reisezeit:** Von September bis Dezember ist die Sicht am besten, man kann jedoch das ganze Jahr über an den Kanalinseln tauchen.

► **Unterkünfte:** Die meisten Tauchfahrten zu den Kanalinseln sind zwei- bis dreitägige Ausflüge auf einem Tauchschiff (siehe unten). Auf Catalina kann man direkt vor der Küste tauchen; die Stadt Avalon (auf Catalina) bietet eine breite Palette an Unterkünften, die auf der Website der Handelskammer von Catalina aufgeführt sind (www.catalinachamber.com).

► **Tauchbasen/Guides:** Für die nördlichen Inseln empfiehlt Tom Truth Aquatics (www.truthaquatics.com) in Santa Barbara. Für die südliche Inselkette lautet seine Empfehlung Horizon Charters (www.horizoncharters.com), die von San Diego aus operieren.

BONAIRE

EMPFOHLEN VON **Dee Scarr**

Das Nummernschild der Insel Bonaire trägt den Slogan *Divers Paradise.* Dass der Titel dort auf Englisch steht, mag seltsam anmuten, da Bonaire zum Königreich der Niederlande gehört. Angesichts der großen Sorgfalt, mit der die Bonairer ihre Riffe und Gewässer schützen, und der Tatsache, dass ein großer Teil der Tauchgänge vom Ufer aus erfolgt und die Taucher in einem gemieteten Jeep oder Auto von einer Stelle zur anderen fahren, ist es durchaus gerechtfertigt, vom Taucherparadies zu sprechen.

»Ich hatte schon mehrere Jahre lang auf den Bahamas gearbeitet, als ein Kunde zu mir sagte, Bonaire und das Ufertauchen dort würden mir gefallen«, berichtet Dee Scarr. »Auf einer Tauchmesse sprach ich mit Peter Hughes, und bald darauf kam ich zum Arbeiten nach Bonaire. Seitdem bin ich hier. Für mich steht Bonaire für sanftes Tauchen und kerngesunde Riffe. Ein Besuch auf einer anderen Insel vor einigen Jahren setzte Bonaire für mich ins rechte Licht. Ich genoss das Tauchen und dachte bei mir, was für ein hübscher Tauchplatz das doch ist – da glaubte ich, jemanden mit einer Harpune aus dem Wasser kommen zu sehen. Ich fragte den Tauchguide danach, und er sagte: ›Oh, ja. Hier darf man Harpunen benutzen.‹ Das war ein Schock für mich. Harpunen verändern das Verhalten von Fischen, wie man sich vorstellen kann. In Bonaire wurden Harpunen 1971 verboten. Die Insel war auch in anderen Naturschutzbelangen schon immer äußerst fortschrittlich. Ich bin seit zehn Jahren nirgendwo anders mehr getaucht.«

Auch wenn sie nur 80 Kilometer nördlich von Venezuela am südlichen Ende der Karibik liegt, erinnert Bonaire im ersten Moment wegen seines untypisch trockenen Klimas mehr an den amerikanischen Südwesten als an ein Tropenidyll. Die ursprünglich von den Caiquetio aus Venezuela besiedelte Insel wurde 1499 von den Europäern, genauer gesagt vom Spanier Amerigo Vespucci, entdeckt. Zu Beginn des 17. Jahrhunderts eroberten die

Niederländer die Insel von Spanien und zählen sie seither zusammen mit Aruba und Curaçao als Teil der Kleinen Antillen zu ihrem Staatsgebiet. Über Wasser beherbergt Bonaire eine seltsame Mischung von Tieren. Wilde Esel und Ziegen, die Nachkommen einst eingeführter Haustiere, streifen über die kaktusbewachsene Insel, zusammen mit Leguanen und einem beachtlichen Schwarm Flamingos. Unter Wasser hat Bonaire einige der intaktesten und gesündesten Riffe der Karibik zu bieten – »die Karibik, wie sie einmal war«, wie es in Bonaires Touristenbroschüren so gern heißt. Zu verdanken ist dies den bereits erwähnten Naturschutzmaßnahmen, zu denen auch der frühe Schutz von Schildkröteneiern und -nestern (1961), das Verbot des Korallensammelns (1975) und die Einrichtung des Bonaire Marine Park (1979) gehörten, der sich um die gesamte Insel und um das benachbarte Klein-Bonaire legt. Dank dem fehlenden Oberflächenabfluss (aufgrund fehlenden Regens) ist die Sicht um Bonaire hervorragend. Im Durchschnitt liegt sie bei über 30 Metern und erreicht teilweise 50 Meter.

»Was Bonaire so besonders und zu einem so ausgezeichneten Ort zum Küstentauchen macht, ist das üppige, lebendige Korallenriff, das die Insel umschließt«, schwärmt Dee. »Vom Strand aus schwimmt man höchstens fünf Minuten hin. Die Riffe fallen sanft bis in etwa zehn Meter Tiefe ab. In Bonaire habe ich gelernt, dass Riffe schöner sein können, wenn sie nicht steil in die Tiefe abfallen, weil die Korallen und Schwämme dann mehr Licht bekommen und kräftiger gefärbt sind. Ab zehn Metern fällt es dann steiler ab. Auf den Terrassen und an der Steilwand findet sich eine herrliche Vielfalt an Rifffischen, allerdings nicht viele größere Tiere. Stellenweise trifft man auf 90 bis 120 Zentimeter lange Tarpune; auf nächtlichen Tauchgängen jagen sie im Lichtkegel. Aber auf Bonaire geht man nicht raus, um bestimmte Arten zu finden, sondern um das Gesamtkunstwerk zu bewundern.«

Dee Scarr ist schon lange der Meinung, dass die Menschen eine engere Verbindung zu Unterwassertieren aufbauen können, wenn sie körperlich mit ihnen in Kontakt kommen können. »Nichts kann einen emotional berühren, wenn man es nicht im wörtlichen Sinn berühren kann«, erklärt sie. »In meinem Programm ›Touch the Sea‹ wende ich an, was ich im Laufe meiner Tauchkarriere gelernt habe, damit die Menschen sich wohler dabei fühlen, Meereslebewesen auf respektvolle, nicht aufdringliche Art zu berühren. Ich suche mir dafür gern Tiere wie den Skorpionfisch aus, der wegen seiner guten Verteidigungsmechanismen in Gegenwart respektvoller Taucher oft sehr gelassen ist. Wenn ein Taucher ein gutes Gleichgewicht im Wasser hat und die Fische nicht erregt sind, kann man mit ihnen interagieren. Auch den Weißgefleckten Schlangenaal nehme ich gern zum Üben. Er ist sehr

Dank rigoroser Naturschutzbemühungen kann Bonaire mit einigen der gesündesten Riffsysteme der Karibik aufwarten.

selbstbewusst, weil seine übel schmeckende Schleimschicht die meisten Räuber abschreckt. Natürlich wirkt sich dieser Verteidigungsmechanismus auf Taucher nicht weiter aus, und die Aale lassen sich oft ganz geduldig von uns vorsichtig streicheln.

Vor einigen Jahren tauchte ich einmal an einem Riff direkt vor Kralendijik. Als ich unten war, wurde über mir eine Fischreuse heruntergelassen. Ich tauchte auf in der Hoffnung, den Fischer überreden zu können, die Reuse wieder herauszuziehen, und stellte erfreut fest, dass ich ihn kannte – es war ein älterer Mann namens Francis. Als ich ihn fragte, ob es ihm etwas ausmachen würde, sie woanders auszuwerfen, antwortete er: ›Ich wusste ja nicht, dass das *dein* Riff ist, Dee. Na klar gehe ich ein Stückchen weg!‹ Dann zog er die Reuse hoch, ruderte 200 Meter weiter das Riff hinunter und warf sie wieder aus.«

DEE SCARR ist PADI-zertifizierte Tauchlehrerin und Specialty Instructor, eine erfahrene Naturforscherin und Autorin dreier Bücher: *Touch the Sea, Coral's Reef* und *The Gentle Sea*. Ihre Artikel und Fotos erscheinen in mehreren Magazinen. Im Dienste ihres Unternehmens Touch the Sea (www.touchthesea.com) leitet sie Ausflüge zu ausgewählten Tauchplätzen um Bonaire. Unter den zahlreichen Auszeichnungen in ihrer Karriere findet sich der Environmental Awareness Award von PADI und SeaSpace. Dee Scarr engagiert sich für das Projekt Behalf of Coral, das Tauchern beibringen möchte, Korallen zu unterscheiden und ihre Bedeutung für das Ökosystem zu verstehen. Im Jahr 2000 wurde sie in die Women Divers Hall of Fame aufgenommen.

REISETIPPS

- **Anreise:** Von Deutschland aus gelangt man mit einem oder zwei Zwischenstopps nach Bonaire.
- **Beste Reisezeit:** Tauchen ist das ganze Jahr über möglich.
- **Unterkünfte:** Captain Don's Habitat (www.habitatdiveresorts.com) empfängt seit vielen Jahren Taucher auf der Insel. Unter www.infobonaire.com finden sich noch zahlreiche andere Unterkünfte.
- **Tauchbasen/Guides:** Dee Scarr leitet Tauchausflüge über ihr Unternehmen Touch the Sea (www.touchthesea.com); www.infobonaire.com listet weitere Tauchveranstalter auf.

GRENADA

EMPFOHLEN VON **Ethan Gordon**

Menschen einer bestimmten Altersgruppe erinnern sich vielleicht noch an den winzigen Inselstaat Grenada als Ziel einer kurzen Militärinvasion während der frühen Reagan-Ära – für Ethan Gordon ist Grenada einer der liebsten Tauchplätze in der Karibik. »Grenada hat viele Vorzüge«, sagt er. »Über Wasser ist da erst mal die üppige grüne Insel. Die Menschen von Grenada sind äußerst warmherzig und kontaktfreudig. Und unter Wasser gibt es etwas, das in der Karibik ganz und gar einzigartig ist, ja sogar in der Welt – die ›Bianca C‹.«

Grenada befindet sich direkt unter den Inseln über dem Winde; südlich der Insel liegt das Karibische Meer, im Osten der Atlantik. Der Staat besteht aus der Hauptinsel Grenada (wo der Großteil der Bevölkerung lebt) und acht kleineren Inseln. Die Vulkaninsel ist recht bergig, der Gipfel des Mount St. Catherine mitten im Regenwald erreicht eine Höhe von über 800 Metern. Auf der Insel ist der Anbau von Gewürzpflanzen wie Muskatnuss, Zimt, Ingwer und Gewürznelken vorherrschend. »Beim Verlassen des Flugzeugs steigt einem sofort der unglaubliche Duft in die Nase, das Aroma von Gewürzen und Blüten«, sagt Ethan. »Mit den Bergen, der zerklüfteten Küste und den Wasserfällen ist Grenada genau das, was man sich unter einer tropischen Insel vorstellt. Es gibt eine gute touristische Infrastruktur, was Unterkünfte und andere Dienstleistungen angeht. Alle Hotels gehören aber einheimischen Besitzern, denn da keine großen Fluggesellschaften Grenada anfliegen, gibt es hier auch keine internationalen Hotelketten. Der Charakter und der Charme der Insel sind immer noch unberührt.«

Und dann ist da noch die »Bianca C« – ein 180 Meter langes Luxuskreuzfahrtschiff, das aufrecht in 50 Metern Tiefe in der Nähe von Whibble Reef liegt, im Südwesten von Grenadas Hauptstadt St. George's. »Die ›Bianca C‹ gehört zu den wenigen Luxuslinerwracks, die für Hobbytaucher zugänglich sind«, erklärt Ethan. »Manche Taucher haben nicht das

geringste Interesse am Wracktauchen. Ihnen erscheint es lächerlich, einen Haufen Metall anzustarren statt ein Riff. Aber die ›Bianca C‹ ist etwas Besonderes. Selbst Taucher, die Wracks nicht mögen, werden von ihr angezogen und tauchen auch mehrfach hinunter.«

Die »Bianca C« erblickte in Frankreich als »Maréchal Pétain« das Licht der Docks. Kurz nach ihrem Stapellauf im Frühling 1944 wurde sie in der Nähe von Port Bouc von der deutschen Marine im Rückzugsgefecht versenkt. Nach dem Krieg wurde sie gehoben und unter dem Namen »La Marseillaise« als Kreuzfahrtschiff wieder in Betrieb genommen; 1949 brach sie zu ihrer Jungfernfahrt nach Japan auf. Nach einem kurzen Intermezzo als »Arosa Sky« im Jahr 1957 wurde sie 1959 an eine italienische Reederei verkauft und in »Bianca C« umbenannt. Nach weiteren Umbauarbeiten verkehrte sie schließlich zwischen Neapel und Venezuela, mit einem Zwischenhalt in Grenada. Während einer dieser Aufenthalte vor St. George's gab es am 22. Oktober 1961 eine Explosion im Kesselraum; es kam zu einer Feuersbrunst, die angeblich das Wasser in der Nähe des Schiffs zum Kochen brachte. Dank der raschen Reaktion der Mannschaft und der selbstlosen Hilfe der Bewohner von St. George's, die sich noch in der kleinsten Nussschale zum brennenden Schiff aufmachten, um Passagiere zu retten, kamen nur zwei Menschen ums Leben. Bald darauf versank die »Bianca C« ein zweites und letztes Mal im Meer.

»Die Tauchveranstalter hier nennen die ›Bianca C‹ gern die ›Titanic der Karibik‹«, erzählt Ethan, »und von der Größe her ist der Vergleich auch ganz passend. Der geschwungene Bug erinnert an die Werbeposter der Kreuzfahrtlinien in den 20er- und 30er-Jahren. Ein Ehrfurcht gebietender Anblick.« Zwar beginnt der Zahn der Zeit an der »Bianca C« zu nagen, aber viel ist noch intakt, zum Beispiel die Promenadendecks und der Fockmast. Sogar einer der Swimmingpools auf dem Deck ist noch erhalten, und man kann dort eine kleine Runde drehen. Ein Tauchgang reicht nicht aus, um das gewaltige Schiff zu erkunden, es sind mindestens zwei bis drei nötig, bis man einmal um das Wrack herumgetaucht ist.

Das Wrack der »Bianca C« ist der Höhepunkt jeder Tauchfahrt nach Grenada. Hier ist einer der Davits des Luxusliners zu sehen, ein Kran, mit dem die Rettungsboote zu Wasser gelassen werden.

Zahlreiche Korallen und Schwämme haben sich inzwischen auf der »Bianca C« angesiedelt und locken ihrerseits eine Vielzahl anderer Lebewesen an: Atlantische Spatenfische, Muränen, Riffhaie, große Barrakudas und Rochen. »Ich muss gestehen, dass die ›Bianca C‹ meine vielleicht größte fotografische Nemesis ist«, gibt Ethan zu. »Das Foto zu schießen, das ich mir vorstelle, von unten auf den geschwungenen Bug mit einem Taucher für den Maßstab daneben, hat bisher nicht geklappt. Das Wasser kann in dieser Tiefe etwas trübe sein, es gibt eine schwache Strömung, die Sonne kommt und geht, und wegen der Gefahr des Tiefenrauschs hat man da unten nicht viel Zeit. Jedes Mal, wenn ich dort bin, versuche ich, dieses Bild zu schießen – die Schwierigkeiten motivieren mich, immer wieder zurückzukehren. Hoffentlich gelingt es mir bald. Nach fast 50 Jahren auf dem Meeresgrund brechen die Aufbauten der ›Bianca C‹ langsam zusammen.«

Wem ein Tauchgang von 30 Metern Tiefe und mehr zur »Bianca C« nicht behagt, dem bietet Grenada noch weitere Möglichkeiten zum Wracktauchen. Insgesamt liegen in der Umgebung der Insel 20 Wracks, unter anderem der Frachter »HEMA 1« und die »San Juan«, ein 20 Meter langes Fischerboot, beide in 27 Metern Tiefe. »Die ›San Juan‹ liegt auf der Atlantikseite der Insel, inmitten einer öden Ebene«, sagt Ethan. »Ammenhaie stapeln sich im Boot wie Brennholz. Ich habe dort drinnen schon drei bis vier Haie übereinander liegen sehen.«

ETHAN GORDON ist freiberuflicher Fotojournalist und hat sich auf Tauchen, Angeln und Reisen spezialisiert. Seine Arbeit führte ihn bereits von den kalten Gewässern vor Neuengland bis zum Pazifischen Ozean, dem Indischen Ozean, der Korallensee und der Karibik. Er fotografierte Tausende von Meerestieren auf der ganzen Welt; seine Arbeiten wurden in *National Geographic, Outside, Outdoor Life* und vielen anderen Zeitschriften veröffentlicht. Von 2005 bis 2008 war er Herausgeber der Zeitschrift *Fathoms*. Als Master Scuba Diver Trainer (PADI) hat er annähernd 2800 Tauchgänge absolviert und seit 1989 Hunderten von Schülern das Tauchen beigebracht. Seine Lehrtätigkeit brachte ihm bereits mehrere Preise ein. Ethan Gordon machte einen Bachelor-Abschluss in Architektur an der Cornell University.

REISETIPPS

- **Anreise:** Grenada wird von Deutschland aus von mehreren Airlines mit einem oder zwei Zwischenstopps angeflogen.
- **Beste Reisezeit:** Im Winter und Frühling regnet es weniger, Juni und November sind die feuchtesten Monate in der Regenzeit.
- **Unterkünfte:** Das Grenada Board of Tourism (www.grenadagrenadines.com) veröffentlicht auf seiner Website Unterkunftsmöglichkeiten auf Grenada.
- **Tauchbasen/Guides:** Es gibt mehrere Veranstalter, die Touren anbieten. Ethan hat ausgezeichnete Erfahrungen mit Aquanauts Grenada (www.aquanautsgrenada.com) gemacht.

JARDINES DE LA REINA

EMPFOHLEN VON **Filippo Invernizzi**

Ein positiver Nebeneffekt von Fidel Castros Machtergreifung war die Sperrung von Los Jardines de la Reina (Gärten der Königin) für Besucher. Der Artenreichtum in der Region des 240 Kilometer langen Archipels aus rund 250 Inseln etwa 80 Kilometer vor der Südküste Kubas – und auch der potenzielle touristische Wert der Region – brachte Castros Regierung 1996 dazu, das 2500 Quadratkilometer große Gebiet zum kubanischen Nationalpark zu erklären. Seitdem ist Los Jardines für die kommerzielle Fischerei und Bewohner gesperrt und gehört zu den großen geschützten Salzwassersystemen der Welt. Die Region ist das größte Meeresschutzgebiet in der Karibik. Es heißt, dass Castro in den frühen Tagen der Revolution zum Sportfischen am liebsten nach Los Jardines fuhr. In seiner Jugend war er auch ein leidenschaftlicher Taucher. Die CIA wusste offenbar von Castros Interesse am Tauchen; es existieren mehrere recht gut dokumentierte Berichte über Mordversuche beim Tauchen, einer davon durch eine explodierende Muschelschale, ein anderer durch einen mit Tuberkelbazillen verseuchten Regler.

»Die Meeresfauna in den Jardines de la Reina hat sich seit der Ernennung zum Nationalpark fantastisch entwickelt«, sagt Filippo Invernizzi. »Mit der Hilfe von Wissenschaftlern aus der ganzen Welt wurde ein gesamtes Ökosystem, eine ganze Nahrungskette wiederhergestellt. Zum Schutzgebiet gehören sogar die Wanderwege einiger Arten. Als ich hier zu tauchen anfing, bevor die Schutzmaßnahmen umgesetzt wurden, kam es häufig vor, dass man auf einem Tauchgang keinem Hai begegnete. Jetzt ist es eher normal, pro Tauchgang 70 oder 80 Haie zu sehen.«

Den Namen »Jardines de la Reina« verlieh Christoph Kolumbus dem Archipel 1494 auf seiner zweiten Reise in die Region zu Ehren seiner Gönnerin Königin Isabella von Spanien. Wenn man sich den Jardines vom Festland aus nähert, ist »Garten« vielleicht nicht der

erste Begriff, der einem einfällt. Über Wasser zeichnen sich die Jardines de la Reina durch üppige Mangroven, Seetrauben und die eine oder andere buschige Kiefer aus. Unter Wasser jedoch zeigen sich die wahren Gärten: mit leuchtend bunten Schwämmen und Korallen geschmückte Wände. Die Mangroven sind zwar nicht farbenprächtig, bieten aber ein ausgezeichnetes Aufwuchsgebiet für kleine Fische, die sich dort vermehren und die größeren Tiere anlocken, die wiederum Taucher anziehen. Einer der größten Bewohner der Jardines ist der Riesenzackenbarsch (früher auch als Judenfisch bezeichnet). Exemplare von 100 bis 200 Kilogramm sind um den Archipel häufig anzutreffen; in der Karibik können sie 350 Kilogramm und mehr erreichen. Der Riesenzackenbarsch ernährt sich von Schalentieren, kleineren Fischen und sogar jungen Meeresschildkröten. Tarpune, die Hauptattraktion für Fliegenfischer, findet man hier ebenfalls in großer Zahl; diese Fische werden über 1,80 Meter lang und 50 Kilogramm schwer.

Die häufige Begegnung mit Haien ist vielleicht der Hauptgrund, warum es Besucher zu den Jardines de la Reina zieht, und sie werden nie enttäuscht. Das Avalon Diving Center bietet seinen Gästen sogar eine Geld-zurück-Garantie, wenn es ihnen nicht gelingt, mit Haien zu tauchen. Fünf Haiarten leben zwischen den Riffen: Seidenhai, Atlantischer Ammenhai und Karibischer Riffhai in großer Zahl, Zitronenhai und Großer Hammerhai sind etwas weniger zahlreich vertreten. »Seidenhaie sind hier die häufigste Art und ganz sicher die freundlichste«, sagt Filippo. »Die Touristen geraten immer aus dem Häuschen, wenn sie sehen, wie viele Haie wir anlocken können und wie nahe man ihnen kommen kann. Unsere Tauchguides streicheln die Seidenhaie manchmal am Bauch, das scheint sie zu beruhigen. Dann können die Gäste die Haie auch anfassen, wenn sie möchten – manche sind so begeistert, dass sie die Haie sogar küssen!«

Es gibt mehr als 120 gekennzeichnete Tauchplätze um die Jardines de la Reina, allerdings beschränken sich die Tauchveranstalter Filippo zufolge auf eine Auswahl von 70 bis 80 Plätzen pro Monat, damit die übrigen Gebiete sich erholen können. (Bei einer Obergrenze von 300 tauchenden Besuchern pro Jahr und 240 Kilometern Riff zur Auswahl fällt es nicht schwer, die Schätze der Jardines in kleine Häppchen aufzuteilen.) Zu den beliebtesten Tauchplätzen gehören Black Coral One, Pius Reef und El Farallón. Black Coral One kann mit einer kleinen Höhle und einem großen Korallenpfeiler aufwarten und ist ein todsicherer Ort, um Riffhaie zu beobachten. Pius Reef hat farbenprächtige Schwämme und Gorgonien zu bieten und beherbergt zahlreiche Rifffische. In El Farallón finden sich mehrere Durchschwimmpassagen, durch die Schwärme von Stachelmakrelen hin und her flitzen.

Begegnungen mit Haien sind in den Jardines de la Reina garantiert, zum Beispiel mit Seidenhaien.

Ein ganz besonderer Bonus einer Reise zu den Jardines de la Reina ist die Chance, einem Salzwasserkrokodil zu begegnen. Die hier vorkommende Art ist das Spitzkrokodil, dessen Verbreitungsgebiet sich von den Florida Keys nach Süden bis Venezuela und sogar Peru und im Osten bis Haiti und zur Dominikanischen Republik erstreckt. Erwachsene Tiere werden im Durchschnitt dreieinhalb Meter lang, können aber auch bis zu sieben Meter erreichen. »Bevor das Schutzgebiet eingerichtet wurde, waren die Krokodile hier fast ausgestorben«, erzählt Filippo. »Jetzt kommen sie zurück, aber sie sind Menschen gegenüber sehr scheu. Wir sehen sehr selten welche beim Tauchen, aber es gibt auch Orte, an denen die Gäste sie praktisch garantiert von oben sehen können.« Spitzkrokodile ähneln stark den Alligatoren, unterscheiden sich von diesen jedoch durch die längere, schlankere Schnauze. Sie sind vielseitige Fleischfresser; auf ihrem Speiseplan stehen kleine Säugetiere, Vögel, Fische, Krabben, Aas und – bei Gelegenheit – jüngere Krokodile. »Außer im Sommer kommen die Krokos nachts zum Schiff, und wir füttern sie«, fügt Filippo hinzu. »Für unsere Gäste ist das ein hübsches Schauspiel nach dem Abendessen.«

FILIPPO INVERNIZZI ist Mitbegründer der Angel- und Tauchbasis Avalon Outdoor, die 1993 in Kuba gegründet wurde. Er veranstaltet Ausflüge zum Fliegenfischen und Tauchen in den Jardines de la Reina, an der Isla de la Juventud und in Cayo Largo. Filippo leitet außerdem die Marketingaktivitäten des Unternehmens von Mendoza (Argentinien) aus.

REISETIPPS

- **Anreise:** Von November bis April herrschen optimale Bedingungen, man kann jedoch gut noch bis zum Ende der Saison im August tauchen.
- **Beste Reisezeit:** Verschiedene Fluggesellschaften fliegen von Deutschland aus direkt oder mit einem Zwischenstopp nach Havanna. Von dort organisiert Ihr Veranstalter den Rest der Reise bis auf das Schiff.
- **Unterkünfte:** Alle Tauchgänge in den Jardines de la Reina finden von Tauchschiffen aus statt. Das Avalon Diving Center (www.divingcuba.com) besitzt ein schwimmendes Hotel, die »Tortuga«, sowie mehrere Tauchschiffe.

PASSAMAQUODDY BAY

EMPFOHLEN VON **Jonathan Bird**

Bei den meisten Hausbesichtigungen machen sich die potenziellen neuen Besitzer vor allem Sorgen über den Zustand der Heizungsanlage, der Wasserrohre und des Dachs. Als sich Jonathan Bird nach einem Zweitwohnsitz an der Passamaquoddy Bay in Eastport im US-Bundesstaat Maine umsah, interessierten ihn eher die Nachbarn. »Ich habe sonst noch von keiner Hausbesichtigung gehört, zu der ein Tauchgang gehörte«, scherzt er. »Als wir wieder aus dem Wasser kamen, war ich beeindruckt genug, um ein Angebot für das Haus abzugeben. Bei dieser Gelegenheit traf ich auch einen meiner ältesten Bekannten in Eastport, den ich als Gene kennenlernte.« Gene ist ein Seewolf.

Passamaquoddy Bay liegt vor der östlichsten Landspitze der USA und bildet die Grenze zwischen Maine und New Brunswick. Sie reicht von Eastport bis St. Andrews im kanadischen Bundesstaat New Brunswick, wo der St. Croix River ins Meer mündet; im Prinzip ist sie also ein Zufluss der Bay of Fundy. Zwei Inseln im Osten schirmen die Bucht vom offenen Meer ab: Campobello Island, wo Franklin D. Roosevelts berühmtes Sommerhaus steht, und Deer Island. Die Bay of Fundy ist bekannt für einen der größten Tidenhube weltweit; zwischen Ebbe und Flut liegen hier 17 Meter. Genau diese extremen Gezeitenunterschiede machen die Passamaquoddy Bay zu einem ganz besonderen Tauchplatz. »Die Strömung, die zwölf Knoten erreichen kann, schwemmt reichlich Nährstoffe in die umgebenden Gewässer«, erklärt Jonathan. »Daher unterscheidet sich die Wirbellosenfauna hier von allem, was man sonst an der Ostküste findet. Wenn Leute hierherkommen, die ihr Leben lang in Neuengland getaucht sind, können sie kaum glauben, dass sie immer noch an der Ostküste sind. Zwar findet man teilweise dieselben Arten wie weiter südlich, aber hier ist alles viel größer und häufiger. Manche nennen Passamaquoddy das British Columbia der Ostküste, und tatsächlich sieht es an beiden Orten recht ähnlich aus.«

Eins der Highlights beim Tauchen in der Passamaquoddy Bay sind die Dickhörnigen Seerosen, die dort in rauen Mengen wachsen. Diese Seeanemonen ernähren sich von Plankton und kleinen Fischen, die sie mit ihren Tentakeln fangen und mit Gift betäuben. Sie gehören zur Gattung der Seedahlien, so genannt wegen ihrer Ähnlichkeit mit der gleichnamigen Landblume. »Eastport ist zweifellos die Hochburg der Dickhörnigen Seerosen im Atlantik«, sagt Jonathan. »Wird eine in den Gewässern vor Massachusetts gefunden, stehen die Fotografen Schlange für ein Bild. Auf dem Grund der Passamaquoddy Bay gibt es vermutlich mehr Dickhörnige Seerosen als sonst irgendwo im Atlantik; auf einem typischen Tauchgang könnte man 500 davon zählen, wenn man wollte. Man findet sie in allen Farben, auch in Violett und manchmal sogar in Gelb.« Wegen der geringen Wassertemperatur (»Nie mehr als elf Grad!«, weiß Jonathan) leben hier auch eine Reihe arktischer Wirbelloser wie Knotige Seesterne und der Arktisstern *Pteraster militaria*.

Die meisten Tauchgänge in der Passamaquoddy Bay können vom Ufer aus gestartet werden. Es geht dort sehr steil hinab, daher muss man selten weit in die Bucht hinaus, um lohnende Tauchplätze zu finden. Der Tauchplan im äußersten Osten von Maine ist ziemlich entspannt, da die ausgeprägte Strömung das Tauchen ohnehin nur in der Tidenpause erlaubt, also zweimal am Tag. Die Sicht ist zwar nicht unbedingt hervorragend, aber doch zuverlässig genug, um die meisten Taucher zufriedenzustellen. »Wenn weiter im Süden ein Hurrikan tobt, ist die Sicht ein paar Tage später im Atlantik vor Neuengland gleich null – und ich meine *null*«, erklärt Jonathan. »Aufgrund der Lage von Eastport verschlechtern sich die Bedingungen in der Bucht niemals so sehr. Wegen der starken Strömung und der Menge an Plankton, die hier durchgespült wird, ist die Sicht ohnehin nie fantastisch. Von meinem Wohnort aus sind es nur anderthalb Kilometer Luftlinie nach Campobello Island, und der Wind hat gar nicht genug Angriffsfläche, um hier viel durcheinanderzubringen. Es kann in Strömen regnen, der Wind kann heulen, und weiter südlich können Hurrikane toben, aber hier beträgt die Sicht immer fünf Meter, selten mehr, selten weniger. Unmöglich ist das Tauchen nur in der Jakobsmuschelsaison, wenn die Dredschen, die Schleppnetze, unterwegs sind. Aber das ist nur eine kurze Zeit im Jahr.«

Zusätzlich zur zuverlässigen (wenn auch beschränkten) Sicht und den hektarweise vorkommenden Seeanemonen können Besucher der Passamaquoddy Bay auf Begegnungen mit *Anarhichas lupus* setzen, dem Gestreiften Seewolf. Die aalähnlichen Tiere mit den dolchartigen Reißzähnen, mit denen sie die Panzer der Schalentiere knacken, von denen sie sich überwiegend ernähren, leben in kleinen Bauen in der Gesteinsschicht und sind vor

Jonathan Birds Unterwasser-nachbar Gene, der Seewolf, lächelt in die Kamera.

Eastport recht häufig. Einige Seewölfe bleiben jahrelang im selben Revier, wie Gene, den Jonathan Bird schon seit vielen Jahren regelmäßig besucht.

»Gene sucht immer eine Höhle auf, die direkt am Strand vor unserer Hütte liegt. Einige andere Seewölfe kamen und gingen, aber Gene ist immer da. Vor einigen Jahren zog in den Bau nebenan ein deutlich größerer Seewolf ein, den wir Jack nannten. Wir kamen zu dem Schluss, dass der große Seewolf ein Männchen sein musste und Gene ein Weibchen – also nannten wir sie fortan Jean. Jack zog nach drei oder vier Jahren fort, und Jean war wieder allein. Wir begannen, sie zu füttern, damit sie etwas länger außerhalb ihres Baus blieb und wir bessere Fotos machen konnten. Jean frisst Seeigel, aber noch lieber mag sie Wellhornschnecken. Wir lösten sie immer für sie aus der Schale, und nach einer Weile wartete sie schon darauf. Wir hielten sie in immer größeren Abständen von ihrem Bau, und sie kam herausgeschwommen, um sie sich zu holen. Wenn wir mit einem Gast tauchten, kam Jean immer heraus. Jeder Gast bekam dann einen Mordsschreck, und wir versicherten ihm, dass es nur Jean war und dass sie nur gefüttert werden wollte. Letzten Sommer brachten wir ein paar Tauchergruppen nach Passamaquoddy hoch, um ihnen Jean vorzustellen. Am ersten Wochenende kam sie wie immer heraus, um zu fressen und mit uns zu schwimmen. Am zweiten Wochenende kam sie nicht. Schließlich warf ich einen Blick in ihren Bau. Der Seewolf war drin und bewachte ein großes Nest voller Eier. Bei den Seewölfen bewachen die Männchen das Gelege, und so fanden wir heraus, dass unsere Jean doch ein Gene war.«

JONATHAN BIRD gewann als Unterwasserfilmer bereits mehrere Emmys. Seine Erfahrung erstreckt sich auf alle Aspekte der Tierfilmerei und Standfotografie unter Wasser. Die von ihm gedrehten und produzierten Fernsehfilme wurden in der ganzen Welt ausgestrahlt. Häufig schreibt er für verschiedene Tauchmagazine und hat mehrere Bücher veröffentlicht, darunter *Dolphins: Wildlife Monographs*, *Sharks: Wildlife Monographs*, *Dominica – Land of Water* und *Adventures with Sharks*. Auch zu Themen rund um das Leben im Meer erschienen bereits viele Beiträge von ihm. Als Präsident der Non-Profit-Organisation Oceanic Research Group, Inc. produziert er Lehrfilme über das Leben im Meer für Schulen und Bibliotheken sowie für Fernlehrgänge. Jonathan Bird ist ehemaliger Professor der Rundfunkabteilung des New England Institute of Art and Communications in Boston.

REISETIPPS

► **Anreise:** Eastport liegt etwa 400 Kilometer nördlich von Portland, das von vielen Linien von Deutschland aus mit einem Stopp angeflogen wird. Das 200 Kilometer entfernte Bangor ist mit einem oder zwei Zwischenlandungen zu erreichen.

► **Beste Reisezeit:** Die Sicht ist das ganze Jahr über annehmbar, außer in der Jakobsmuschelsaison von Dezember bis April. Aufgrund des kühlen Klimas kommen die meisten Besucher vom späten Frühling bis zum frühen Herbst.

► **Unterkünfte:** Motel East (www.themoteleast.com) ist eine beliebte Unterkunft für Tauchtouristen. Auf dem Seaview Campground & Cabins gibt es auch Hütten zu mieten.

► **Tauchbasen/Guides:** Eastport hat keine Tauchbasen oder Tauchshops. Der nächste Ort, an dem man seine Tanks befüllen lassen kann, ist das fast eine Autostunde entfernte Calais. Daher ausreichend volle Tanks mitnehmen! Jonathan Bird leitet jährlich mehrere Tauchausflüge nach Passamaquoddy. Weitere Details finden Sie auf der Website von Jonathan Bird Productions (www.jonathanbird.net).

LAYANG LAYANG

EMPFOHLEN VON **Simon Christopher**

Simon Christopher entschloss sich, seine Organisation Scubazoo in der Nähe von Sipadan in Malaysia zu eröffnen, da die Artenvielfalt der dortigen Gewässer auf der Welt ihresgleichen sucht. Angesichts seines Anliegens, mithilfe von Scubazoos Bildern interessante Geschichten rund um den Naturschutz zu erzählen, schien das der ideale Startplatz. Als die Zeit kam, die Naturschutzmission und -botschaft der Organisation auszuweiten, war Layang Layang der nächste Punkt auf der Karte. »Es war eine natürliche Entwicklung«, erinnert sich Simon. »Layang Layang ist fast unberührt; dank der nahen malaysischen Militäreinrichtungen gab es hier bisher nur sehr wenig kommerzielle Fischerei. Wir bemühen uns, solche unverdorbenen Orte auf Film zu bannen, damit die Menschen erfahren, wie ein gesundes marines Ökosystem aussieht, und Layang Layangs nahezu perfektes Riff wird mit jedem Tag einzigartiger, da ähnliche Orte auf der ganzen Welt immer mehr durch die zerstörerischen Fischereipraktiken des Menschen in Mitleidenschaft gezogen werden. Ich bin dort zum ersten Mal 1997 getaucht, und jedes Mal, wenn ich wieder hinfahre, was selten genug vorkommt, sehe ich mit großer Freude, dass die Korallen noch so jungfräulich sind wie damals und dass auch die Meeresfauna genauso vielfältig geblieben ist.«

Layang Layang ist ein kleines Korallenatoll etwa 300 Kilometer nordwestlich der Spitze von Borneo im Südchinesischen Meer vor der malaysischen Provinz Sabah und gehört zu den 600 Spratly-Inseln. Layang Layang (Malaysisch für Schwalbenriff und daher auch Swallow-Riff genannt) bestand ursprünglich aus 13 miteinander verbundenen Korallenriffen; wie sie sich heute präsentiert, ist die Insel überwiegend eine Schöpfung der malaysischen Regierung, die zwei Riffe durch gewaltige Sandanhäufungen miteinander verband. Eine kleine Marinebasis mit durchschnittlich 70 stationierten Soldaten wurde 1983 hier eingerichtet und bald darauf ein großes Tauchresort mit einer maximalen Kapazität von 120 Taucher. Die Marinebasis wurde gebaut, um Malaysias Gebietsanspruch auf die Region zu untermauern, das Tauchresort wegen der fantastischen Steilwände, mit denen Layang Layang die Taucher lockt. Direkt vor der Insel fällt der Meeresgrund auf fast 2000 Meter Tiefe ab – ein idealer Ort, um große Freiwassertiere zu beobachten, vor allem Hammerhaie.

»Das Erste, was einem an Layang Layang auffällt, ist seine Abgeschiedenheit«, meint Simon. »Es kommt ein Flugzeug pro Tag. Man steht früh auf, fährt zum Flughafen in Kota Kinabalu und sieht dort zehn andere gähnende Taucher – da weiß man, man ist auf dem Weg zu einem Abenteuer. Das Atoll liegt wirklich mitten im Nirgendwo. Es gibt eine kleine Flugpiste, die Marinestation auf der anderen Seite der Insel und das Resort oben auf dem Atoll. An beiden Enden des Atolls kann man fantastisch tauchen, und man fühlt sich, als ginge man an die Grenzen des Bekannten, als erforsche man Neuland. Die Sicht ist umwerfend, an einem guten Tag kann sie fast 60 Meter betragen. Bei vielen Tauchgängen geht man von oben direkt auf das Riff hinunter, das stellenweise fast bis zur Oberfläche reicht. Geht man weiter runter, findet man die Rifffische, die man in Malaysia erwartet – Büffelkopf-Papageifische, Barrakudas, Stachelmakrelen und auch Graue Riffhaie und Weißspitzenhaie. Aber das Besondere an Layang Layang sind die großen Wesen aus der Tiefe.«

Die genannten Hammerhaie, die sich von März bis Juli hier in großer Zahl versammeln, sind die Stars unter den Freiwassergeschöpfen. »In dieser Zeit sieht man oft Hunderte von Bogenstirn-Hammerhaien«, sagt Simon. »Manchmal schwimmen sie sogar über dem Riff. Ich erinnere mich noch, wie ich einmal an einer Korallenwand hochsah und einen Umriss auftauchen sah – den Anführer – und dann die ganze Schule Haie über mich hinwegzog.« Hammerhaie sind aber bei Weitem nicht die einzige Freiwasserattraktion in Layang Layang. »Wenn man bei Shark's Cave oder Dog Tooth Lair runtergeht, weiß man eigentlich nie, wer alles vorbeikommt«, fährt Simon fort. »Man sieht verschiedene Wale – Ostpazifische Delfine und Große Tümmler, Grindwale. Und jedes Jahr legen Schulen von Schwertwalen hier auf ihren Wanderungen eine Pause ein, um Hammerhaie zu jagen. Oft kreisen auch Schwärme von Teufelsrochen um das Atoll. Wenn die großen Tiere in Wellen hier vorbeikommen, macht einen das richtig benommen.«

Simon erinnert sich noch an ein Erlebnis auf Layang Layang, das das Wesen von Scubazoo deutlich macht und warum die Organisation überhaupt gegründet wurde. »Als Jason Isley, der Mitgründer von Scubazoo, und ich gerade frisch von Sipadan nach Layang Layang kamen, waren wir verrückt nach Fuchshaien. Wir hatten beide schon Fuchshaie gesehen, als wir allein unterwegs waren, und da wir beide filmten, entstand ein kleiner Wettstreit zwischen uns, wer das beste Material drehen würde. Auf einem Tauchgang gingen wir etwas tiefer runter, um welche zu finden. Und siehe da, zwei Fuchshaie kamen aus der Tiefe. Das war einer der Höhepunkte von Scubazoo und brachte uns wieder zu dem zurück, warum wir das überhaupt machten – um die Meere ins öffentliche Bewusstsein zu rücken und Tiere wie Haie und Meeresschildkröten für zukünftige Generationen zu erhalten.«

SIMON CHRISTOPHER ist Gründer und CEO von Scubazoo (www.scubazoo.com), einem Team von professionellen Unterwasserkameraleuten und -fotografen, die eine große Liebe zum Meer eint. Nachdem er die britische Swansea University mit einem Bachelor in Zoologie abgeschlossen und vier Jahre in London im Vertrieb gearbeitet hatte, reiste er kreuz und quer durch Südostasien. In dieser Zeit entstand seine Liebe zum Tauchen. Er ließ sich in Sipadan in Malaysia zum Dive Master (PADI) ausbilden und zog anschließend nach Cairns in Australien, um dort seine Karriere als Unterwasserfilmer zu beginnen. 1996 kehrte Simon nach Sabah zurück, um mit Jason Isley Scubazoo zu gründen. Als präzise Dokumentationen der faszinierenden und komplexen Lebenswelt unter Wasser – einschließlich der Verbindung des Menschen zu ihr – setzen die Scubazoo-Geschichten stets einen Akzent auf den Naturschutzaspekt.

REISETIPPS

- **Anreise:** Verschiedene Airlines bieten Flüge mit einem Zwischenstopp von Deutschland nach Kota Kinabalu in Malaysia an. Von dort aus bringt eine private Fluglinie (buchbar über das Layang Layang Island Resort) Sie nach Layang Layang.
- **Beste Reisezeit:** März bis August ist die beste Zeit für einen Besuch, aber die Bedingungen sind auch einen Monat vorher und nachher noch gut.
- **Unterkünfte:** Das Layang Layang Island Resort (www.layanglayang.com) ist das einzige Hotel und die einzige Tauchbasis auf der Insel, hat jedoch einen ausgezeichneten Ruf. Der thailändische Reiseveranstalter Dive Master (www.divemaster.net) bietet von Mai bis Oktober Tauchschiff-Exkursionen an.

Malaysia

SIPADAN

EMPFOHLEN VON **Al Hornsby**

Für Al Hornsby treffen auf Sipadan alle Superlative zu. »Als ich Mitte der Achtziger zum ersten Mal von Sipadan hörte – das war, als Clement Lee von den Borneo Divers begann, die Insel aus der Sicht eines Tauchers zu erkunden –, klang es wie für mich geschaffen; ein unberührter Ort, an dem nur sehr wenige Menschen gewesen waren. Ich wäre zwei- oder dreimal fast hingefahren, aber irgendwie klappte es immer nicht. 1995 schaffte ich es schließlich, und seither bin ich fast jedes Jahr dort. Meine Frau lernte dort tauchen, während ich eine Woche wegen der Arbeit weg war. Ein Jahr später machten wir eine Tauchreise an einen anderen exotischen und hochgelobten Ort. Nach dem ersten Tauchgang sagte sie sehr deutlich, dass sie nicht begeistert war: ›Es ist nicht wie Sipadan.‹«

Sipadan ist eine etwa 16 Hektar kleine Insel rund 30 Kilometer vor der Nordostküste von Borneo in der Celebessee. Sie erhebt sich 600 Meter über dem Meeresboden und nahm ihre jetzige Form an, als sich Korallen auf dem Kegel des erloschenen Vulkans ansiedelten. Sipadans fantastische Unterwassertopografie und seine Lage im Herzen des Indopazifischen Beckens machen es zu einem der artenreichsten Reviere der Welt: Über 3000 Fischarten und Hunderte von Korallenarten verteilen sich hier auf ein Dutzend etablierter Tauchplätze. Früher betrieb Borneo Divers eine Hütte auf der Insel, bis diese 2005 zum Naturschutzgebiet und UNESCO-Weltnaturerbe ernannt wurde. Heute dient die alte Hütte als Hauptquartier für die Beamten, die den Naturschutz in Sipadan überwachen. »Seit die Insel zum Naturschutzgebiet ernannt wurde, sieht man hier schon einen gewaltigen Unterschied«, sagt Al. »Die empfindlicheren Korallen kommen wieder, und die größeren Fische sind jetzt häufiger anzutreffen. Es finden sogar die ersten Begegnungen mit Walhaien statt.« Die Besucher dürfen nun nicht mehr auf der Insel übernachten. Stattdessen unternehmen sie Tagesausflüge von nahe gelegenen Inseln aus, meist von Mabul.

»Es dauert eine Weile, bis man dort ist«, fährt Al fort. »Man sieht die Insel vom Festland aus nicht am Horizont, was natürlich die Erwartung schürt. Wenn man dann ankommt, empfängt einen Stille, Frieden und ein Gefühl der Abgeschiedenheit vom Rest der Welt. Was das Tauchen angeht, so gibt es dort einfach keine schlechten Stellen. Eine Riffwand umgibt die ganze Insel, und jede Stelle an der Wand bietet andere interessante Details, ob riesige Gorgonien, gewaltige Barrakudaschwärme, unzählige Suppenschildkröten und Echte Karettschildkröten oder eine große Gruppe überdimensionaler Büffelkopf-Papageifische, mindestens 250, die vorbeistürmen wie eine Herde Bisons. In Sipadan fühlt man sich, als hätte Mutter Natur alles zusammengerafft, was sie zu bieten hat, und es an einem Ort fallen gelassen.«

Sipadan vereint eine verblüffend artenreiche Meeresfauna mit nahezu idealen Bedingungen: ruhiges, warmes Wasser, gute Sicht und im Allgemeinen flache und geschützte Tauchplätze. Wer sich in größere Tiefen vorwagen möchte, wird auch nicht enttäuscht: An einigen Stellen fällt die Wand fast 600 Meter in die Tiefe ab! »Sipadan bietet für alle etwas, vom Anfänger bis zum erfahrensten Taucher«, fährt Al fort. »Und trotz seiner Abgeschiedenheit funktioniert die Logistik dort wunderbar. Es gibt hervorragende Tauchveranstalter auf zwei Inseln in der Nähe, Mabul und Kapalai. Boote und Ausrüstung sind hochmodern und die Unterkünfte angenehm.«

Mindestens ein Dutzend Tauchplätze um Sipadan sind bemerkenswert genug, um sich einen Namen verdient zu haben; auf Al Hornsbys Favoritenliste stehen jedoch zwei ganz oben, Barracuda Point und Hanging Gardens. »Barracuda Point gehört zu den Stellen, an denen immer etwas passiert, auch wenn es je nach Tagesform immer etwas anderes sein kann. Gigantische Schwärme der namensgebenden Barrakudas sind praktisch immer dort. Wer schon mal Fotos von wirbelnden Schwärmen von Schwarzflossen-Barrakudas mit einem Taucher in der Mitte gesehen hat, wurden die vermutlich am Barracuda Point aufgenommen. Wenn die Büffelkopf-Papageifische vorbeikommen, hört man schon von fern das Schlagen ihrer Flossen. Schildkröten sind so gut wie immer da und auch Weißspitzenhaie. Wenn die Strömung Beutefische an der Wand entlangspült, sieht man manchmal sogar größere Haie und Fächerfische.«

Ein großer Schwarm überdimensionierter Büffelkopf-Papageifische lebt in den Gewässern von Sipadan. Wenn sie vorbeischwimmen, hört man das Rauschen des Wassers, das ihre Flossen verdrängen.

Hanging Gardens ist ein weiterer vielgerühmter Tauchplatz in Sipadan. Der Name spielt auf die berühmten Hängenden Gärten von Babylon an, eins der sieben Weltwunder. Hier steigt die Wand in einer Reihe von Terrassen ab, die dicht mit Gorgonien und *Dendronephthya alcyonarians* in allen möglichen Farbtönen besetzt sind. »Ganz oben findet man üppige Korallen«, beschreibt Al den Ort, »sowie viele Schildkröten, Graue Riffhaie, Schaukelfische und viele tropische Arten. Zahlenmäßig stehen die Schwärme von Pferdemakrelen den Barrakudas am Barracuda Point in nichts nach. Ich habe schon unter solchen Schwärmen gelegen, und sie waren so kompakt, dass ich nicht durch sie hindurchsehen konnte.« Bogenstirn-Hammerhaie und Fuchshaie werden hier manchmal in den offenen Gewässern vor der Wand gesichtet.

In den mehr als zehn Jahren, die Al Hornsby nun schon nach Sipadan fährt, gab es viele einzigartige Momente. Besonders ist ihm eine seiner Begegnungen mit der Inselpopulation von Büffelkopf-Papageifischen im Gedächtnis geblieben. »Die Papageifische werden groß in Sipadan, 90 bis 120 Zentimeter lang. Man sieht sie auch gelegentlich an anderen Orten im Pazifik, aber normalerweise sind sie scheu und schwer zu fotografieren. In Sipadan ist das anders. Wie ich bereits erwähnte, ziehen sie tagsüber in großen Schwärmen umher. Nachts ziehen sie sich in typischer Papageifisch-Manier in Löcher in der Riffwand zurück. Bei einem Besuch ging ich auf einen nächtlichen Tauchgang und konnte ein wahres Spektakel beobachten. Wenn man mit dem Licht an der Wand abtaucht, sieht man in jeder Spalte und in jedem Winkel drei bis vier Papageifische zusammengerollt ruhen. Die ganze Wand ist mit orangefarbenen Korallen und verkrusteten Schwämmen besetzt, und auf jedem Meter taucht dazwischen ein rund ein Meter langer türkisgrüner Büffelkopf mit seinen zusammengewachsenen schnabelartigen Zähnen auf, die sich ideal zum Abfressen von Korallen eignen. Ein absolut unvergesslicher Anblick.«

AL HORNSBY zog mit seiner Familie nach Guam, als er zwölf war. Das erste Mal, als er eine Maske aufsetzte und unter Wasser abtauchte, ist eine unauslöschliche Erinnerung für ihn. Die Erregung, die ihn unter Wasser packte, trieb ihn sein Leben lang an. Nach einem Zwischenspiel als Fotograf (für Unterwasseraufnahmen, aber auch für Motorsport, Mode, Natur und Rock 'n' Roll) kehrte Al zum Tauchen zurück und gehörte schließlich zum Vorstand der neu gegründeten PADI (Professional Association of Diving Instructors). Er wirkte auch an der Gründung der Umweltschutzorganisation AWARE Foundation mit. Hornsby war mehrere Jahre Chefredakteur der Zeitschrift *Skin Diver* und kehrte vor einigen Jahren als Senior Vice President von PADI Worldwide in die PADI zurück. Als Pendler zwischen Los Angeles und Singapur erkundet er derzeit in jeder freien Minute die fantastischen Inseln, Riffe und Regenwälder der asiatisch-pazifischen Region und entdeckt dabei Naturwunder, die ihm selbst in 40 Jahren Tauchabenteuer noch nicht begegnet sind.

REISETIPPS

► **Anreise:** Mehrere Airlines fliegen von Deutschland aus mit zwei Stopps nach Tawau. Von dort aus arrangiert das gebuchte Resort den Transport über Land in die Stadt Semporna, von wo aus ein Boot Sie auf Ihre Insel bringt, in der Regel Mabul oder Kapalai. Die meisten Tauchplätze in Sipadan befinden sich in 20 bis 25 Minuten Entfernung von den Resorts.

► **Beste Reisezeit:** Es herrschen fast das ganze Jahr über ausgezeichnete Voraussetzungen. Von Januar bis März ist das Wetter nicht ganz so stabil, aber die Bedingungen sind dennoch annehmbar.

► **Unterkünfte:** Auf Sipadan gibt es eine Reihe ausgezeichneter Resorts, die sich auf Taucher ausgerichtet haben. Al Hornsby empfiehlt das Sipadan Water Village (www.swvresort.com) und das Borneo Divers Mabul Resort (www.borneodivers.info).

► **Tauchbasen/Guides:** Für alle, die nicht in einem Tauchresort unterkommen, liefert der Veranstalter Borneo Divers (www.borneodivers.info), der einst das Freizeittauchen in Sipadan einführte, weitere Informationen.

MANTA POINT

EMPFOHLEN VON **Duane Silverstein**

Sein Interesse an Meeresschildkröten brachte Duane Silverstein auf die Malediven, allerdings nicht auf die Weise, die man erwarten könnte. »Ich arbeite für eine Non-Profit-Organisation namens Seacology«, erzählt Duane. »Wir versuchen, Kulturen und Lebensräume auf Inseln der ganzen Welt zu erhalten. Dazu handeln wir mit den Inselbewohnern aus, dass sie Aktivitäten einstellen, die ihr lokales Ökosystem zerstören, und im Austausch dafür etwas Greifbares bekommen, das ihre Gemeinschaft braucht.

Eines Tages saß ich in meinem Büro in Berkeley in Kalifornien und bekam einen Anruf vom Four Seasons Resort auf den Malediven. Sie äußerten ihr Interesse daran, ein Seacology-Projekt auf den Malediven zu sponsern. Bei diesem ersten Projekt ging es um Meeresschildkröten, oder genauer gesagt, um Schildkröteneier. Die Regierung hatte es unter Strafe gestellt, gefährdete Schildkröten zu fangen, aber die Vorschriften erstreckten sich nicht auf das Sammeln der Eier. Im Rahmen des angedachten Projekts sollten wir eine Vorschule auf der Insel Kendhoo bauen und dafür von den Bewohnern das Versprechen erhalten, keine Eier von Meeresschildkröten mehr zu sammeln. Eine Art, wie Seacology für solche Projekte Gelder sammelt, besteht darin, Reisen zu veranstalten, um potenziellen Spendern das Projekt vorzustellen. So kam ich das erste Mal auf die Malediven.«

Die Republik Malediven besteht aus 26 Korallenatollen und 1200 kleinen Inseln und liegt etwa 650 Kilometer südwestlich der Südspitze von Indien. Die Landmasse der Malediven erstreckt sich über rund 800 Kilometer vom Thiladhunmathi-Atoll im Norden bis zum Addu-Atoll im Süden und umfasst etwa 150 000 Quadratkilometer des Indischen Ozeans. Die durchschnittliche Höhe dieser Nation von Atollen und Inseln liegt bei etwas über einem Meter über dem Meeresspiegel, was sie zur flachsten Republik der Welt macht. Dank ihrer Abgeschiedenheit und der starken Strömung an dieser Stelle des Ozeans gehören die

Gemeine Wimpelfische gehören zur üppigen Fischwelt der Malediven.

Malediven zu den Orten mit der größten Biomasse auf dem Planeten. »Wenn man kein Taucher ist und zu Hause im Fernsehen eine Dokumentation von Jacques Cousteau sieht, könnte man meinen, dass man auf einem gewöhnlichen Tauchgang, wo immer er auch stattfindet, Tausende von Fischen sieht«, fährt Duane fort. »Das stimmt aber so nicht mehr. Es gibt nicht mehr viele Tauchplätze, an denen man von der schieren Anzahl von Fischen überwältigt wird, aber auf den Malediven ist das immer noch der Fall. Ich erinnere mich besonders an eine Stelle, ein Wrack namens ›Kudhimaa‹. Das Wrack selbst war nicht gerade interessant, aber wir sahen dort so viele Glasbarsche, dass niemand in meiner Gruppe die Zahl schätzen konnte. Es war ein besonderes Erlebnis, inmitten von Zehntausenden oder gar Hunderttausenden von Fischen zu schwimmen.«

Neben den gewaltigen Mengen an Fischen, die man an vielen Stellen sieht, bieten die Malediven aber auch eine große Artenvielfalt mit über 700 Fischarten und über 10 000 Wirbellosenarten. »Ein weiteres Highlight beim Tauchen auf den Malediven ist die Chance, auf charismatische Freiwassergiganten zu treffen«, sagt Duane. »Wir fuhren einmal morgens zu einer Stelle namens Manta Point, nachdem unser Tauchguide uns gesagt hatte, dass das der beste Ort auf den Malediven sei, um Mantarochen zu sehen. An diesem Morgen sahen wir keine. Der Tauchguide wollte woanders hin, aber wir waren schon ziemlich weit rausgefahren und sagten ihm, wir wollten noch mal runter. Wir gingen also wieder ins Wasser und waren plötzlich im Mantarochen-Paradies. Riesige Exemplare kamen vorbeigeschwommen, mit einer Flügelspannweite von viereinhalb Metern und mehr. Sie kamen so nahe, dass wir sie hätten berühren können. Es kam uns fast vor, als würden sie uns eine Vorstellung geben mit ihren Saltos, die sie paarweise schlugen. Es war eine geradezu transzendentale Erfahrung, sowohl wegen der Begegnung mit den Rochen als auch wegen der Reaktionen meiner Taucherkollegen. Ich konnte ihre Gesichtsausdrücke sogar durch die Masken sehen. Ihr glückseliges Lächeln machte diesen Tauchgang zu einem unvergesslichen Erlebnis.« Mantas kommen aus dem Tiefenwasser an diesen Ort, weil dort Putzerfische wie der Napoleon-Lippfisch, die dort in Porites-Korallen leben, auf sie warten. Die Mantarochen bleiben über einer solchen Koralle stehen, und die Putzerfische knabbern ihnen die Parasiten von der Haut.

Zwar gibt es eine Reihe von Resorts an Land, die Angebote für Taucher im Programm haben, jedoch können die Besucher von dort aus nur an nahe gelegenen Riffen tauchen. »Für Taucher, die es ernst meinen«, fügt Duane hinzu, »gibt es eigentlich nur das Tauchschiff. Die Tauchplätze sind über Tausende von Kilometern verstreut, und mit dem Mutterschiff sind sie alle erreichbar. Unter den Tauchschiffen ist die ›Explorer‹ der Four-Seasons-Kette unübertroffen luxuriös – wenn man es sich leisten kann!« Ins Wasser geht es meist von *dhonis* aus, zwölf bis 13 Meter langen einheimischen Fischerbooten, die vom Mutterschiff aus zu Wasser gelassen werden. Während der Zeit der Monsune aus dem Südwesten (Frühling) kann die Sicht bis zu 40 Meter betragen, während der Zeit der Monsune aus dem Nordosten (Herbst) kann sie sogar auf 60 Meter steigen.

»So toll das Tauchen auf den Malediven ist, das Highlight meiner Reise dorthin vor Kurzem war der Besuch in der Vorschule in Kendhoo, die von Seacology finanziert und als Teil unseres Projekts gebaut wurde«, fügt Duane hinzu. »Alle Mitfahrer kamen mit zur Schule, und wir wurden von der gesamten Inselbevölkerung begrüßt, die uns ihre Dankbarkeit zeigen wollte. Es war schwer, nicht in Tränen auszubrechen.«

DUANE SILVERSTEIN ist Geschäftsführer von Seacology (www.seacology.org). Er leitete die Vergabe des Goldman Environmental Prize, der von *National Geographic* einmal als »Umwelt-Nobelpreis« bezeichnet wurde. Duane Silverstein blickt auf zahlreiche Treffen mit Präsidenten der USA, Generalsekretären der UN und Staatsoberhäuptern aus der ganzen Welt zurück. Die unterschiedlichsten Zeitungen und Zeitschriften berichteten schon über seine Arbeit. Duanes Artikel erschienen in vielen Zeitungen und Zeitschriften. Die *New York Times* nannte Silverstein einmal »einen der führenden Inselforscher der Welt«.

REISETIPPS

► **Anreise:** Male, die Hauptinsel der Malediven, wird von verschiedenen Linien von Deutschland aus mit einem oder zwei Zwischenstopps angeflogen.

► **Beste Reisezeit:** Juni bis Oktober und Dezember bis März werden als Reisemonate empfohlen. Die Bedingungen auf den Malediven ermöglichen jedoch das Tauchen das ganze Jahr über.

► **Unterkünfte:** Fast alle Ferienanlagen auf den Malediven bieten Tauchprogramme an, doch wer nur zum Tauchen hinfährt, entscheidet sich meist für ein Tauchschiff. Duane fuhr mit der »Explorer« (www.fourseasons.com/maldives). Auf der Website von Dive the World Liveaboards (www.divetheworldliveaboards.com) finden sich weitere Möglichkeiten.

BIKINI-ATOLL

EMPFOHLEN VON **Doug Toth**

Vor 50 Jahren hätte wohl kaum jemand in Erwägung gezogen, auch nur einen Fuß auf das Bikini-Atoll zu setzen, ganz zu schweigen davon, dort zu tauchen. Aber aus dem Staub und Schutt von mehr als 20 Atomwaffentests ist die Lagune im Bikini-Atoll inzwischen als eine der besten Wracktauchstellen im Pazifik hervorgegangen.

»Ich hörte zum ersten Mal von Eric Hanauer, einem befreundeten Autor und Fotografen, von Bikini. Er hatte eine Reise dorthin unternommen, als es erstmals wieder zum Tauchen freigegeben wurde«, erinnert sich Doug Toth. »Eric wollte hinfahren, um noch mal mit dem Tauchguide Fabio Amaral zu tauchen, der bald darauf in den Ruhestand gehen sollte und die Gegend dort für Taucher erschlossen hatte. Meine Frau und ich beschlossen mitzufahren. Ich muss zugeben, dass ich nicht viel über Bikini wusste. Ich hatte gehört, dass man dort ausgezeichnet wracktauchen konnte, unter anderem zu einem Flugzeugträger. Die Geschichte des Ortes faszinierte mich, vor allem, als ich mehr darüber las.«

Das Bikini-Atoll blickt in der Tat auf eine wechselhafte, teils auch schmachvolle Geschichte zurück. Das Atoll besteht aus 23 einzelnen Inseln und einer 600 Quadratkilometer großen Lagune. Es liegt mitten im Pazifik, etwa 3500 Kilometer südwestlich von Honolulu. Während die größeren Marshallinseln von den Spaniern und den Deutschen erschlossen wurden, die dort ein Potenzial für die Herstellung von Kokosöl sahen, verhinderten die Abgeschiedenheit und das trockene Klima auf dem Bikini-Atoll seine Kolonialisierung – bis das japanische Militär mit Japans Eintritt in den Zweiten Weltkrieg einen Wachturm auf der Insel errichtete. Zwar wurden Bikinis rund 200 Einwohner nicht in Kampfhandlungen verwickelt, mussten aber ihre Heimat verlassen, als die USA beschlossen, dort Atomwaffentests durchzuführen«. Gleichzeitig machte man die Bikini-Lagune zum Endlager für eine Reihe von Schiffen der US-Marine, darunter der Flugzeugträger

Ein Taucher inspiziert die Brücke des Zerstörers »USS Anderson«, der im Rahmen der Atombombentests am Bikini-Atoll versenkt wurde.

»USS Saratoga« sowie die »Nagato«, das einstige Flaggschiff der japanischen Marine, von dem aus Admiral Isoroku Yamamoto 1941 den Befehl gab, Pearl Harbor anzugreifen, und das nach der japanischen Kapitulation von den USA in Besitz genommen wurde. 1946 wurde der erste von 23 Atombombentests durchgeführt, bei denen schließlich sowohl die »Saratoga« als auch die »Nagato« versenkt wurden.

Fast 40 Jahre nach dem letzten Test 1958 blieb das Bikini-Atoll wegen der radioaktiven Strahlung für Besucher gesperrt. 1996 jedoch wurde die Lagune von einer Koalition aus Inselbewohnern und Reiseveranstaltern in begrenztem Umfang für das Freizeittauchen und Sportfischen geöffnet. »Das Tauchen dort ist fantastisch«, sagt Doug. »Wer keine Erfahrung mit Wracktauchen hat, auf den kann es einschüchternd wirken, vor allem, weil es überwiegend tiefe, lange Dekompressionstauchgänge sind. Aber auf jeden Tauchgang wird man so vorbereitet, dass man sich sehr gut aufgehoben fühlt. Und die badewannenartigen Bedingungen sind natürlich auch sehr angenehm – immer warmes Wasser, keine Strömung, keine Brandung und alles sehr klar.«

Das Tauchprogramm am Bikini-Atoll ist passenderweise fast militärisch streng geregelt. Die Gäste kommen für sieben Nächte und absolvieren während ihres Aufenthalts zwölf Tauchgänge zwischen 60 und 110 Minuten Länge. Es werden verschiedene Wracks besucht, beispielsweise der Zerstörer »USS Lamson«, das Schlachtschiff »USS Arkansas« und das U-Boot »USS Apogon«. Für Wrackfans ist der Höhepunkt der Reise natürlich der Flugzeugträger »Saratoga«. »Zur ›Saratoga‹ geht der erste Tauchgang am Ankunftstag«, fährt Doug fort. »In der Besprechung vor dem Tauchgang wird das Schiff selbst in allen Einzelheiten erklärt. Die haben sogar kleine Plastikmodelle, an denen sie genau zeigen können, wo der Tauchgang beginnt, wo er endet und was man sehen wird. Im Laufe der Woche werden auch mehrere Filme gezeigt, damit die Besucher das Gesehene in den historischen Kontext einordnen können. Nach der Besprechung fährt man zur Tauchstelle. Der ›Saratoga‹-Tauchgang gehört zu den flacheren Tauchgängen, etwa 30 Meter. Von der Oberfläche kann man den Flugzeugträger schon sehen. Seine Größe ist überwältigend.«

Die »Saratoga« war ursprünglich als Schlachtkreuzer geplant, dann aber als Flugzeugträger fertiggestellt worden. 1927 wurde das Schiff mit 270 Metern Länge und fast 40 000 Tonnen Gewicht in Dienst genommen. Besucher der Bikini-Lagune können mehrere reizvolle Stellen auf der »Saratoga« aufsuchen, etwa die Brücke, das Flugdeck und den Hangar, wo die Flugzeuge – Helldiver-Bomber – auf ihren Einsatz warteten. Mehrere Helldiver und ihre 225 Kilogramm schweren Bomben sind dort noch zu sehen. »Der Tauchgang zum Hangar ist einer der Höhepunkte der Reise«, fährt Doug fort. »Man ist im Inneren des Schiffs, in einem gewaltigen Raum. Die Tauchguides führen einen mit Lampen hindurch und zeigen Einzelheiten an den Flugzeugen und am Schiff. Höchst faszinierend. Es gibt so viele Wracks nahe beieinander in Bikini, alle in diesem großen Goldfischglas«, fügt Doug hinzu. »Wenn man die Schiffe sieht, stellt man sich automatisch vor, wie es gewesen sein muss, auf ihnen zu arbeiten, als sie noch auf dem Wasser schwammen. Wie es gewesen sein muss zuzusehen, wie sie versenkt wurden, die Detonation der Atombomben zu beobachten. Eine der größten Überraschungen auf dieser Reise war die Reaktion meiner Frau Bonnie. Normalerweise hat sie wenig Interesse an Militärgeschichte, ich glaube, das ist überwiegend etwas für Männer. Er machte ihr jedoch großen Spaß, die Geschichte dieser Schiffe und der Tests am Bikini-Atoll zu erkunden, und dadurch, dass wir sie mit eigenen Augen sahen, wurde die Geschichte für sie lebendig.«

DOUG TOTH ist Mitgründer und Mitinhaber (zusammen mit Dean Garraffa) des Ausstatters Atomic Aquatics (www.atomicaquatics.com), der eine Reihe innovativer Tauchprodukte anbietet, darunter den ersten Titanregler der Welt. Nach seiner Ausbildung als Meeresbiologe arbeitete Doug in Teilzeit als Tauchlehrer, bevor er sich schließlich auf Konstruktionstechnik und die Entwicklung von Tauchausrüstungen verlegte. »Ich habe nie vergessen, wie viel schwieriger es war, Tauchanfänger mit Ausrüstung zu unterrichten, die übermäßig kompliziert, unbequem oder schwierig anzuwenden war«, sagt Doug. »Zuverlässigkeit und Sicherheit werden vorausgesetzt, aber die Ausrüstung sollte auch einfach, funktional und angenehm in der Verwendung sein – genau das ist unser Ziel.«

REISETIPPS

- **Anreise:** Zum Bikini-Atoll gelangt man von Majuro auf den Marschallinseln aus mit Air Marshall Islands (www.airmarshallislands.com). Majuro wird von Deutschland aus von mehreren Fluggesellschaften mit zwei Zwischenstopps angeflogen.
- **Beste Reisezeit:** Das Bikini-Atoll ist von März bis November für Tauchgäste geöffnet.
- **Unterkünfte:** Bikini Atoll Diving (www.bikiniatoll.com) ist der einzige Tauchveranstalter auf dem Bikini-Atoll.

Mexiko

AKUMAL

EMPFOHLEN VON **Roxanne Pennington**

Viele Taucher denken bei der mexikanischen Halbinsel Yucatán an das grün schimmernde Wasser der Westkaribik und von Cozumel, vielleicht noch mit einem Seitenblick an die Ruinen von Tulum. Roxanne Pennington denkt bei Yucatán an *cenotes.* »Außerhalb von Akumal in Mexiko liegen Unterwasserhöhlen, die den Mayas heilig waren«, berichtet Roxanne. »Das Wasser ist kristallklar und der Anblick der Stalaktiten und Stalagmiten einfach spektakulär. Wenn das Licht durch Öffnungen fällt, wird es zu einem Strahl voller unglaublicher Farben. Taucht man auf und sieht und hört den Dschungel, bleibt einem schlicht der Atem weg.«

Cenotes sind geologische Phänomene, die überall im Bundesstaat Quintana Roo auf der Ostseite der Halbinsel Yucatán zu finden sind. Warum es so viele *cenotes* in dieser Gegend gibt, hat komplexe Gründe. Die kurze Erklärug ist: Die Oberflächenschicht besteht aus porösem Kalkstein, Reste eines Meeresbodens, der sich hier vor für geologische Begriffe nicht allzu langer Zeit erstreckte. Über Tausende von Jahren sickerte Regenwasser durch den Kalkstein und schuf ein ausgedehntes Netz von unterirdischen Flüssen mit dazugehörigen Höhlen. *Cenotes* sind im Prinzip Dolinen – Karsttrichter, die entstehen, wenn die Kalksteinoberfläche einbricht. Die Mayas verehrten *cenotes* als Portale zu einer spirituellen Welt unter der Erde. In den Ruinen von Chichén Itzá nordwestlich von Akumal haben Taucher Schmuck, Keramik und menschliche Skelette gefunden, die für Opfergaben für die Götter gehalten werden. Auf pragmatischerer, alltäglicher Ebene waren die *cenotes* für die Bewohner von Ost-Yucatán als Süßwasserquelle zum Trinken und Bewässern äußerst wichtig. Manche Städte wurden wegen des erleichterten Zugangs zu Frischwasser um *cenotes* herum angelegt. Heute bieten *cenotes* den zufällig Vorbeikommenden eine herrliche Gelegenheit für ein kühlendes Bad im Süßwasser, Schnorchlern eine interessante Kammer zum Erkunden und Tauchern einen Eingang in ein weitläufiges Unterwasser-Höhlensystem.

Die Cenotes *um Akumal auf der Halbinsel Yucatán bieten Höhlentauchern ein einmaliges Erlebnis.*

»Unter all meinen Taucherlebnissen ist der Besuch in den *cenotes* in vielerlei Hinsicht eine einmalige Erfahrung«, erklärt Roxanne. »Man hat von Anfang an das Gefühl, dass das kein normaler Tauchgang wird! Hat man die Ausrüstung angelegt, geht man einen Pfad hinunter oder auch ein paar Stufen oder eine Holzleiter, bis zum Wasser. Jedes *cenote* hat einen anderen Eingang, der zu seinem ganz eigenen Charme gehört. Das Wasser ist kühl und berauschend, um 24 Grad, also brauchen manche einen Taucheranzug, obwohl die einheimischen Guides in Badehosen hineingehen. Wenn man ins Wasser geht, aber noch vor dem Abtauchen, staunt man über die Geräusche des Dschungels – die Rufe der Affen und der Motmots. Wenn man runtergeht, ist das Wasser so klar, dass man kaum merkt, dass man unter Wasser ist. Die Sicht kann in manchen *cenotes* 100 Meter betragen. Beim Untertauchen sieht man all die unterschiedlichen Farben der verschiedenen Kalksteinformationen, der Stalaktiten und Stalagmiten. Beim Durchschwimmen fallen Lichtstrahlen aus dem *cenote* hindurch. Bei den meisten Tauchgängen gibt es auf halbem Weg einen offenen Raum, der zum Teil über Wasser liegt. Wenn man auftaucht, ist alles still, bis auf die Vögel. Aus einigen dieser Räume kann man ins Laub hinaussehen. Es ist eine inspirierende Erfahrung, sich inmitten der unberührten Wildnis treiben zu lassen. Dort würde ich gerne hinkommen, wenn ich sterbe – das Spiel des Lichts, die Musik der Natur und alles vereint mit meiner Liebe zum Tauchen.«

Beim *cenote*-Tauchen gibt es ein paar ganz eigene Protokolle und Techniken zu beachten. Wie beim Nachttauchen werden alle Teilnehmer mit Taschenlampen ausgestattet, um den Weg durch die Tunnel und Höhlen zu finden. Die Taucher brauchen einen guten Sinn für den Auftrieb, um steuern zu können, wie schnell sie auf- und absteigen. »Man will ja nicht gegen einen Stalaktiten oder Stalagmiten prallen«, fügt Roxanne hinzu. »Erstens haben sie lange gebraucht, um so groß zu werden, also möchte man Respekt zeigen. Und zweitens würde es wehtun. Man braucht auch einen anderen Fußschlag, um nicht die Sedimente am Boden aufzuwirbeln und die Sicht zu verschlechtern. Eine seltsame Erfahrung beim *cenote*-Tauchen sind die Halokline, die entstehen, wenn Salzwasser vom Meer hereinsickert und sich mit dem Süßwasser des unterirdischen Flusses vermischt. Wo das Salzwasser mit seiner höheren Dichte auf das Süßwasser trifft, bei etwa zehn Metern, ist die Sicht verschwommen.« Den Tauchern wird geraten, stets in Sichtweite des Sonnenlichts zu bleiben, aber es gibt auch Markierungen, die durch das *cenote* führen.

Zahlreiche *cenotes* eignen sich zum Tauchen, und jedes Jahr werden nach heftigen Regenfällen neue entdeckt. Viele tragen Namen. »Jedes *cenote* hat andere Farben und Formationen«, sagt Roxanne. »Viele beginnen im Car Wash. Das ist wie ein Pool, man kommt leicht hinein und findet sich leicht darin zurecht. Die Einheimischen kamen früher zum Autowaschen her, daher der Name. Der Kalkstein im Gran Cenote ist vollkommen weiß, was für sich genommen schon fantastisch aussieht. Die meisten *cenotes* sind zehn bis 20 Meter tief. Dos Ojos, über den schon einmal ein IMAX-Film gedreht wurde, reicht 107 Meter in die Tiefe, und in einer seiner Höhlen leben Fledermäuse. Ein herausragendes *cenote* ist für mich der Temple of Doom, vielleicht weil man drei Meter in die Tiefe springen muss, um hineinzugelangen. Ich war das erste Mädchen aus meiner Gruppe, das reinging, weil ich wusste, dass ich kneifen würde, wenn ich nicht sofort sprang.«

Und sollte man doch irgendwann mal von den *cenotes* genug haben – das offene Wasser vor Akumal soll auch ziemlich gut zum Tauchen sein!

ROXANNE PENNINGTON ist Mitinhaberin von DiveTravel.com, Inc. (www.divetravel.com) und Reisejournalistin, Fotografin und Videofilmerin. Roxanne begann ihre Reisekarriere 1982, 1994 machte sie ihren Tauchschein, schloss Weiterbildungen als Master Diver und Cavern Diver ab und erwarb das Nitrox-Zertifikat. Ihre Tauchreisen haben sie schon in die ganze Welt geführt.

REISETIPPS

- **Anreise:** Akumal liegt etwa anderthalb Autostunden vom Cancún International Airport entfernt, der von vielen großen Fluglinien angeflogen wird.
- **Beste Reisezeit:** Man kann das ganze Jahr über in *cenotes* tauchen, die Sommer empfinden jedoch die meisten Besucher als unangenehm warm, und im Frühherbst besteht immer die Gefahr von Hurrikanen. März und April sind die trockensten Monate.
- **Unterkünfte:** Akumal bietet eine breite Palette an Unterkünften, von bescheidenen *palapas* am Strand über All-inclusive-Resorts bis hin zu Ferienhäusern. Auf LocoGringo.com finden Sie einen guten Überblick.
- **Tauchbasen/Guides:** Mehrere Ausstatter führen *cenote*-Tauchgänge durch, auch sie sind auf LocoGringo.com zu finden. Für das Höhlentauchen brauchen Sie einen Guide, sofern Sie nicht als Höhlentaucher zertifiziert sind.

GUADALUPE

EMPFOHLEN VON **Patric Douglas**

Patric Douglas hatte sich nie besonders für Weiße Haie interessiert, schon gar nicht für das Tauchen mit ihnen. Aber nach seiner ersten Begegnung war er süchtig. »Ich leitete ein Unternehmen, das Outdoor-Abenteuer organisierte«, beginnt Patric, »und begleitete jemanden, der Besucher vor die Farallon Islands westlich von San Francisco mitnahm, wo sie Haie beobachteten. Wir zogen einen Robbenköder durch den kalten Nebel hinter uns her, ohne so richtig zu wissen, was uns erwartete, als ein prächtiges Fünfeinhalb-Meter-Exemplar aus dem Wasser geschossen kam. So was hinterlässt schon einen bleibenden Eindruck. In diesem Augenblick wusste ich, dass Haie und das Haitauchen von nun an viel Raum in meinem Leben einnehmen würden. 1998 hörten wir erstmals Berichte von Fischern, die vor Guadalupe, einer 340 Kilometer südwestlich von San Diego gelegenen Insel, auf große Gruppen von Haien trafen«, fährt Patric fort. »Sie kamen aus der Tiefe und schnappten sich die 90 Kilo schweren Gelbflossen-Thunfische direkt am Boot von den Angelschnüren. 2001 unternahm Doc Anes eine Expedition dorthin und ließ einen Haikäfig zu Wasser. Zwei Stunden später umkreisten vier Weiße Haie die Taucher bei einer Sicht von 30 Metern. Südafrika war damals die Hochburg der Weißen Haie, aber schon wegen der Anzahl von Tieren, denen wir begegneten, wusste ich, dass das etwas Besonderes war.«

Wer sich in die Gewässer von Guadalupe wagt, begegnet mit größter Wahrscheinlichkeit bei jedem Tauchgang Weißen Haien – im sicheren Aluminiumkäfig natürlich.

Guadalupe ist eine 230 Quadratkilometer große Vulkaninsel. Zu Beginn des 19. Jahrhunderts diente sie als Versorgungsstation für russische Wal- und Robbenfänger, heute leben dort eine Handvoll Abalone- und Hummerfischer sowie Haiforscher. Den Wissenschaftlern zufolge verbringen die Haie, die jedes Jahr im Herbst nach Guadalupe kommen, um sich an den Thunfischschwärmen und den endemischen Guadalupe-Seebären gütlich zu tun, den Großteil des Jahres in der Tiefsee des mittleren Pazifiks, zusammen mit den Haien, die in Año Nuevo und an den Farallons auftauchen.

Weiße Haie stehen in der Meereswelt unbestritten an der Spitze der Nahrungskette. Nur Schwertwale, gut bewaffnete Menschen und andere Weiße Haie stellen für sie eine Gefahr dar. Es wurde von *Carcharodon carcharias* (so der wissenschaftliche Name) berichtet, die eine Länge von 7,50 Meter erreichten, wobei 3,50 bis fünf Meter bei einem Gewicht von 900 bis 1100 Kilogramm typischer sind. Weiße Haie fressen so ziemlich alles, was ihnen über den Weg schwimmt, auch große Fische und Walkadaver. Am liebsten scheinen ihnen jedoch Mitglieder der Robbenfamilie zu sein – Seebären, Seelöwen und See-Elefanten. Angriffe auf Menschen, vor allem auf Surfer, werden häufig auf Verwechslungen zurückgeführt: Von unten kann ein Surfboard oder ein Mensch im Taucheranzug schon mal einen Seelöwen ähneln. Weiße Haie leben in den meisten Ozeanen der Welt, teilweise in Tiefen von 1200 Metern. Daten von Satellitensendern haben gezeigt, dass einzelne Fische oft Tausende von Kilometern pro Jahr zurücklegen. In einer Untersuchung wanderte ein Hai über 19 000 Kilometer in neun Monaten! Auch wenn Steven Spielbergs Hai Schwimmer im fiktiven Seebad Amity bedrohte, findet man die meisten Weißen Haie in den Gewässern vor Südafrika, an der Südküste von Australien, vor Kalifornien und um die Insel Guadalupe.

Die Käfige, die das Haitauchen vor Guadalupe ermöglichen, bestehen aus Aluminiumstangen von 2,5 Zentimetern Kantenlänge und haben eine Druckfestigkeit von 2200 Kilogramm, um einem neugierigen Weißen Hai standhalten zu können, falls der beschließt, den Taucher einmal genauer unter die Lupe zu nehmen. Die Taucher werden in Vierergruppen aufgeteilt und wechseln sich den ganzen Tag über im Haikäfig ab. Begegnungen mit Haien sind praktisch bei jedem Tauchgang garantiert.

Patric Douglas und sein Team haben dabei geholfen, 160 Tiere zu identifizieren, die regelmäßig zu ihren Käfigen kommen, teilweise nur wenige Hundert Meter vor der Küste. Viele von ihnen haben inzwischen Namen. »Ein Weibchen nennen wir Scarboard«, erzählt Patric, »wegen der große Narben an seiner rechten Flanke. Wir erkennen es immer schon von Weitem, weil es immer Pilotfische bei sich hat. Ein anderer häufiger Besucher ist Shredder, der sich seinen Namen auf suspekte Weise während unserer ersten Saison hier verdiente. Ich war gerade mit dem Kapitän Greg Grivetto auf dem Brückendeck, als es vor dem Bug einen gewaltigen Klatscher gab. Als wir hinunterschauten, sah einer unserer Gäste kreidebleich zu uns herauf. Ich dachte, es sei jemand über Bord gegangen. Der Gast rief uns zu: ›Der größte Hai, den ich je gesehen hab, kam gerade aus dem Wasser geschossen und hat Ihre Ankertrosse zerbissen, jetzt treiben wir!‹ Greg, der neben mir stand, sagte: ›Das kann nicht sein.‹ Schließlich ist die Trosse armdick und kann ein 30 Meter langes Schiff bei allen Wetterbedingungen halten. Bald tauchte ein Besatzungsmitglied auf und zog herein, was von der Trosse übrig war – sie war vollkommen zerfetzt. Ein Biologe, der mit uns über Weiße Haie forscht, stellte die Theorie auf, dass Shredder unser Boot vielleicht für einen großen Wal gehalten hatte und die Trosse für ein Stück Darm – das ist das Erste, was Haie gern fressen, wenn sie einen Walkadaver finden.«

Ein weiterer regelmäßiger Gast vor Guadalupe verdiente sich seinen Spitznamen Fat Tony durch seine Einschüchterungstaktiken nach Mafiaart, erzählt Patric. »Fat Tony schlägt gern mit dem Schwanz von unten gegen den Käfig. Wir wissen nicht genau, warum er das tut, aber wir glauben, er versteht, dass die Wesen im Käfig dann reagieren, und auf eine Reaktion ist er aus. Manche Haie interessieren sich überhaupt nicht für die Taucher im Käfig, andere schon. Was noch unheimlicher ist: Manchmal scheint es ein Hai auf einen ganz bestimmten Taucher abgesehen zu haben. Ein Hai kann seine Augen bewegen; wenn er eine Person ansieht, heftet er seinen Blick im Vorbeischwimmen auf diesen Taucher, bis das Auge fast eine halbe Umdrehung gemacht hat. Wenn so ein Hai dich ansieht, dann gibt es plötzlich nichts anderes mehr auf der Welt – nur noch dich und den Hai. Das ist schon ein seltsames Gefühl, wenn ein dermaßen furchteinflößendes Raubtier wie der Weiße Hai dir so nahe kommt und sich dann auch noch für dich interessiert.«

PATRIC DOUGLAS arbeitet seit Beginn der 1990er-Jahre in der Reisebranche. Er leitete Abenteuertouren unter anderem in Vietnam, China, Bali, Australien, Neuseeland und Lateinamerika. 2000 gründete er SharkDiver.com. Das Unternehmen bietet Hai-Expeditionen auf den Bahamas und weltweit an. Unter anderem wurde bereits auf dem *National Geographic Channel* und dem *Discovery Channel* über Shark Diver berichtet.

REISETIPPS

▶ **Anreise:** Guadalupe liegt etwa 340 Kilometer südwestlich von San Diego, das man von Deutschland aus mit einem Zwischenstopp erreicht.

▶ **Beste Reisezeit:** Weiße Haie sieht man vor Guadalupe von August bis November.

▶ **Unterkünfte:** Es gibt mehrere Veranstalter für diese Gegend, unter anderem Patrics Unternehmen Shark Diver (www.sharkdiver.com).

Mexiko

SANTA ROSALIA

EMPFOHLEN VON **Scott Cassell**

Die Cortes-See ist vor allem bekannt für die vielen Wale im Spätwinter und Frühling. Scott Cassell zieht jedoch der Kalmar, genauer gesagt *Dosidicus gigas*, der Humboldt-Kalmar, in Richtung Süden zur Baja California. »Jeder kann in klarem Wasser schwimmen und hübsche Fische bewundern«, erklärt Scott. »Ich selbst bin vor allem Forscher und Entdecker und suche mir am liebsten schwierige Expeditionen. Santa Rosalia passt auf jeden Fall in mein Konzept. Diese Kalmare werden bis zu 100 Kilogramm schwer, vielleicht noch viel schwerer, und in bestimmten Situationen greifen sie Menschen an und töten sie. Seit 13 Jahren schwimme ich mit diesen Tieren und filme sie – sie faszinieren mich. Ich möchte gern mehr über sie und ihr Leben bekannt machen und mehr Menschen für sie begeistern. Ich bekomme immer mehr Anfragen von Leuten, die mit mir tauchen möchten, um die Kalmare hautnah zu erleben – allerdings kann ich mir nicht vorstellen, richtige Tauchtouren zu leiten, auch wenn ich gerne Gäste mitnehme.«

Der Humboldt-Kalmar verdankt seinen Namen dem Humboldtstrom vor Peru, wo das Tier erstmals gesichtet wurde. Sein Spitzname lautet *Demonio Rojo*, »roter Dämon«. Er wird zwei Meter lang und länger, wobei der Körper mit den inneren Organen (darunter drei Herzen) und den großen Augen zum Sehen bei Nacht etwas mehr als die Hälfte ausmacht und die acht Arme und zwei Tentakel den Rest. An jedem Arm sitzen 150 bis 200 Saugnäpfe, jeder mit einem Chitinring ausgestattet, die mit 15 bis 30 messerscharfen Zähnen besetzt sind. Ihre Beute, die oft auch aus anderen Humboldt-Kalmaren besteht, fangen sie, indem sie ihre Arme um sie schlingen und mit den Zähnen auf den Chitinringen und dem Schnabel Stücke herausbeißen. (Forscher haben wiederholt beobachtet, wie eine Gruppe Kalmare brutal auf einen Artgenossen losging, der am Haken eines Fischers hing oder verletzt war.) Ihre Körper sind übrigens nicht wirklich rot. Die Haut des Kalmars ist transparent, und die

Klüger als ein Hund und elfmal so stark wie ein Mensch: Dem Humboldt-Kalmar sollte man mit einer gehörigen Portion Respekt begegnen.

Muskeln darunter sind weiß mit rot pigmentiertem Gewebe. Sie besitzen jedoch Tausende von Chromatophoren (Pigmentzellen), die sich unabhängig voneinander öffnen und schließen können. Wenn sich die Chromatophoren öffnen, erscheinen sie rot, in geschlossenem Zustand weiß.

Humboldt-Kalmare leben überall im Ostpazifik, von der Südspitze Südamerikas bis nach Kalifornien und vereinzelt sogar bis Alaska. In der Cortes-See sind die Bestände in den letzten Jahren gestiegen; Scott und andere Wissenschaftler führen dies auf den Rückgang von Räubern wie Haien und Speerfischen zurück. Humboldt-Kalmare ziehen in der Regel in großen Schwärmen von bis zu 1000 Tieren umher und verbringen den Großteil ihrer Zeit in Tiefen von 180 Metern und mehr. Scott weiß die großen Kopffüßer ins rechte Licht zu rücken: »Sie sind elfmal stärker als ein Mensch und klüger als ein Hund. Sie schwimmen in wenigen Metern Entfernung vorbei und überlegen, wie sie es anstellen sollen, dich zu fressen. Es ist wie ein Zusammentreffen mit Außerirdischen.«

Seine allererste Begegnung mit den Kalmaren könnte man eher als Überfall bezeichnen. »Die Kurzversion lautet: Ein paar Kalmare haben mich aufgemischt. Ich hatte von Humboldt-Kalmaren gehört, als ich Grauwale in der Laguna San Ignacio filmte. Also fuhr ich nach Süden bis La Paz, um unter ein paar Fischerbooten zu tauchen. Bald war ich von Kalmaren umzingelt. Einer haute mir meine Kamera ins Gesicht. Ein anderer wickelte sich halb um meinen Kopf und kugelte mir die rechte Schulter aus. Inzwischen verbiss sich ein dritter in meine Brust, und die Gruppe schleppte mich innerhalb von Sekunden zwölf Meter in die Tiefe, wobei mein Trommelfell riss. Es gelang mir, mich zu befreien und zur Oberfläche aufzusteigen. Ich habe immer noch Narben am Hals und an der Wange von dieser Begegnung. Mir wurde klar, dass ich eine Möglichkeit finden musste, ihnen nahe genug zum Filmen zu kommen und gleichzeitig geschützt zu bleiben. Dabei kam mir die Rüstung der Sturmtruppen in *Star Wars* in den Sinn. Ich nahm Kontakt mit Lucas Films auf, und sie schickten mir die Gussformen zu. Ich modellierte damit einen Anzug aus Glasfaserstoff, den ich später noch mit Kevlar fütterte, und er funktionierte auch ganz gut – bis die Kalmare bemerkten, dass Knie und Ellbogen ungeschützt blieben. Bald darauf lernte ich Jeremiah Sullivan kennen, einen führenden Haiforscher, und zusammen entwickelten wir den Schutzanzug, den ich heute trage: eine Variante des üblichen Haischutzanzugs, der robust genug ist, um dem Kalmarschnabel zu widerstehen.«

Humboldt-Kalmare aus nächster Nähe zu erforschen ist nichts, was man auf eigene Faust versuchen sollte. Scott hat einen Crashkurs für den Umgang mit den Tieren entwickelt, die Squid School. »Wenn die Teilnehmer nach Santa Rosalia kommen, wo Kalmare nicht gefangen werden und daher in ihrem natürlichen Verhalten beobachtet werden können, gehen wir am ersten Tag nur zusammen essen, um uns kennenzulernen. Am nächsten Tag gibt es eine interaktive Präsentation über die Cortes-See und die Anatomie und Physiologie der Kalmare. Ich zeige den Teilnehmern Filme, bei denen sie die Tiere in Bewegung sehen, darunter auch Material mit Angriffen auf Menschen. Als Nächstes stelle ich den Schutzanzug vor. Die Teilnehmer probieren ihn an, und wir machen ein paar Fotos. Dann erklären wir unser Seilsystem. Erst wenn man versteht, wie der Schutzanzug funktioniert und wo man sich im Wasser aufhält – meist in zwölf Meter Tiefe –, kann man sich auf das Verhalten dieses Außerirdischen konzentrieren.« Das Protokoll beim Kalmartauchen ist einfach: Sobald die Taucher zwölf Meter erreichen und am Einhängeseil festgemacht sind, wird vom Deck eine Lockvorrichtung (ähnlich einem Kunstköder) auf 150 bis 180 Meter Tiefe abgesenkt. Der Köderwerfer spürt, wenn Kalmare am Köder sind, und wenn der Köder dann hochgezogen wird, folgen die Kalmare – und die Vorstellung beginnt. Sofern man nicht in einen Futterrausch der Tiere hineingerät, ist die Gefahr eines Angriffs gering. Keinem von Scotts Gästen ist bisher etwas geschehen.

Um Kalmare in großen Tiefen zu filmen, hat Scott einmal am Morgen einen Humboldt-Kalmar gefangen, ihn mit einer speziellen Videokamera an einem dünnen Haltekabel versehen und wieder freigelassen. Am Ende des Tages holte er das Tier wieder hoch und nahm ihm die Kamera ab. »Mit der *squid cam* habe ich die zarten Seiten dieser furchtbaren Räuber sehen können – Paarung und Balz«, erklärt er. »Sie können sehr sanft, vorsichtig und behutsam sein. Ich war beeindruckt, wie rücksichtsvoll die Tiere miteinander umgingen. Das passte überhaupt nicht zu meinen Eindrücken der letzten zehn Jahre, in denen ich nur ihre intelligente Nahrungsbeschaffung gesehen hatte und ihre Brutalität.«

SCOTT CASSELL taucht seit 1977 und hat bereits über 12 000 Tauchstunden absolviert. Er ist zugelassener Mischgas-Berufstaucher, Entdecker und Filmemacher, seit 20 Jahren Anwender von geschlossenen Kreislauftauchgeräten und qualifizierter Tauchboot-Pilot der US-Küstenwache. Als erster Mensch in der Geschichte filmte er den zehn bis zwölf Meter langen und bis zu 800 Kilogramm schweren Riesenkalmar in seinem natürlichen Lebensraum auf Beutejagd. Scott Cassell hält den Weltrekord für die längste von einem Taucher zurückgelegte Distanz (83 Kilometer in 9,5 Stunden, Nonstop-Sättigungstauchgang). Er verwendete dabei einen Schleppgleiter für Taucher, den er selbst entwickelt hatte, um beim

Unterwasserfilmen auf offener See größere Gebiete abzudecken. Scott lehrte mehrere Jahre lang am College of Oceaneering und ist zudem PADI-Tauchlehrer. In der MTV-Sendung *Wildboyz* ist er gelegentlich auch im Fernsehen zu sehen. Seine Arbeiten über die Humboldt-Kalmare wurden in mehr als sechs Produktionen des *Disney Channel* sowie im *History Channel*, auf *Animal Planet* und in der *BBC* ausgestrahlt, ganz zu schweigen von der Disney-DVD *20 000 Meilen unter dem Meer*, auf der seine Aufnahmen der Humboldt-Kalmare als Bonustrack enthalten sind. Als ausgebildeter Dive Supervisor und Dive Medical Technologist der US-Marine wirkte Scott bei maritimen Geheimoperationen zur Terrorismusbekämpfung mit, häufig in Hochrisikogebieten.

REISETIPPS

- **Anreise:** Scott Cassell (und seine Partnerin Shawna Meyer) betreiben ihre Expeditionen von Santa Rosalia in Mexiko aus. Von Deutschland aus gibt es Flüge mit zwei Zwischenstopps ins nahe Loreto.
- **Beste Reisezeit:** Gegenwärtig kann man nur mit Scott zusammen mit den Humboldt-Kalmaren tauchen gehen. Er führt seine Expeditionen von März bis Oktober durch.
- **Unterkünfte:** Das Las Casitas Hotel (www.santarosaliacasitas.com) ist die Unterkunft der Wahl für die Expeditionen von SquidDiving.com.
- **Tauchbasen/Guides:** Expeditionen zu den Humboldt-Kalmaren werden von Squid Diving.com (www.squiddiving.com) arrangiert und dauern in der Regel fünf Tage. In Niederkalifornien finden Sie jedoch sicher weitere Attraktionen, die Sie Ihren Aufenthalt noch ein wenig verlängern lassen.

Mexiko

SOCORRO ISLAND

EMPFOHLEN VON **Mark Talkovic**

»Wenn man in Kalifornien aufwächst und tauchen lernt, trifft man im Wasser selten auf etwas Großes, schon gar nicht aus nächster Nähe«, sagt Mark Talkovic. »Und wenn doch, hält man ›groß‹ instinktiv für ›gefährlich und hungrig‹. Das gilt aber nicht für die gewaltigen Mantarochen von Socorro.«

Die Insel Socorro liegt rund 400 Kilometer südlich von Cabo San Lucas vor der Südspitze von Niederkalifornien. Sie ist mit 130 Quadratkilometern die größte der Revillagigedo-Inseln, von denen übrigens auch San Benedicto ein lohnendes Tauchziel darstellt. Die erste Begegnung der Europäer mit der unbewohnten Insel erfolgte im frühen 16. Jahrhundert, als spanische Eroberer auf das Eiland kamen und es Saint Thomas nannten. Die Insel wechselte noch einige Male den Namen, bevor sie 1608 schließlich Socorro – Spanisch für »Hilfe« – getauft wurde. Dass dieser Name schließlich hängen blieb, spricht für Socorros Abgeschiedenheit. »Die Inseln sind vulkanischen Ursprungs und erheben sich steil über dem Meeresgrund«, erläutert Mark. (Auf Socorro gibt es immer noch aktive Vulkane, der letzte Ausbruch erfolgte erst 1993.) »Man kann 100 Meter vor der Küste schwimmen und hat plötzlich 150 Meter Wasser unter sich. Durch den Aufbau dieses abgelegenen Fleckens im Meer kommen viele große Freiwassertiere vorbei, auch Mantarochen. Auf manchen Tauchgängen sausen sie umher wie Hunde im Park. Manche folgen einem sogar wie kleine Hunde!« (Einige Experten sind der Meinung, dass das freundschaftliche Verhalten der Tiere Menschen gegenüber auf einer Verwechslung beruht: Möglicherweise sehen Mantarochen Menschen als riesige Putzerfische an!)

Mark kam nach dem Abschluss einer Expedition nach Socorro, um seine neu erworbenen Fotografiekenntnisse zu verfeinern. »Ich hatte gerade den Unterwasserfotokurs am Brooks Institute of Photography beendet, auf einem alaskischen Ringwadenschiff namens

»Just Love«, das zu einem schwimmenden Klassenzimmer umgebaut worden war«, erklärt Mark. »Wir schipperten von Santa Barbara in Kalifornien nach Süden, an Niederkalifornien entlang, fuhren in alle kleinen Buchten hinein und tauchten dabei die ganze Zeit. Schließlich landeten wir auf Socorro. Ich war danach noch zweimal dort. Manche nennen Socorro das Galapagos von Mexiko, da es dort eine Reihe endemischer Landpflanzen und -tiere gibt. Socorro ist ziemlich üppig bewachsen; auf der nur 25 Kilometer entfernten Insel San Benedicto sieht es dagegen aus wie auf dem Mond. Der Kontrast ist verblüffend. Auf Sorocco gibt es zwar eine kleine mexikanische Marinestation, aber keine Touristenunterkünfte; man kann nur mit dem Tauchschiff herkommen und fährt ein bis zwei Tage, bis man hier ist.«

Mit ihren ausladenden »Flügeln« (Brustflossen) und den anmutigen Pirouetten gehören die Mantarochen zu den besonders charismatischen Arten der tropischen Gewässer. Als größte Mitglieder der Rochenfamilie können sie eine Länge von 3,50 Metern und mehr erreichen, eine Spannweite von sechs Metern und ein Gewicht von über 2000 Kilogramm. Trotz ihrer gewaltigen Größe ernähren sich die äußerst friedfertigen Wesen ausschließlich von Plankton und kleinen Fischen, die sie mit ihren charakteristischen »Hörnern« in ihr ausladendes Maul lenken. Es gibt mehrere Tauchplätze auf der Welt, an denen man mit recht hoher Wahrscheinlichkeit auf Mantarochen trifft, beispielsweise beim berühmten Nachttauchen vor Kona (Hawaii) und vor Yap (Mikronesien), aber was die ständige Anwesenheit sehr großer Mantas angeht, bleibt Socorro wohl unübertroffen. »In drei Wochen auf Socorro sahen wir bei 75 Prozent unserer Tauchgänge mindestens einen Mantarochen«, erzählt Mark. »An einigen Stellen, an denen die Rochen sich von Rifffischen putzen lassen, sieht man manchmal sechs oder sieben auf einmal. Sie schwimmen an den großen Felsen vorbei, halten an, schweben auf der Stelle, und die Rifffische kommen heraus und putzen sie. Der Taucher muss praktisch gar nichts tun außer warten, und das in nur viereinhalb bis sechs Metern Tiefe! Sie sind so elegant, sie erinnern mich immer an Ballerinas. Erst kommen sie vorbeigeschossen, dann ändern sie mühelos die Richtung. Nachts schläft man zum Geräusch springender Rochen ein. Es gibt dort so viele Mantarochen, dass wir nach einer Weile fast abstumpften. ›Oh, schon wieder ein Sechs-Meter-Mantarochen. Sehen wir mal unter dem Stein da nach – vielleicht finden wir eine Krabbe!‹«

Mantarochen sind nicht die einzigen interessanten Freiwassertiere um Socorro und das benachbarte San Benedicto. Auch verschiedene Haiarten lassen sich regelmäßig hier blicken, darunter Weißspitzenhaie, Galapagoshaie, Seidenhaie, Silberspitzenhaie und seltener auch Tigerhaie und Walhaie. (Die Gewässer um San Benedicto tauchen im Film *The*

Einer von Socorros überdimensionierten Mantarochen erfreut einen Taucher mit einer Pirouette.

Man Who Loves Sharks von Stan Waterman und Howard Hall auf.) Stachelmakrelen, Wahoos und riesige Gelbflossen-Thunfische trifft man ebenfalls regelmäßig an. »Einmal habe ich einen Schwarm Stachelmakrelen von links nach rechts schwimmen sehen«, erinnert sich Mark, »und er hörte gar nicht mehr auf. Stachelmakrelen, so weit das Auge reichte. Es dauerte eine Stunde, bis er vorbeigezogen war! In größeren Tiefen, auf etwa 30 Metern, trifft man manchmal auch auf Schulen von Hammerhaien.«

MARK TALKOVIC ist ROV-Pilot (ROV = Remotely Operated Vehicle) am Monterey Bay Aquarium Research Institute (MBARI), wo er seit 1998 angestellt ist. Er kümmert sich um Betrieb, Wartung und Versorgung des ROV »Ventana«, einschließlich Entwurf und Herstellung von Unterwasser-Druckgehäusen, ROV-Hardware, Werkzeugen und Probenausrüstung. Zuvor verbrachte Mark acht Jahre als heimatloser Bootsmann, der auf Forschungsschiffen mitfuhr (hauptsächlich in der Antarktis) und zum Spaß reiste. Wenn er nicht gerade am MBARI ist, füllt er seine Tage mit gelegentlichen ROV-Auftragsfahrten, Tauchen, Snowboarden, Wandern, Reisen und Renovierungsarbeiten.

REISETIPPS

- **Anreise:** Die Tauchschiffe nach Socorro legen meist von Cabo San Lucas (oder dem benachbarten San Jose del Cabo) ab, das von Deutschland aus mit einem Zwischenstopp angeflogen wird.
- **Beste Reisezeit:** Charterfahrten nach Socorro finden von November bis Mai statt, wenn die ruhigere See die Überfahrt erleichtert.
- **Unterkünfte:** Mehrere Tauchschiffe bieten Expeditionen nach Socorro an, zum Beispiel die »Solmarv« (www.solmarv.com) und die »Nautilus Explorer« (www.nautilusexplorer.com).

Mikronesien

LAGUNE VON CHUUK

EMPFOHLEN VON **Cliff Horton**

Zahllose Hobbytaucher ließen sich zu ihrem ersten Tauchgang hinreißen, nachdem sie Jacques-Cousteau-Dokumentationen im Fernsehen gesehen hatten. Eine solche Sendung war es auch, die Cliff Horton auf die Lagune von Chuuk aufmerksam machte. »In den Dokumentationen hatte ich gesehen, wie aus den Schiffswracks aus dem Zweiten Weltkrieg in der Lagune fantastische Riffe geworden waren«, beginnt Cliff. »Viel später hörte ich, dass Chuuk in Tauchkreisen zu den fünf besten Tauchplätzen gehörte, dass aber nur wenige jemals dort hingelangten. Es stellte sich heraus, dass ein Freund von mir und jetziger Geschäftspartner dort gewesen und entsprechend beeindruckt wiedergekommen war. Einige Jahre später fuhr ich als Gast auf einem Boot mit. Ich staunte über die Vielfalt der Tierwelt in den Wracks – in einigen lebten mehr Arten als auf den natürlichen Riffen ganz in der Nähe. Chuuk gehört zu den wenigen Orten, an denen man eine fantastische Fauna und gleichzeitig Geschichte zum Anfassen erleben kann.«

Die Lagune von Chuuk liegt im mikronesischen Bundesstaat Chuuk am östlichen Rand der Karolinen, etwa 1000 Kilometer südöstlich von Guam. Der Großteil der Bevölkerung von Chuuk lebt an der Lagune, die einen Durchmesser von 65 Kilometern hat. In den frühen Jahren des Zweiten Weltkriegs machten die Japaner Chuuk zur Hochburg ihrer Truppen im Südpazifik. Teilweise waren mehr als 1000 Schiffe (Patrouillenboote, Minenräumer, U-Boote, Schlepper, Landungsboote usw.) und 500 Flugzeuge auf Chuuk stationiert, das mit seinem tiefen Wasser, dem umgebenden Riff und dem Ring bergiger Inseln eine natürliche Festung bildete. Die Alliierten versuchten, eine Blockade um Chuuk zu errichten, und es gelang ihnen auch, Versorgungsschiffe abzufangen. Das endgültige Aus für die Chuuk-Garnison des japanischen Kaiserreichs war die »Operation Hailstone«, ein Überraschungsangriff unter Leitung der US-Marine im Februar 1944, der 70 Schiffe und

Hunderte von Flugzeugen in der Lagune versenkte. Erst Mitte der 1960er-Jahre erkannten Cousteau und andere Tauchpioniere das Potenzial der Lagune von Chuuk.

Mit 70 versunkenen japanischen Schiffen, relativ seichtem und zweifellos ruhigem Wasser ist Chuuk ein wahres Paradies für Wracktaucher.

»Ich war schon an anderen Orten wracktauchen«, erzählt Cliff. »Meist an Stellen, wo Schiffe absichtlich versenkt wurden, um künstliche Riffe zu schaffen. Die Schiffe wurden vorher entsprechend gesäubert und ausgeräumt. Oder es waren natürliche Wracks, die so sehr dem Wetter und der Strömung ausgesetzt waren, dass es eher Metallhaufen waren als intakte Schiffe. In Chuuk hat die Lagune die Schiffe sehr gut abgeschirmt. Sie werden nicht dauernd von Wellen und anderen Faktoren im Meer malträtiert. Da sie mitten im Kampf versenkt wurden, stecken sie voller zeittypischer Gegenstände, die sie zum Leben erwecken. Man kann sich tatsächlich vorstellen, wie die Menschen dort ihre alltägliche Arbeit verrichtet haben. Das Tauchen ist auch nicht weiter schwierig; die meisten Wracks liegen in 15 bis 30 Meter Tiefe, die Strömung ist schwach und die Sicht gut. Auch wer nicht viel Erfahrung im Wracktauchen hat, kann hier sicher und bequem tauchen. Und die Bedingungen in Chuuk sind sehr konstant. Über Wasser gibt es mal mehr und mal weniger Regen, aber die Tauchbedingungen sind immer ähnlich.«

Jeder, der einmal in Chuuk getaucht ist, hat ein Lieblingswrack – oder auch fünf oder sechs! Cliff Horton fallen mindestens drei ein, wobei die »Fujikawa Maru« für ihn den Spitzenplatz belegt. »Die ›Fujikawa Maru‹ war ein Flugzeugtransporter. Es haben sich viele Meerestiere auf dem und um das Wrack angesiedelt, aber das Besondere sind die Artefakte im Frachtraum, darunter auch intakte japanische Kampfflugzeuge. In den Frachtraum kommt man ohne Schwierigkeiten hinein, und es gibt auch eine gut erhaltene Maschinenwerkstatt. Die ›Shinkoku Maru‹ ist ein anderes meiner Lieblingswracks. Dieses Schiff war ein Öltanker und vereint eine vielfältige Meeresfauna mit interessanten Aufbauten. Bugwärts und achtern stehen Pfosten und Masten, die voller Korallen hängen; das Deck ist von Weichkorallen und Anemonen überzogen und lockt jede Menge Fische an, darunter viele kleine tropische Arten. Eine Pipeline läuft über die gesamte Länge des Schiffs, und Anemonen wachsen auf ihr, manche 1,20 bis 1,50 Meter im Durchmesser. Außerdem hat man hier ganz unterschiedliche Tiefen: Der Bug liegt auf etwa 15 Metern, das Heck eher bei 30 Metern. Im Inneren befindet sich ein Operationssaal, denn die ›Shinkoku Maru‹ wurde auch als Lazarettschiff genutzt. Man findet noch einen Autoklaven, Ampullen mit Arzneimitteln und einen OP-Tisch.

Ein weiterer Favorit ist für Cliff die »Hoki Maru«. »Das Schiff ist eigentlich ein halbes Wrack – der Bugteil wurde während des Bombardements zerstört«, erklärt Cliff. »Die ›Hoki

Maru‹ transportierte Ausrüstung und Vorräte für den Bau von Flugpisten und Straßen. Der Frachtraum ist größtenteils intakt geblieben und steckt voller Schwermaschinen, alle sauber abgestellt: ein Bulldozer, Wassertanker, Dampfwalzen, Traktoren, Lastwagen. Man kann herumschwimmen und sich die Messgeräte auf den Lastern ansehen. Es ist verblüffend, wie gut sie erhalten geblieben sind. Mich wollten schon Gäste davon überzeugen, dass einige der Lastwagen von Ford hergestellt wurden – aber das stimmt nicht. Es gibt ein interessantes Phänomen in Chuuk«, fährt Cliff fort. »Viele Besucher kommen, weil sie die Wracks sehen wollen. In der Regel sind es Männer, die sich für den Zweiten Weltkrieg oder Militärgeschichte im Allgemeinen interessieren. Oft ist das eine Traumreise für sie, die sie zum Geburtstag oder zum Renteneintritt geschenkt bekommen, und häufig kommen ihre Frauen als Begleitung mit, obwohl sie wenig oder kein Interesse an den militärischen Aspekten der Reise haben. Nach dem Tauchgang in Chuuk mit ihrem Mann ist die Frau aber oft so beeindruckt von der Meeresfauna, dass sie unbedingt wiederkommen will.«

CLIFF HORTON ist Offizier und Geschäftsführer auf der »Odyssey Adventures« (www.trukodyssey.com), einem der besten Tauchschiffe Mikronesiens, das in der Lagune von Chuuk ankert. Der Tauchlehrer und leidenschaftliche Unterwasserjäger taucht häufig in seinen Heimatgewässern vor der Küste von Nordost-Florida.

REISETIPPS

- **Anreise:** Chuuk erreicht man über Guam, das verschiedene Linien von Deutschland aus mit zwei Zwischenstopps anfliegen.
- **Beste Reisezeit:** In Chuuk gibt es Cliff zufolge zwei Jahreszeiten: Regen und noch mehr Regen. Von Januar bis April regnet es weniger, und die Sicht ist besser, im Juli und August ist das Wasser sehr ruhig. Tauchern steht die Lagune das ganze Jahr über offen.
- **Unterkünfte:** Es gibt mehrere Tauchschiffe, die Chuuk anfahren, darunter die »Odyssey Adventures« (www.trukodyssey.com) und die »Thorfinn« (www.thorfinn.com). An Land kommt man etwa im Blue Lagoon Dive Resort (www.bluelagoondiveresort.com) gut unter.
- **Tauchbasen/Guides:** Der Blue Lagoon Dive Shop (www.truk-lagoon-dive.com) bietet Tagesausflüge vom Blue Lagoon Dive Resort aus an.

Mosambik

INHAMBANE

EMPFOHLEN VON **Sheldon Hey**

Zu Hause in Südafrika liegen Tauchplätze der Superlative praktisch direkt vor Sheldon Heys Tür. Doch als er einmal ein Abenteuer erleben wollte, machte er sich auf den Weg nach Norden, nach Mosambik. »Mein allererstes Taucherlebnis hatte ich in Mosambik an einer Stelle namens Ponta d'Ouro«, erzählt Sheldon. »Sie gehörte zu den ersten Tauchplätzen, die nach dem Ende des schrecklichen Bürgerkriegs im Land für den Tourismus geöffnet wurden, und damals gab es noch nicht viele Besucher dort, weil die Gegend als gefährlich galt. Es lagen da noch immer einige Landminen. Ich legte mein Freiwasserzertifikat ab und verliebte mich in den Ort. Es war, als würde man 50 Jahre in die Vergangenheit zurückreisen. Infrastruktur war kaum vorhanden, aber das Tauchen und der Geist des Landes gefielen mir: rohes, unerschlossenes Afrika mit einem Hauch lateinamerikanischer Leidenschaft.

Einige Jahre später wurden immer mehr Taucher auf das Land aufmerksam. Ich beschloss, mit einem Freund durch Mosambik zu reisen. Wir zogen unseren Plan durch, obwohl wir viel darüber gehört hatten, wie furchtbar Mosambik für Reisende ist, vor allem mit dem Auto. Das war überhaupt nicht so. Besonders gefiel uns die Region um Inhambane auf einer Halbinsel vor der Küste. Ich war inzwischen fünfmal dort, und es ist noch immer eins meiner Lieblingsreiseziele. Es eignet sich nicht unbedingt für jeden, denn das Reisen in Mosambik hat immer noch etwas von Abenteuer. Ich staune immer wieder über die Energie und die Lebenslust der Menschen dort, wenn man bedenkt, wie wenig sie besitzen. Sie lieben den Tanz, die Musik, gehen gern aus. In Inhambane kann man sich mühelos unter die Einheimischen mischen, was die Reiseerfahrung noch mal vertieft.«

Die Republik Mosambik liegt am Indischen Ozean in Südostafrika und grenzt im Süden an Südafrika, im Norden an Tansania. Ihre Küste ist 2500 Kilometer lang. Wie so viele Staaten südlich der Sahara blickt Mosambik auf eine bewegte Vergangenheit zurück.

Nach seiner Entdeckung durch Vasco da Gama im Jahr 1498 wurde das Land von Portugal kolonialisiert. Die Portugiesen waren aktiv im Sklavenhandel und investierten wenig in Land und Leute. Mitte der 1970er-Jahre befreite eine bewaffnete Revolution Mosambik schließlich, jedoch brach kurz nach der Unabhängigkeit ein Bürgerkrieg aus. Nachdem mehr als eine Million Menschen darin umgekommen war, gelang endlich die Aussöhnung. Als eins der ärmsten Länder der Welt hat Mosambik seither beachtliche Fortschritte gemacht, was die Verbesserung der wirtschaftlichen Lage seiner Bürger angeht; dennoch bestreiten viele Küstenbewohner ihren Lebensunterhalt noch immer ausschließlich durch das Fischen. Die Provinz Inhambane liegt im Süden des Landes und gilt als bester Ort zum Tauchen in Mosambik. Als die Regierung das touristische Potenzial der unerschlossenen Küste von Inhambane erkannte, investierte sie in die Infrastruktur der Region.

»Warum die Küste von Inhambane ein hervorragender Ort zum Tauchen ist, lässt sich leicht erklären«, sagt Sheldon. »Vielleicht ist das eine der ganz wenigen positiven Nebenwirkungen des Bürgerkriegs. Weil das Land so in die Knie gezwungen wurde, gab es kaum industrielle Entwicklung dort. Auch die Fischerei blieb auf Selbstversorgerniveau. Da das Meer nicht kommerziell genutzt wurde, ist es noch ganz unberührt. Die Mengen an Fischen, die man dort findet, sind unübertroffen, ebenso ihre Größe. An vielen anderen Tauchplätzen auf der Welt sieht man nur kleine Versionen von Fischen wie Zackenbarsch oder Brachsenmakrele oder was auch immer, weil die ausgewachsenen Fische entweder gefangen werden oder gar nicht erst die Gelegenheit bekommen, sich ganz zu entwickeln. Die Fische, die man vor Inhambane sieht, sind voll ausgewachsen. Zwei Meter lange Riesenzackenbarsche sind dort keine Seltenheit, und viele Mantarochen werden um die sechs Meter lang.« Freunde der ganz großen Fische wird es freuen zu hören, dass Walhaie im Herbst und Frühwinter regelmäßig in diesen Gewässern vorbeischauen.

Das Tauchen vor Inhambane erfolgt von Land aus, Tauchschiffe kommen nicht in diese Gegend. Die meisten bekannten Tauchstellen liegen jedoch nur 1,5 bis drei Kilometer vor der Küste. »Die kurzen Entfernungen sind angenehm«, meint Sheldon, »vor allem, weil das Meer am Nachmittag ziemlich aufgewühlt sein kann. Die seichteren Stellen sind etwa zwölf Meter tief, die tieferen ungefähr 30. Die Riffstrukturen selbst sind nicht so wahnsinnig beeindruckend. Man fährt nicht wegen der Riffe nach Mosambik, sondern wegen der Fische und auch wegen des Gefühls, eine Art Pionier zu sein, da relativ wenig Leute bisher dort waren. Ich erinnere mich noch besonders an einen Tauchgang«, fährt Sheldon fort. »Mein Kumpel und ich gingen mit einem Pärchen runter, das gerade ein Tauchzentrum eröffnet hatte und die Gegend so wenig kannte wie wir. Tatsächlich hatten sie sogar erst vor ein paar Wochen mit dem Tauchen angefangen. Sie wollten zu einer beliebten Stelle namens The Office. Sie waren noch nie dort gewesen, aber eins der anderen Resorts hatte ihnen die GPS-Daten gegeben. Wir fuhren etwa 20 Kilometer vor die Küste und gingen runter. An diesem Tag konnten wir etwa 30 Meter bis zum Grund sehen, wo Haie kreisten. Als wir zum Grund kamen, tauchte ein großer Gefleckter Zackenbarsch aus dem Dämmerlicht auf. Normalerweise sind die recht scheu, aber dieses Exemplar erwies sich als äußerst neugierig. Es hatte den Anschein, als wolle er mehr über diese seltsamen Wesen erfahren, die so komische Blasen machten. Während der Zackenbarsch mich beobachtete, machte mein Freund ein Geräusch. Ich drehte mich um, und etwa zwei Meter vor mir schwamm ein sechs Meter langer Mantarochen. Ich hätte fast den Regler fallen lassen, als das Tier nach oben auswich und ganz knapp über mich hinwegschwamm. Es war so groß und dabei so lautlos. Es ist schon wirklich beängstigend, wenn etwas so Großes einem ohne einen Laut so nahe kommt. Gegen Ende kreiste dann auch noch in einiger Entfernung ein Bullenhai um uns – ich hatte noch nie einen gesehen. Es war ein ziemlich denkwürdiger Tauchgang.«

SHELDON HEY ist Geschäftsführer von Dive the World (www.dive-the-world.com), einer auf weltweite Tauchreisen spezialisierten Agentur. Der Master Scuba Diver Trainer (PADI) bereiste auf seinen Tauchabenteuern bereits Afrika, Südostasien und den Südpazifik.

REISETIPPS

► **Anreise:** Die Provinz Inhambane wird von Pelican Air (www.pelicanair.co.za) von Johannesburg in Südafrika aus angeflogen. Nach Johannesburg kommt man von Deutschland aus direkt oder mit einem Stopp.

► **Beste Reisezeit:** Getaucht werden kann das ganze Jahr über, im Februar und August kann es allerdings recht windig werden. Die beste Zeit für Walhaie ist von Oktober bis März.

► **Unterkünfte:** Sheldon empfiehlt das Hotel Marinhos (hotelmarinhos@ananzi.co.za) in Tofo und das etwas luxuriösere Guinjata Resort (www.guinjata.co.za).

► **Tauchbasen/Guides:** Diversity Scuba (www.diversityscuba.com) bietet Tagesausflüge von Tofo aus an.

MERGUI-ARCHIPEL

EMPFOHLEN VON **Ingo Siewert**

Thailand, vor allem die Westküste und die Andamanensee, ist ein bekanntes Tauchreiseziel. Tauchbegeisterte kennen die Verlockungen beispielsweise der Similan-Inseln oder von Richelieu Rock. Die Gewässer der Andamanensee vor der Küste von Thailands nordwestlichem Nachbarn Myanmar (früher als Burma bekannt) bieten zum großen Teil dieselben Attraktionen, mit einem Unterschied. »Einfach gesagt: Myanmar ist nicht so überlaufen von Touristen«, beginnt Ingo Siewert. »Ich liebe die Similan-Inseln, aber an vielen Tauchplätzen dort ankert man zusammen mit zehn anderen Booten. In Myanmar kann man genauso schön tauchen, und in der Regel hat man die Stellen für sich. Für Tauchschiffe, die im Umkreis von Phuket ablegen, ist ein Ort wie der Mergui-Archipel recht gut zu erreichen. Insgesamt, finde ich, man kann dort besser tauchen.«

Die glücklichen Besucher des Mergui-Archipels treffen dort auf das Volk der Moken oder Seenomaden, die den größten Teil des Jahres auf ihren Booten verbringen.

Der Mergui-Archipel besteht aus rund 800 Inseln vor der Südküste von Myanmar. Er umfasst mehr als 35 000 Quadratkilometer Meeresgebiet, ein Großteil davon noch immer unerforscht. Die Inseln mit ihrer Mischung aus Regenwald, Mangroven und weißen Sandstränden sind weitgehend unberührt. Dies lässt sich teilweise auf die Abgeschiedenheit des Archipels von den bevölkerungsreichen Gegenden sowohl in Thailand als auch in Myanmar zurückführen, zum anderen Teil auf politische Gegebenheiten. Als das damalige Burma 1948 seine Unabhängigkeit von Großbritannien erklärte, riegelte es seine Grenzen (und Gewässer) gegen Ausländer ab. Fast 50 Jahre später erkannten mehrere Tauchveranstalter in Phuket das Potenzial einer Gegend namens Burma Banks (eine Reihe von Unterwasserbergen rund 150 Kilometer nordwestlich der Similan-Inseln, geschätzt wegen der Begegnungen mit Haien) und ahnten vielleicht schon, dass die thailändischen Gewässer in absehbarer Zeit überfüllt sein würden, weil immer mehr westliche Touristen ihre Vorzüge entdeckten. So nahmen sie Verhandlungen mit der Regierung von Myanmar auf. Anfangs hofften sie nur auf Zugang zu den Burma Banks, aber 1997 wurden Besucher (gegen eine Gebühr) auch in die küstennahen Bereiche des Mergui-Archipels gelassen.

Die Unterwasserwelt um den Mergui-Archipel steht der Schönheit an Land in nichts nach. Binnenriffe bieten eine unglaubliche Artenvielfalt, an den Riffen vor der Küste ist die Sicht besser, und die Korallen sind kräftiger, Felssäulen ziehen gelegentlich große Freiwassertiere an. Taucher mit einem Faible für abwechslungsreiche Unterwassertopografie werden hier nicht enttäuscht! Was die Gewässer von Mergui nicht immer versprechen können, sind große Tiere. »Als ich mit den Ausflügen nach Myanmar begann, hofften viele meiner Gäste auf Begegnungen mit Haien«, erzählt Ingo. »Man hat dort zwar immer gute Chancen, Mantarochen, Riffhaie und sogar Walhaie zu sehen, aber die kleineren Fische und Wirbellosen herrschen eindeutig vor. Das und der Abenteuergeist, den man hier immer noch spürt, sind die Hauptgründe für einen Besuch auf Mergui.

Es wird vermutlich noch einige Jahre dauern, bis alle möglichen Tauchplätze um Mergui von den Tauchveranstaltern kartiert sind. Dennoch wurden schon einige Plätze der Spitzenklasse entdeckt. Der Fan Forest Pinnacle in der Nähe der thailändischen Grenze ist ganz mit Gorgonien bedeckt, die durch ihre Größe und ihr leuchtendes Orange hervorstechen. Das Riff erhebt sich aus großen Tiefen und bietet eine gute Chance, große Freiwassertiere zu sichten. Eine andere beliebte Stelle ist Shark Cave, manchmal auch Three Islets genannt, und befindet sich etwas weiter nördlich in der Nähe von Great Swinton Island. In der Höhle leben Ammenhaie, und im Eingangstunnel trifft man gelegentlich auf Graue Riffhaie (seltener auch auf Weißspitzen-Riffhaie). Auch wenn die Stelle nach den Haien benannt wurde, bleibt sie Besuchern, die sich dafür die Zeit nehmen, eher wegen der Makrowelt auf den umgebenden Riffen in Erinnerung. Schmuck-Geisterpfeifenfische, Tigerschwanz-Seepferdchen, Fangschreckenkrebse und Sepien können hier regelmäßig bewundert werden, ebenso wie die leuchtend bunten Anemonen.

Black Rock, der vielleicht beliebteste Tauchplatz in Mergui, liegt noch weiter nördlich in Richtung des Zentrums des Archipels. Eine komplexe Mixtur von Strömungen macht das Tauchen hier zu einer Herausforderung, aber die Mühe lohnt sich. Black Rock bietet die besten Gelegenheiten für Begegnungen mit größeren Rochen und Haien. »Auf einem Tauchgang bei Black Rock«, erinnert sich Ingo, »trafen wir auf einen Walhai, der in einer Gruppe von Mantarochen mitschwamm. Ich hätte den anderen Tauchern am liebsten zugerufen, dass wir nun ebenso gut heimfahren könnten, weil es besser nicht mehr werden konnte. Und am nächsten Tag schwamm dann ein Dutzend Mantarochen ganz eng um uns herum!« Mobula- und Adlerrochen, Weiß-, Silber- und Schwarzspitzenhaie kommen ebenfalls hier vorbei. Selbst am Black Rock gilt jedoch das Mergui-Mantra: Nicht das Kleine vergessen! Schwarzflecken-Kugelfische, Gefleckte Korallenwächter, Skorpionfische und Ringkaiserfische lassen sich ständig hier beobachten.

Wenn er Tauchern den Mergui-Archipel zeigt, erkundet Ingo auch gern die Inseln. »Die Vogelwelt hier ist sehr artenreich, und es lohnt sich, sie zu erkunden«, sagt er. »Manchmal fahren wir mit dem Kanu durch die Mangroven. Gelegentlich treffen wir auf ein paar Seenomaden.« Die Seenomaden von Myanmar, auch Salon genannt, gehören zur ethnischen Gruppe der Moken in Myanmar und Thailand und leben von dem, was sie im Meer fangen und sammeln. »Sie leben auf Langbooten mit Strohdächern, genau wie vor 300 Jahren schon«, fügt Ingo hinzu.

Es gibt noch einen anderen Pluspunkt, wenn man im Mergui-Archipel tauchen geht: Um nach Phuket zurückzukommen, fährt man direkt an Richelieu Rock, den Similan-Inseln und vielen der anderen bekannten Tauchplätze in Thailand vorbei. Wer genügend Zeit für sein Abenteuer auf den Andamanen einplant, kann das zusätzlich genießen.

INGO SIEWERT gehört zum Vertriebsteam von Dive the World (www.dive-the-world.com). Er taucht schon seit vielen Jahren in der Asien-Pazifik-Region und fährt seit 1999 als Tauchguide und Fahrtenleiter auf Tauchschiffen nach Myanmar, Thailand und Indonesien. Er lebt mit seiner Frau und seinen beiden Kindern in Phuket (Thailand).

REISETIPPS

- **Anreise:** Die Tauchschiffe, die zum Mergui-Archipel fahren, legen meist von Phuket, Khao Lak oder Ranong ab (beides nördlich von Phuket). Die Insel Phuket erreicht man von Deutschland aus mit verschiedenen Fluglinien und einem Zwischenstopp.
- **Beste Reisezeit:** Die Tauchsaison in Myanmar dauert von Oktober bis Mai. Im zweiten Teil der Saison finden die meisten Mantarochen- und Walhaisichtungen statt.
- **Unterkünfte:** Ingo empfiehlt die Tauchschiffe »MV Sai Mai« und »MV Faah Yai«. Dive the World (www.dive-the-world.com) listet auf seiner Website weitere Möglichkeiten auf.

DOUBTFUL SOUND

EMPFOHLEN VON **Amy West**

Die Salzwasserattraktionen von Doubtful Sound und Fiordland sind ein direktes Ergebnis eines Süßwasserphänomens mit großer Bedeutung, wie Amy West erklärt. »In Teilen von Fiordland gehen jedes Jahr bis zu siebeneinhalb Meter Regen nieder«, sagt sie. »Dieser Regen strömt von den Bergen an der Küste ins Meer und schwemmt dabei Tannine aus dem Boden aus. Das dunkelbraune Süßwasser lagert sich in einer Schicht auf dem Salzwasser in den Fjorden ab, die mehr als zehn Meter dick werden kann. Deswegen dringt so gut wie kein Licht ins Salzwasser, das für sich genommen extrem klar ist. Verschiedene Meereslebewesen, vor allem Wirbellose, bekommen so den Eindruck, dass sie in Hunderten oder gar Tausenden von Metern Tiefe leben, obwohl die tatsächliche Wassertiefe nur zwölf bis 16 Meter beträgt. Auf diese Weise kann man hier Arten aus der tiefsten Tiefsee begegnen.«

Reichlich Süßwasser fließt in den Doubtful Sound und schafft einzigartige Bedingungen, die zahlreiche Tiefseelebewesen ins Flachwasser locken.

Fiordland ist ein 12 000 Quadratkilometer großer Nationalpark an der südwestlichsten Küste der neuseeländischen Südinsel an der Tasmansee. Hier treffen die südlichen Ausläufer der Neuseeländischen Alpen, die teilweise bis zu 2700 Meter Höhe erreichen, auf die Küste und werden von zerklüfteten Fjorden zerteilt. Die Kombination aus steilen Bergen, dunkelgrünen Wäldern, schneebedeckten Gipfeln, schäumenden Wasserfällen und schmalen blauen Fjorden macht Fiordland zu einer der berauschendsten gemäßigten Gegenden der Welt. Insgesamt gibt es 15 Fjorde, von denen der Milford Sound und der Doubtful Sound am bekanntesten sind. Schon lange zieht Fiordland beherzte Abenteurer an, vor allem Trekker. Nicht umsonst findet sich schließlich hier der für viele schönste Wanderweg der Welt, der Milford Track. Er endet am Milford Sound, dem beliebtesten Tauchplatz in der Region.

In Fiordland, dem Paradies für Naturforscher, sticht Doubtful Sound noch einmal besonders hervor. Seinen Namen verdankt der Fjord Kapitän James Cook, der es für »zweifelhaft« (*doubtful*) hielt, ob er ihn mit seinem Segelschiff befahren konnte. Der Doubtful

Sound besteht aus drei getrennten Armen; einer von ihnen, der Deep Cove, erstreckt sich über 40 Kilometer von seinem östlichsten Punkt bis zum offenen Meer. Der Fjord ist stellenweise über 400 Meter tief und wird von zwei Wasserfällen (Helene Falls und Browne Falls) mit Süßwasser gespeist, das dort 600 Meter in die Tiefe stürzt.

»Als ich nach Dunedin in Neuseeland zog, suchte ich nach einem Übergangsjob, bis meine Forschungsstelle an der Uni anlief«, erzählt Amy. »Für ein anderes Projekt suchte man nach Unterstützung beim Zählen von Schwarzen Korallen, das war meine Aufgabe. Ich wusste nicht viel über sie und dachte, Schwarze Korallen seien eben schwarz. Dabei sind sie weiß, wenn man sie lebendig in ihrem natürlichen Lebensraum betrachtet.« Das lebende Gewebe von Schwarzen Korallen kann tatsächlich verschiedene leuchtende Farben annehmen. Ihren Namen verdankt die Koralle ihrem dunkelbraunen oder schwarzen Exoskelett. Schwarze Korallen sind baumartig aufgebaut und werden gern zur Herstellung von Schmuck verwendet. Trotz ihrer Vorliebe für große Tiefen gilt sie als gefährdet, da Taucher an manchen Orten bis zu 75 Meter in die Tiefe gehen, um sie zu ernten. »Es gibt noch acht oder neun andere Arten, die normalerweise in sehr tiefem Wasser zu finden sind und die man in Fiordland in relativ seichtem Wasser antrifft«, fährt Amy fort. »Dazu gehören Armfüßer, Steinkorallen, Edelkorallen, Seefedern, der Fahnenbarsch *Lepidoperca tasmanica*, Glasschwämme und Schlangensterne.«

Zu den aufregenden Aspekten des Tauchens im Doubtful Sound gehört schon die Anreise. Zwar führt eine Straße nach Milford zum Kopf des Fjords, doch der Doubtful Sound selbst ist nur per Boot (über Milford) oder über Land zu erreichen. »Wir fuhren nach Te Anau, luden unsere Ausrüstung in ein Zodiac, überquerten den Lake Te Anau, luden alles in einen Toyota Hilux um und fuhren über einen ziemlich hohen Pass, bevor wir endlich zum Fjord hinunterkamen. Ich war überwältigt von der Landschaft und der Höhe der Berge. Unter der Wasseroberfläche geht es fast genauso steil weiter abwärts. Hier ins Wasser zu gehen, ist eine seltsame Erfahrung. Im dunklen Süßwasser verliert man schnell die Orientierung, und es kommt einem vor, als sei man betrunken oder schwindelig. Dann kommt man plötzlich ins Salzwasser mit seiner ausgezeichneten Sicht, das meist auch wärmer ist. In Fiordland kann man in 20 Sekunden drei ganz unterschiedliche Umgebungen erleben: über Wasser inmitten von 1800 Meter hohen Bergen, das düstere Süßwasser und dann das klare Salzwasser.«

Wer einen Ausflug zum Doubtful Sound bucht, wird wahrscheinlich im Te Awaatu Channel Marine Reserve ankommen, das im Volksmund auch The Gut genannt wird. Das

95 Hektar große Reservat liegt nahe der Mündung des Fjords zwischen Secretary Island und Bauza Island und ist flach genug, um den Tauchern Zugang zu den berühmten Edelkorallen und Schwarzen Korallen zu verschaffen. »Im Doubtful Sound leben sehr große Exemplare der Großen Tümmler«, fügt Amy hinzu. »Man kann sie in The Gut beobachten.«

AMY WEST wusste schon in jungen Jahren, dass sie Meeresbiologin werden wollte, auch wenn sie aus Durango in Colorado stammte. An der University of the Virgin Islands machte sie ihren Abschluss in Meeresbiologie. Nach einem Einsatz im Friedenskorps in Gabun im Rahmen eines Fischereiprojekts kam in Neuseeland ein Master-Abschluss in Meereskunde hinzu. Als Teil ihrer Forschungsarbeit dokumentierte Amy dabei in einem abgelegenen Fjord mit einem bemannten Tauchboot das Leben in Meerestiefen, die Taucher nicht erreichen. Ein Praktikum am Monterey Bay Aquarium Research Institute führte sie nach zehn Jahren im Ausland wieder in die USA. Seither hat ihre Arbeit auf einem Segel-Lehrschiff sie bereits in die Antarktis, ins Beringmeer und an verschiedene Orte in der Monterey Bay geführt.

REISETIPPS

- **Anreise:** Air New Zealand bietet Flüge von Queenstown nach Te Anau an. Reisende aus Deutschland erreichen Queenstown mit zwei Zwischenstopps.
- **Beste Reisezeit:** Getaucht werden kann das ganze Jahr über. Bei 7,5 Meter Regen pro Jahr gibt es keine Trockenzeit, auf die der Reisende setzen könnte.
- **Unterkünfte:** Te Anau und Manapouri sind die wichtigsten Besucherzentren für Fiordland. Auf der Website von Fiordland (www.fiordland.org.nz) sind verschiedene Unterkunftsmöglichkeiten aufgeführt.
- **Tauchbasen/Guides:** Mehrere Tauchausrüster bieten Tages- und/oder Zweitagesausflüge nach Milford Sound und Doubtful Sound an, beispielsweise Fiordland Expeditions (www.fiordlandexpeditions.co.nz) und Tawaki Dive & Scenic Tours (www.tawakidive.co.nz).

Neuseeland

POOR KNIGHTS ISLANDS

EMPFOHLEN VON **Matthew Oldfield**

Die neuseeländischen Poor Knights Islands verdanken ihren Namen der Legende nach dem einfachen Gericht »Arme Ritter«: Für James Cook, der erste europäische Entdecker, der hier landete, hatten sie Ähnlichkeit mit den gebratenen Brotscheiben. Für den neuzeitlichen Entdecker Matthew Oldfield war Poor Knights eher ein Festmahl für die Augen. »Zum ersten Mal hörte ich von einigen Scubazoo-Kollegen von Poor Knights. Sie waren von Malaysia hergekommen, um Schwertwale zu filmen, die jedes Jahr die Inseln besuchen, um Mantarochen in der Paarungszeit zu jagen. Als wir den Auftrag für unseren Bildband *Reef* bekamen, wollten wir über die tropischen Klimazonen hinausgehen und auch kühlere Gewässer mit aufnehmen, und so fanden die Poor Knights ihren Weg ins Buch. Nachdem ich hier neun Tage verbracht hatte, wusste ich, dass ich gut hier leben könnte – und das will was heißen, schließlich arbeiten wir in der Nähe von Sipadan!«

Ein Mantarochen segelt anmutig durch einen der vielen Felsbögen um die Poor Knights Islands.

Die Poor Knights Islands liegen rund 20 Kilometer östlich der Tutukaka-Küste in der Region Northland auf der Nordinsel von Neuseeland. Die beiden größten Inseln der Kette heißen Aorangi und Tawhiti Rahi, dazwischen liegen noch mehrere kleinere Inseln. Dank ihres vulkanischen Ursprungs zeichnet sich die Inselkette durch steile Klippen und Steilwände unter Wasser aus. An manchen Stellen geht es unweit der Küste über 100 Meter in die Tiefe. Aorangi und Tawhiti Rahi waren einmal von einer Gruppe Maori bewohnt, aber zu Beginn des 19. Jahrhunderts wurde ein großer Teil von Mitgliedern des Hikutu-Stamms vom Festland ermordet. Danach erklärten die verbliebenen Mitglieder der Maori-Gruppe auf den Poor Knights die Inseln für *tapu* (was so viel bedeutet wie »heilig/verboten« und »tabu«), und seither sind die Inseln unbewohnt. Heute gehören sie und die umgebenden Gewässer zu einem Meeresschutzgebiet und gelten als eins der besten Tauchgebiete vor der Nordinsel.

Zwei Eigenschaften machen die Poor Knights so besonders: die Nähe zum Ost-Auckland-Strom und der vulkanische Ursprung des Archipels. »Auf Poor Knights sieht man eine tolle Mischung von Lebewesen«, fährt Matthew fort, »da sich hier warme und gemäßigte Gewässer mischen. Die Temperaturen unterscheiden sich teilweise um fünf bis acht Grad, je nach Tauchplatz. Der warme Strom bringt viele tropische Arten heran, die man normalerweise um Neuseeland nicht findet. Die Topografie ist umwerfend, überall gibt es Höhlen und Felsbögen unter Wasser zu entdecken, die natürlich tolle Fotohintergründe abgeben. Mit dem offenen Pazifik im Osten weiß man nie, was alles vorbeigeschwommen kommt, und dieses unvorhersehbare Element bringt Spannung in jeden Tauchgang.«

An Tauchplätzen mangelt es den Inseln nicht, die meisten sind nur wenige Minuten voneinander entfernt. Nur zu den Pinnacles muss man acht Kilometer von den Hauptinseln aus nach Süden fahren. Die bekannteste und beliebteste Stelle ist der Blue Mao Mao Arch. »Der Blue Mao Mao Arch ist der Inbegriff des Tauchens vor Poor Knights, vielleicht sogar des Tauchens überhaupt«, schwärmt Matthew. »Er gehört zu den größten Felsbögen von Poor Knights, hat eine Spannweite von etwa 20 Metern und oben zwei Löcher, durch die Sonnenstrahlen fallen. Wie eine Kathedrale. Unter dem Bogen halten sich große Schwärme von Fegerbarschen auf, die hier Blue Mao Mao genannt werden – es ist eine wahre Fischsuppe. Sie sind leuchtend blau und scheinen sich kaum zu bewegen. Ich saß dort einfach nur am Boden und starrte vollkommen fasziniert nach oben.« Muränen – sowohl Gelbe als auch Graue Muränen – sind ebenfalls häufige Gäste unter dem Bogen.

Auch Riko Riko Cave sollte man sich nicht entgehen lassen. Sie gilt als die größte Brandungshöhle der Welt und bietet ausreichend Platz für eine Segeljacht. »Als ich dort war, kam ein Schwertwal in die Höhle geschwommen«, erzählt Matthew. »Aber Fans von kleineren Lebensformen wie ich werden dort ebenfalls fündig. Ich habe dort und auf Poor Knights allgemein herrliche Nacktkiemer gesehen, außerdem prächtige Dreiflossen-Schleimfische – leuchtend rosa mit violetten Streifen.« Wegen der Beliebtheit der Höhle unter den Bootsfahrern wie unter den Tauchern ist man selten allein, doch das sollte niemanden von einem Besuch dort abhalten. Mit ihrer Mischung aus seichtem und tiefem Wasser eignet sich Riko Riko ideal für gemischte Gruppen aus Anfängern und erfahreneren Tauchern.

Die Pinnacles und das nahe gelegene Sugarloaf, eine einzelne Felsnadel, gefielen Matthew ebenfalls. »Sugarloaf liegt sehr ungeschützt am offenen Meer«, fährt er fort. »Beim Tauchen geht man in eine tiefe Schlucht hinunter. Manchmal kreuzen dort viele große Gestreifte Adlerrochen. Meine Kollegen haben mir erzählt, dass sich an vielen Bögen und

Höhlen um Poor Knights Rochen sammeln, 100 oder 150 Tiere gleichzeitig, und dass es ein umwerfender Anblick ist, wenn man unter sie schwimmt und hochsieht. Ich habe die Rochen nicht in diesen Mengen zu Gesicht bekommen; ein paar Wochen vor meinem Besuch hatten die Schwertwale sie arg dezimiert und die Stechrochen mit ihren ein bis zwei Meter Spannweite dabei wohl herumgeschleudert wie Frisbeescheiben.«

MATTHEW OLDFIELD ist Fotograf bei Scubazoo (www.scubazoo.com), einem Team von professionellen Unterwasserkameraleuten und -fotografen, die eine große Liebe zum Meer eint. Er begann mit dem Tauchen 1990 in Vorbereitung auf eine Expedition nach Belize, wo er das Verhalten von Muränen und Husarenfischen erforschte, und blickt inzwischen auf über 3000 Tauchgänge in Südostasien, Mittelamerika und Großbritannien zurück. Matthew Oldfield machte seinen Abschluss in Biologie am Worcester College der Oxford University und ist ein PADI-zertifizierter Tauchguide mit mehreren Zusatzqualifikationen. Nachdem er eine Weile als Bildrechercheur tätig gewesen war, verließ er London, um ein Jahr als Tauchguide in Sidapan (Malaysia) zu arbeiten, und schloss sich bald darauf Scubazoo an. Inzwischen ist er für die Scubazoo-Website verantwortlich und baut die große Bildbibliothek aus. Daneben fotografiert und schreibt er für eine Reihe von Zeitschriften und Verlagen.

REISETIPPS

► **Anreise:** Whangarei wird von Auckland aus von Air New Zealand angeflogen. Auckland erreicht man von Deutschland aus mit einem oder zwei Stopps.

► **Beste Reisezeit:** In Poor Knights kann das ganze Jahr über getaucht werden, als beste Zeit gilt Oktober bis März.

► **Unterkünfte:** Auf der Website von Destination Northland (www.northlandnz.com) findet sich eine umfassende Liste mit Unterkunftsmöglichkeiten in und um Whangarei, dem Touristenzentrum der Gegend.

► **Tauchbasen/Guides:** Mehrere Veranstalter bieten Tauchfahrten zu den Poor Knights Islands an, beispielsweise Dive Tutukaka (www.diving.co.nz). Poor Knights Liveaboards (www.divepoorknights.com) ist einer von mehreren Tauchschiffbetreibern in der Region.

CAPE HATTERAS

EMPFOHLEN VON **Dave Sommers**

Die Überreste des Kabelreparaturschiffs »MS Aeolus«, eins von zahlreichen Marinewracks vor Cape Hatteras.

»Das Wracktauchen interessiert mich wegen seiner Verbindung zur Geschichte«, beginnt Dave Sommers. »Wenn man dann noch viele Meereslebewesen sieht, ist das kaum zu toppen. Cape Hatteras bietet beides und dazu noch eine große Artenvielfalt. Einige Arten hier kommen mit dem Labradorstrom aus dem Nordatlantik nach Süden, andere mit dem Golfstrom aus der Karibik. All die unterschiedlichen Lebewesen versammeln sich auf den und um die Wracks. Man weiß nie, was man vor Cape Hatteras findet, und deswegen übt es wohl immer noch eine solche Faszination auf mich aus.«

Cape Hatteras gehört zu den Barriereinseln, aus denen die Outer Banks bestehen. Es ist der östlichste Punkt des US-Bundesstaates North Carolina. Durch den Zusammenfluss von Labrador- und Golfstrom vor Cape Hatteras entstanden im Laufe der Zeit Sandbänke, die Diamond Shoals genannt werden und mehrere Kilometer weit ins Meer hinausreichen. Die Untiefen führten zusammen mit der Häufigkeit und der Gewalt der Stürme, die in dieser Gegend die Küste heimsuchen, zu unzähligen Schiffbrüchen vor Cape Hatteras. Die ersten Aufzeichnungen über eine solche Havarie stammen aus dem Jahr 1585 und betrafen die »Tyger«, die an Englands zweiter Expedition nach Nordamerika teilnahm. Das berühmteste verunglückte Schiff war wohl die »USS Monitor«, eins der ersten gepanzerten Kriegsschiffe der US-Marine. Die »Monitor« griff im März 1862 in Hampton Roads die »USS Merrimack« an (von den Konföderierten später in »Virginia« umgetauft). Die Schlacht ging zwar unentschieden aus, wurde aber als Sieg für das Konzept Panzerschiff gefeiert. Im Dezember desselben Jahres sank die »Monitor« in der Nähe der Diamond Shoals in einem Sturm. Stürme und Untiefen waren aber nicht die einzigen Katastrophen, die auf die Schiffe im Golfstrom vor Hatteras warteten. Auch deutsche U-Boote versenkten in beiden Weltkriegen mehrere Schiffe.

Vor Cape Hatteras liegen daher zahlreiche Wracks, die von Tauchreisenveranstaltern angepriesen werden. In Küstennähe gibt es mehrere künstliche Riffe und Wracks, die für erfahrene Taucher von geringerem Interesse sein dürften. Als er eine Lieblingsstelle nennen soll, entscheidet sich Dave sofort: »Die, an der ich heute tauche! Jeder Tauchplatz hat seine ganz spezielle Aura. Manche sind faszinierende Schrotthaufen, an anderen ist die Sicht immer hervorragend. An wieder anderen trifft man fast garantiert auf viele verschiedene Fische. Am beliebtesten sind wahrscheinlich die ›Proteus‹ und die ›Tarpon‹.« Die »Proteus« war ein Passagierfrachter, der 1918 bei dem Versuch sank, das Kap ohne Licht zu umrunden, um den deutschen U-Booten zu entgehen. Dabei kollidierte er mit dem Tanker »Cushing«. Um die »Proteus« ist das Wasser normalerweise klar, und es bestehen gute Chancen auf Begegnungen mit Haien, Schildkröten und gelegentlich auch Mantarochen. »Wer zum Tauchen herkommt, der möchte auch Haie sehen«, fährt Dave fort, »und an einem Wrack wie der ›Proteus‹ kann ich das fast garantieren, vor allem Sandtigerhaie sind hier häufig. Ich war schon mit 200 oder 300 Exemplaren gleichzeitig im Wasser.« Sandtigerhaie, oft auch einfach nur Sandtiger genannt, geben mit ihrem beeindruckenden Gebiss und den bedrohlichen gelben Augen das prototypische Bild des bösen Hais ab, gelten in den Gewässern vor Cape Hatteras jedoch nicht als gefährlich.

Die »Tarpon« war ein U-Boot der US-Marine, das während des Zweiten Weltkriegs im Pazifikkrieg diente. 1956 fand sie ein etwas unrühmliches Ende, als sie vor dem Kap sank, während sie zu einem Schrottplatz geschleppt wurde. Die »Tarpon« liegt in fast 45 Meter Tiefe, aber wer es bis dahin schafft, wird mit dem Zugang zum Kontrollraum und den Torpedo-Ladeluken belohnt. »Die ›Tarpon‹ ist eine fantastische Stelle für Feuerfische«, fährt Dave fort. »Und man weiß nie, was für Freiwassertiere hier aufkreuzen – das gilt für die ›Tarpon‹ ebenso wie für viele der anderen Wracks. Ich habe dort schon Ammenhaie, Zitronenhaie, Tigerhaie, Weißspitzen-Hochseehaie, Seidenhaie, Makohaie und Bullenhaie gesehen, außerdem vier Rochenarten, drei Thunfischarten, Unechte Karettschildkröten und Lederschildkröten, kurz gesagt, alles von tropischen Schleimfischen bis hin zu Riesenzackenbarschen. Wir hatten hier schon Grindwale und sogar Walhaie. Wer hierherkommt, sollte fortgeschritten sein – wir tauchen am Ankerseil. Die Strömung ist kräftig, die Wracks liegen teilweise tief, und oft ist die See bewegt. Es geht ein bisschen wild zu da draußen, aber vielleicht deshalb ist es auch nicht so überlaufen.«

Gegen Ende der Saison 2007 hatten Dave und seine Frau ein Erlebnis, das gut das Beste am Wracktauchen beschreibt und gleichzeitig das Beste, was Cape Hatteras zu bieten hat. »Meine Frau und ich waren an der ›Kassandra‹ tauchen«, erzählt Dave. »Die ›Kassandra Louloudis‹ war ein griechischer Frachter, der im März 1942 von einem deutschen U-Boot torpediert wurde, als er dem unter Beschuss stehenden amerikanischen Öltanker ›Acme‹ zu Hilfe eilte. Wir hatten Geschirr im Sand entdeckt und gruben gerade die einzelnen Teile aus. Plötzlich wurde es sehr dunkel. Zuerst wussten wir nicht, warum, doch dann erkannten wir, dass ein gewaltiges Tier das Licht abschirmte. Ich dachte, es sei ein großer Hai, aber dann drehte es sich um und kam auf uns zu – es war ein Mantarochen. Eine Armlänge vor uns stoppte er und sah uns an. Wir waren ihm so nah, dass wir sahen, wie sein Auge sich drehte. Dann schwebte er langsam nach oben, wie ein Raumschiff, und verschwand aus unserem Sichtfeld. Wir sammelten rasch das gefundene Geschirr zusammen und steckten es in unsere Tasche, dann machten wir uns an die Verfolgung des Mantarochens. Und tatsächlich fanden wir ihn wieder, bevor es Zeit zum Auftauchen war.«

DAVE SOMMERS betreibt mit seiner Frau Ann die Tauchbasis Dive Hatteras. Zusammen kommen sie auf mehr als 40 Jahre Taucherfahrung. Mehrere Jahre lang veranstaltete Dave von Ocean City in Maryland aus Tauchgänge zu Wracks, aber nach nur einer Saison in Cape Hatteras zog er mit seinem Unternehmen dorthin um.

REISETIPPS

► **Anreise:** Der nächste große Flughafen von Cape Hatteras aus ist Norfolk in Virginia, etwa dreieinhalb Stunden entfernt. Norfolk wird von Deutschland aus mit einem Zwischenstopp angeflogen.

► **Beste Reisezeit:** Die Tauchsaison dauert von Mai bis Oktober. Die Sicht kann je nach den Bedingungen im Meer unterschiedlich sein.

► **Unterkünfte:** Von Hatteras City und Buxton starten die meisten Tauchexpeditionen nach Cape Hatteras. Auf der Website von Dive Hatteras findet sich unter www.divehatteras.com/areainfo.htm eine umfassende Liste mit Unterkünften.

► **Tauchbasen/Guides:** Mehrere Charterdienste bieten vor Hatteras Wracktauchen an, zum Beispiel Dive Hatteras (www.divehatteras.com) und Outer Banks Diving (www.outerbanksdiving.com).

FATHOM-FIVE-NATIONALPARK

EMPFOHLEN VON **Dan Orr**

»Wir schrieben das Jahr 1976, und der kanadische Popstar Gordon Lightfoot hatte gerade seinen Song *The Wreck of the Edmund Fitzgerald* veröffentlicht«, erzählt Dan Orr. »Wir hörten ihn immer wieder auf unserer Fahrt durch die Nacht von Ohio nach Tobermory in Ontario, wo sich der Fathom Five National Marine Park befindet. Das steigerte unsere Vorfreude nur noch – schließlich wollten wir nach Tobermory, um zur ›Arabia‹ und den anderen Wracks in Fathom Five zu tauchen.« (Für alle, die das Lied nicht kennen: Lightfoot besang den Frachter »Edmund Fitzgerald«, der 1975 samt einer Ladung Eisenerz auf dem Lake Superior gesunken war und 29 Mannschaftsmitglieder mit in den Tod gerissen hatte.)

Der Fathom Five National Marine Park umfasst einen 115 Quadratkilometer großen Teil des Lake Huron (des mittleren der Großen Seen) vor der Spitze der Bruce-Halbinsel, die in den See hineinragt und die Georgian Bay im Westen begrenzt. Die Gesteinsschichten der Region gelten als die nördlichen Ausläufer der Niagara-Schichtstufe, einer Reihe von Dolomitgesteinsformationen, die sich von ihrer südlichen Spitze an den Niagarafällen aus erstrecken. Geologen schätzen das Alter der Niagara-Schichtstufe auf 400 Millionen Jahre; damals waren die Großen Seen noch ein flaches tropisches Meer. Um Tobermory und im angrenzenden Bruce Peninsula National Park zeichnet sich die Niagara-Schichtstufe durch zerklüftete Klippen am östlichen Rand entlang der Georgian Bay und sandige Untiefen an der Westflanke am Lake Huron aus.

Die Gewässer vor Tobermory gelten als das Epizentrum des kanadischen Wracktauchens (und vielleicht auch des Wracktauchens in allen Großen Seen), als eine Schatzkammer für alle, die an Schifffahrtsgeschichte und Archäologie interessiert sind. Ab den 1850er-Jahren stieg der Schiffsverkehr in der Region stark an. Schoner fuhren in Richtung Norden, um die wachsenden Holzfällerstädte an der Georgian Bay mit Vorräten zu versorgen, und kehrten mit Holz beladen in den Süden zurück, das beim Aufbau des Mittelwestens half. (In den 1890er-Jahren wurden die Schoner dann zunehmend durch Dampfschiffe ersetzt.) Während der häufigen Stürme auf dem Lake Huron suchten die Schiffe in der Nähe von Tobermory Zuflucht in den zwei geschützten Häfen nahe der Stadt, Big Tub und Little Tub. Heute liegen dort jeweils fünf Wracks, in Fathom Five 22 weitere. »Tobermory ist nach einer Stadt auf der Isle of Mull in Schottland benannt«, sagt Dan, »und es ist hier auch ein bisschen wie in Schottland: kühl, oft neblig, und die Menschen sind ausgesprochen freundlich. Oder anders gesagt, genau der Ort, an dem man ein Schiffswrack aus dem 19. Jahrhundert erwarten würde.«

In Tobermory und Fathom Five gibt es Wracks für Taucher jeden Niveaus. »Es gibt verschiedene Möglichkeiten, die Wracks zu erkunden«, erklärt Dan. »Viele liegen sehr nahe an der Küste, und man kann vom Ufer aus hintauchen. Einige Schlepper in Little Tub Harbor liegen in nur 4,50 bis sechs Meter Tiefe. Ein faszinierendes Schiff in Big Tub Harbor ist die ›Sweepstakes‹, ein 1867 gebauter Schoner. Er strandete vor dem Hafen auf Cove Island und sank, als die Bergungsarbeiter versuchten, ihn zurück in den Hafen zu bugsieren. Obwohl er schon seit 1885 dort liegt, ist der Rumpf praktisch intakt, was zum Teil der Tauchcommunity vor Ort zu verdanken ist. Er liegt in so flachem Wasser, dass man sich auf die Reling stellen und aus dem Wasser sehen kann. Die ›Sweepstakes‹ und die Schlepper bilden einen guten Einstieg ins Wracktauchen.«

Von allen Wracks am eindrucksvollsten im Gedächtnis geblieben ist Dan Orr die »Arabia«, eine 40 Meter lange, 1853 gebaute Bark (ein Segelschiff mit Schratsegeln am Besanmast und Rahsegeln an den anderen Masten), die 1884 in 32 Meter Tiefe vor Tobermory nahe Echo Island die letzte Ruhe fand. (Seltsamerweise wäre die »Arabia« 1883 fast vor Tobermory bei Flowerpot Island gesunken, wo sie auf Grund lief. Sie wurde wieder flottgemacht, repariert und ein weiteres Jahr in den Dienst gestellt.) »Nach meiner ersten Reise hierher im Jahr 1976 stand die ›Arabia‹ im Zentrum des Teils über Unterwasserarchäologie in dem Fortgeschrittenen-Tauchkurs, den ich Ende der 70er an der Wright State University entwickelt hatte«, sagt Dan. »Im Rahmen des Kurses erstellten wir eine Nachbildung der ›Arabia‹ in einem Steinbruch, besuchten Seefahrtsmuseen und tauchten zu immer tieferen Wracks, um uns auf den Ausflug nach Tobermory vorzubereiten.«

Die 1971 entdeckte »Arabia« ist ein echter Leckerbissen für Wrackfans: ein seltenes Beispiel für ein nahezu intaktes Segelschiff aus dem 19. Jahrhundert an einer Stelle, an der das Wasser klar genug ist, um das Wrack in seiner vollen Pracht bewundern zu können. Das

Schiff steht aufrecht. Der Großteil des Rumpfes ist intakt, ebenso der beeindruckende Bug mit mehreren Ankern, die aussehen, als würden sie jeden Moment hinabgelassen. Das Steuerrad des Schiffes ist erhalten und noch an einigen Bohlen befestigt, die an der Steuerbordseite des Hecks übrig geblieben sind. Fans der Großen Seen weisen außerdem auf einen anderen, weniger offenkundigen Vorzug der »Arabia« hin: Sie ist noch nicht von Wandermuscheln befallen. Es ist kein Tauchgang für Anfänger, denn das Wasser ist kalt, und die Strömung kann stark sein. (Der Schriftsteller Glenn Garnett wies auf die Ironie hin, dass zwar keine Besatzungsmitglieder ums Leben kamen, als die »Arabia« sank, jedoch mehr als ein Dutzend Taucher beim Erkunden ihrer Geheimnisse starben.) Die meisten sind sich jedoch einig, dass es sich für diesen Tauchgang lohnt, die erforderlichen Kenntnisse und Fertigkeiten zu erwerben.

»Das ist eins dieser Taucherlebnisse, die einen besonderen Platz im Herzen einnehmen, zusammen mit ganz wenigen anderen Erlebnissen im Leben«, schwärmt Dan. »Ich war so hingerissen von der ›Arabia‹ und Tobermory, dass ich meiner Frau spontan dort einen Heiratsantrag machte – über Wasser. Am 100. Jahrestag des Untergangs der ›Arabia‹ führte ich ein Tauchteam von der Wright State University nach Tobermory, um das Ereignis feierlich zu begehen«, fügt Dan hinzu. »Wir unternahmen einen Tauchgang, um einen Granit-Gedenkstein mit einer Inschrift neben das Wrack zu stellen, auf dem steht: ›Ehre der Geschichte und der Erfahrung‹.«

DAN ORR beschäftigt sich seit über 40 Jahren mit praktisch allen Belangen der Tauchbranche. 2005 wurde er zum CEO des Divers Alert Network (DAN) ernannt, nachdem er mehr als zehn Jahre lang stellvertretender Vorsitzender und leitender Geschäftsführer war. 1991 war Orr zum DAN-Trainingsleiter ernannt worden und zeichnete verantwortlich für die Entwicklung und Umsetzung von DAN-Trainingsprogrammen einschließlich des international erfolgreichen DAN Oxygen First Aid Course. Bevor er zum DAN stieß, war Orr Associate Diving Safety Officer an der Florida State University und Leiter von Tauchtrainingsprogrammen an der Wright State University in Dayton (Ohio). Orr hat einen Bachelor- und einen Master-Abschluss in Biologie und hat zahlreiche Bücher und Zeitschriftenartikel verfasst oder mitverfasst, zum Beispiel als Co-Autor von *Scuba Diving Safety* (2007) und der DAN-Serie *Guide for Diving Safety*. Als Redner trat er bei Veranstaltungen von Our World-Underwater, Underwater Canada, Boston Sea Rovers, International Conference on Underwater Education, SeaSpace, Undersea and Hyperbaric Medical Society (UHMS) und vielen weiteren auf. Vielfach wurde er bereits im Bereich Tauchsicherheit ausgezeichnet, unter anderem mit dem Leonard Greenstone Award for Diving Safety, dem NOGI der Academy of Underwater Arts & Sciences in Sports/Education, dem Our World-Underwater Award, als Beneath the Sea's Diver of the Year in Education und als Associate Boston Sea Rover.

REISETIPPS

- **Anreise:** Tobermory liegt rund 300 Kilometer von Toronto und 430 Kilometer von Detroit entfernt. Von Deutschland aus werden beide Städte von vielen Fluglinien direkt oder mit einem Zwischenstopp angeflogen.
- **Beste Reisezeit:** Die Tauchsaison um Tobermory dauert von Mai bis Oktober.
- **Unterkünfte:** Auf der Website der Tobermory Chamber of Commerce (www.tobermory.org) findet sich eine Liste mit Unterkunftsmöglichkeiten in der Region.
- **Tauchbasen/Guides:** Mehrere Tauchbasen bieten Ausflüge in der Gegend von Tobermory an, zum Beispiel Diver's den (www.diversden.ca) und G+S Watersports (www.gswatersports.com).

JELLYFISH LAKE

EMPFOHLEN VON **Wayne Hasson**

Als Wayne Hasson die Tauchattraktionen von Palau zusammenfassen soll, muss er nicht lange überlegen: »Auf einem Tauchgang kann man so ziemlich alles sehen, was im Westpazifik schwimmt. Hier gibt es so viele Weichkorallen und tiefes Wasser, da kann im Prinzip alles passieren.«

Eine Reise nach Palau ist nicht komplett ohne einen Besuch im Quallensee, der nicht nesselnde Quallen beherbergt.

Die Republik Palau besteht aus gut 200 Inseln und liegt am südlichen Rand der Philippinensee, rund 950 Kilometer östlich der Philippinen und 650 Kilometer nördlich von Irian Jaya (Neuguinea). Von Norden nach Süden reichen die Palau-Inseln über 650 Kilometer und grenzen größtenteils auf einem einzigen Barriereriff aneinander. Palau ist eine der jüngsten unabhängigen Nationen der Welt; erst 1994 hatten die Inseln ihre Unabhängigkeit erklärt, nachdem sie erst unter spanischer, dann unter deutscher und schließlich unter japanischer Herrschaft standen. Die meisten der 20 000 Einwohner Palaus leben auf vier Inseln: Koror, Angaur, Badeldaob und Peleliu. Getaucht wird vor allem in der südlichen Hälfte des Archipels und um die Rock Islands (auch Chelbacheb-Inseln genannt), ein Inbegriff tropischer Schönheit mit den unvermeidlichen weißen Sandstränden und Palmen. Unter Wasser sorgen eine üppige Ausstattung mit Riffen und Wänden, über 1300 Fischarten und eine Handvoll Wracks für Abwechslung. »Die meisten Riffe in Palau reichen bis zur Wasseroberfläche«, erklärt Wayne. »Man muss nie tiefer als 30 Meter tauchen und braucht auch nirgendwo gegen die Strömung zu kämpfen. Bis zum Haizirkus an der Blue Corner sind es nur 15 Meter.«

Blue Corner ist vielleicht *der* Ort, der für das Tauchen in Palau steht, und gleichzeitig auch Waynes Lieblingsplatz. »Ich könnte da eine Woche lang jeden Tag vier- oder fünfmal tauchen gehen, und jedes Mal wäre es anders«, sagt er. »Es ist ein magischer Ort, wo einfach alles irgendwann vorbeizukommen scheint; die Gezeiten spülen es am Riff entlang.«

Blue Corner ragt aus dem Riff heraus, beginnt in seichtem Wasser und fällt dann steil ins tiefblaue Wasser ab. Auf diese Weise entsteht die Strömung, die Meereslebewesen anschwemmt. Taucher lassen sich mit der Strömung treiben, bis sie auf eine Ansammlung von Tieren treffen; dann verankern sie sich an ein paar Felsen am Riff und genießen das Schauspiel. »Ich tauche wirklich gern mit Barrakuda-Schwärmen, großen Gruppen von Schnappern und Pferdemakrelen und riesigen Napoleon-Lippfischen, die alle mit den Gezeiten hier vorbeikommen«, fährt Wayne fort. »Ich habe schon 50 Haie auf einmal gesehen, Graue Riffhaie und Weißspitzenhaie, die bewegungslos im blauen Wasser hingen. Sie fressen nicht, aber wahrscheinlich denken sie darüber nach. Wenn man sie dann jagen sieht, ist das ein grandioses Schauspiel. Sie arbeiten zusammen, kreisen Fische ein und treiben sie am Riff in die Enge, oder sie schießen in einen Schwarm hinein, um sich ihre Tagesration dort zu holen. Manchmal kommt man ihnen so nahe, dass man sieht, wie sie die Augen nach einem verdrehen, wenn sie vorbeischwimmen. Da steigt dann der Puls doch. Es werden nicht viele Menschen von Haien gebissen, aber mir ist schon mal der Gedanke gekommen: Wenn man tatsächlich gebissen würde, dann würde man auch wollen, dass das Tier einem vorher in die Augen gesehen hat.«

Der Napoleon-Lippfisch erfreut sich bei vielen Besuchern von Palau großer Beliebtheit, weil er wenig Berührungsängste hat und auch wegen seiner Größe: Manche Exemplare werden weit über 1,80 Meter lang und 130 Kilogramm schwer. »Meiner Meinung nach hat der Napoleon-Lippfisch mehr Persönlichkeit als alles andere in der Tiefe«, findet Wayne. »Diese großen, grünen Wesen mit den Hängebacken sind hier bemerkenswert freundlich. Zum Teil kommt das natürlich daher, dass die Tauchguides sie an der Blue Corner früher mit hart gekochten Eiern gefüttert haben. Sie brauchten ihnen das Ei nicht mal zu zeigen, die Lippfische gingen direkt an die Tasche, in der es steckte. Wenn man es ihnen hinhielt, nahm der Fisch es ins Maul, zog die Schale ab und spuckte sie aus. Wenn sie herausfinden, dass man etwas zu fressen dabeihat, wird man sie überhaupt nicht wieder los.« (Vom Füttern mit hart gekochten Eiern wird inzwischen abgeraten, da Geflügelprodukte nicht zum typischen Nahrungsspektrum des Fisches gehören.)

Man kann von der Insel Koror aus zwar Tagesausflüge buchen, aber echte Tauchfans haben an Bord eines Tauchschiffes am meisten von Palau. Ein typischer Tag auf der »Palau Aggressor« sieht so aus: »Man steht um halb sieben auf und frühstückt – vielen reichen Brötchen und Kaffee, es gibt aber auch üppigere Frühstücksangebote. Um acht sitzt man dann im Tenderboot und ist bereit für den ersten Tauchgang. Nach einer Stunde unter Wasser fährt man zurück zum Boot, wo schon frisch gebackene Köstlichkeiten bereitstehen. Dann haben die Gäste ein oder zwei Stunden Zeit, um am Kameratisch zu arbeiten oder sich in der Hängematte auszuruhen. Um elf geht es mit dem zweiten Tauchgang weiter, das Mittagessen wird um halb eins serviert. Um halb drei geht man wieder tauchen. Wenn die Gäste zurückkommen, warten schon kleine Häppchen auf sie. Um fünf gibt es noch einmal einen Tauchgang, um sieben wird zu Abend gegessen, und wer möchte, kann hinterher noch zum Nachttauchen aufbrechen. Wir heben immer Nachtisch auf für alle, die nach dem abendlichen Tauchgang noch Appetit auf etwas Süßes haben.«

Es gibt einige beliebte Stellen wie den German Channel, den Big Dropoff, Shark City und Turtle Cove, um nur einige zu nennen, die die Taucher meist sehen möchten. Eine Attraktion von Palau, die ein wenig abseits vom Riff liegt, ist unter dem Namen Jellyfish Lake (Quallensee, auf Papauisch *Ongeim'l Tketau*) bekannt und befindet sich auf der Insel Ali-Malik. Es gibt rund 60 Salzwasserseen auf den Rock Islands; manche mit einer Gezeitenströmung, andere werden durch Spalten in den Kalksteinschichten der Insel gespeist. Vor langer Zeit wurden Ohrenquallen und die Schirmquallenart *Mastigias papua* in diesem See vom offenen Meer getrennt und konnten nicht wieder zurück. Da die Medusen in diesem Schutzraum keine Fressfeinde haben, verloren sie im Laufe der Zeit die Fähigkeit des Nesselns und haben sich millionenfach vermehrt. Nach einem steilen, aber kurzen Anstieg über einen Waldpfad erreicht man den leuchtend blauen See und seine durchscheinenden Bewohner, die direkt unter der Oberfläche umherhuschen. Eine Reise nach Palau ist nicht vollständig ohne einige Stunden Schnorcheln im Quallensee.

WAYNE HASSON hat wahrscheinlich mehr Zeit seines Lebens unter als über Wasser verbracht. Die Liebesbeziehung des leidenschaftlichen Tauchers zum Meer begann schon 1967 während seines achtjährigen Dienstes bei der Marine. Nachdem er 1978 das Marinekorps verlassen hatte, dauerte es nicht lange, bis er einen großen Einfluss in der Tauchwelt erlangt hatte. 1984 gründete er die »Aggressor«-Flotte und fuhr als Kapitän auf dem ersten »Kaiman Aggressor«. Sein Ansatz des Luxus-Tauchschiff-Konzepts hat im wahrsten Sinne des Wortes verändert, wie wir die Welt erforschen. Heute gibt es zwölf »Aggressor«-Tauchschiffe mit einer Konzession. Auf den Kaimaninseln entstanden mit Hassons Hilfe die ersten 112 Dauerankerplätze, und er exportierte das Konzept nach Belize, die Turks- und Caicosinseln, die Bay Islands, Kona und Chuuk. Hasson erfand das SASY-System (Supplied Air Snorkeling for Youth) und rief das Programm Oceans for Youth ins Leben, mit dem die nächste Generation von Tauchern in Meereskunde und Tauchen ausgebildet und ihr Bewusstsein für unsere Ozeane geschärft wird. Bis heute blickt Wayne Hasson auf über 10 000 Tauchgänge zurück. Seine preisgekrönten Fotos wurden weltweit veröffentlicht.

REISETIPPS

▶ **Anreise:** Nach Palau gelangt man über Guam und Manila. Diese beiden Ziele erreichen Reisende aus Deutschland mit einem oder zwei Zwischenstopps.

▶ **Beste Reisezeit:** In Palau kann man das ganze Jahr über tauchen, allerdings ist das Wetter im Vorfrühling trockener, von Mai bis September regnet es häufiger.

▶ **Unterkünfte:** Mehrere Tauchschiffe fahren Palau an, darunter die »Palau Aggressor« (www.aggressor.com), die »Big Blue Explorer« (www.palauscuba.com) und die »Ocean Hunter« (www.oceanhunter.com). Wenn Sie lieber an Land übernachten möchten, finden Sie Unterkunftsmöglichkeiten auf www.visit-palau.com.

▶ **Tauchbasen/Guides:** Dive Palau (www.palaudive.com) und Fish'n'Fins (www.fishnfins.com) bieten Tagesausflüge an.

MILNE BAY

EMPFOHLEN VON **Stan Waterman**

»Im Laufe meiner Arbeit als Unterwasserfilmer erkannte ich, dass Aufnahmen von großen und möglicherweise gefährlichen Meerestieren besonders guten Absatz fanden«, erzählt Stan Waterman. »Ich konzentrierte mich auf Haie und finanzierte damit die Ausbildung meiner Kinder. Anfangs spornte mich das Romantische an diesen großen Tieren an, aber irgendwann entwickelte ich mich weiter. Ich interessierte mich zunehmend für kleinere und lohnendere Zielobjekte vor der Kamera. Daraus entwickelte sich eine Faszination für die Makrowelt und das, was man heute als Muck-Diving bezeichnet. Die Milne Bay vor Papua-Neuguinea gehört ganz sicher zu den besten Orten der Welt, wenn man auf der Suche nach Makrolebewesen ist.«

Die Nation Papua-Neuguinea umfasst die östliche Hälfte von Neuguinea, einer Insel im Nordosten von Australien. Nachschlagewerke beschreiben Neuguinea häufig als zweitgrößte Insel der Welt; viele, die das Land besser kennen, sträuben sich jedoch gegen diese Kategorisierung und würden Neuguinea wegen seiner Größe, seiner kulturellen Vielfalt und seines Artenreichtums eher als eigenen Kontinent bezeichnen. In Papua-Neuguinea, das etwas größer ist als Kalifornien, gibt es über 850 indigene Sprachen, und die meisten Menschen haben eine enge Verbindung zu dem Land, auf dem sie leben. (Im Gegensatz zur Darstellung der Regenbogenpresse lebt die Mehrheit hier übrigens nicht kannibalisch. Der letzte verzeichnete Kannibalismusfall trat Anfang der 1970er-Jahre auf, und selbst davor beschränkte sich der Kannibalismus auf einige wenige Stämme.)

Die Artenvielfalt in Papua-Neuguinea wird in kaum einem anderen Teil der Welt erreicht: Fünf bis zehn Prozent aller Arten der Erde leben hier, viele von ihnen endemisch. Zum Vergleich: Die Gewässer von Papua-Neuguinea beheimaten doppelt so viele Arten wie das Rote Meer und zehnmal so viele wie die Karibik! Milne Bay vor der südöstlichsten Spitze

des Landes liegt genau zwischen Salomonensee und Korallenmeer und ist die vielleicht größte Meeresschatzkiste von Papua-Neuguinea.

»Das Muck-Diving habe ich in der Milne Bay kennengelernt«, erinnert sich Stan. »Ich hatte schon davon gehört und wandte mich an Bob und Dinah Halstead, die Papua-Neuguinea als Pioniere für den Tauchsport erschlossen und den Begriff Muck-Diving in den frühen Achtzigerjahren geprägt hatten. Es war eine Offenbarung für mich. Jeder Tauchgang barg eine Überraschung, weil es hier so unglaublich viele Lebewesen im Makrobereich gab. Ich sah 15 Arten von Nacktkiemern und prächtige giftige Fische wie Steinfische, Skorpionfische und Himmelsgucker. Eine ähnliche Ansammlung von Tieren hatte ich noch nie gesehen.« Die Vielfalt der kleinen Lebewesen ist ebenso erstaunlich wie umfassend. Sattelfleck-Anemonenfische, Spiegelfleck-Lippfische, Wunderpus, Harlekin-Lippfische, Geisterpfeifenfische, Teufelsfische, Schaukel-Stirnflosser und Algen-Drachenköpfe sind nur einige der hier vertretenen Arten. Dass diese Tiere nur 30 Zentimeter oder weniger messen, macht sie kaum weniger beeindruckend. »Mit einigen der heutigen Kompaktkameras – sowohl Foto- als auch Videokameras – kann man hervorragende Nahaufnahmen vom Kopf einer Garnele machen«, fügt Stan hinzu. »Ein Miniatur-Feuerfisch ist genauso aufregend wie ein hundertmal größeres Tier, wenn er das ganze Bild ausfüllt. Mit der heute erhältlichen Optik lassen sich Makroaufnahmen anfertigen, indem man sich einfach auf die Lauer legt und wartet, bis das Tier vorbeikommt, entweder von selbst oder durch einen Tauchguide angelockt.«

Eine Robbe mit Schnurrbart? Oder ein Schwarzflecken-Kugelfisch bei einer Putzsitzung mit einer Indopazifischen Weißband-Putzergarnele? Im Schlamm der Milne Bay warten wahrlich bizarre Lebewesen.

Auch wenn Milne Bay und Papua-Neuguinea für den Tauchsport eher noch Neuland sind, gibt es doch einige etablierte Muck-Diving-Stellen, die Ihr Tauchguide Ihnen sicher zeigen wird. Eine davon heißt Dinah's Beach und liegt an der Nordküste der Milne Bay. (Tatsächlich haben Bob und Dinah Halstead genau hier das Muck-Diving »entdeckt«, aber der Name entstammt dem Umstand, dass Dinahs schon lange in Papua-Neuguinea ansässiger Familie der Strand gehört.) Wie auch an anderen lohnenden Muck-Diving-Plätzen wirkt der Meeresgrund hier auf den ersten Blick nicht besonders einladend: überall verrottende Baumstämme, Korallensplitt und anderer Schutt. Wer jedoch genauer hinsieht, entdeckt eine ganze Palette an Kleinlebewesen: fünf Feuerfisch-Arten, Nasenmuränen, Fangschreckenkrebse und Putzergarnelen, sechs Anemonenfisch-Arten, verschiedenste Nacktkiemer, auffällige Sepien, Schaukel-Stirnflosser und Ambon-Drachenköpfe. Und das Beste daran: All diese Tiere finden sich in Gewässertiefen von selten mehr als zehn Metern. Der nahe gelegene Observation Point ist ebenfalls eine bekannte Muck-Diving-Stelle und beherbergt viele Arten, die auch an Dinah's Beach zu finden sind, dazu Braunkopf-Plattköpfe, Dekorateurkrabben und Mimik-Oktopusse sowie viele weitere Arten.

Auch wenn Milne Bay vor allem für seine Muck-Diving-Plätze bekannt geworden ist, hat der Ort noch viel mehr zu bieten. An spektakulären Riffen, zum Beispiel am Deacon's Reef (nahe Dinah's Beach), erheben sich gewaltige Korallentürme über dem Meeresboden, dazwischen Säulen mit Geweihkorallen, Steinkorallen der Gattung *Helioseris* und Gorgonien in allen Regenbogenfarben. Wer gern Freiwasserarten beobachtet, sollte sich Giants at Home nicht entgehen lassen, eine zuverlässige Mantarochen-Putzstation in nur 7,50 Metern Tiefe. An einigen Stellen trifft man auf Hammerhaie, an anderen auf Walhaie, und manchmal tauchen sogar Schwertwale auf. Wrackfans haben sicher ihre Freude an den intakten Überresten des Kampfbombers P38 Lightning und des B-17-Bombers aus dem Zweiten Weltkrieg. Und jeder hat die Gelegenheit, etwas Zeit an Land zu verbringen, um das kulturelle Erbe dieses faszinierenden Landes zu erkunden.

STAN WATERMAN ist ein Pionier des Gerätetauchens, seit es sich als Freizeitsport etabliert hat. Zwischen 1954 und 1958 besaß er ein Tauchgeschäft auf den Bahamas mit einem Boot, das er speziell für das Tauchen gebaut hatte. Sein erster 16-mm-Film über das Tauchen entstand in dieser Zeit. In den folgenden 15 Jahren bannte Stan seine Reisen und Unternehmungen in der ganzen Welt weiterhin auf Film. Die meisten Aufnahmen verkaufte er früher oder später als Dokumentationen ans Fernsehen. 1968 drehte er zusammen mit Peter Gimbel den klassischen Haifilm *Blaues Wasser, weißer Tod*. Er war Co-Regisseur für Unterwasseraufnahmen und Second Unit bei der Produktion *Die Tiefe* nach dem Bestseller von Peter Benchley. In anderen gemeinsamen Projekten mit seinem engen Freund und Nachbarn Benchley war Stan zehn Jahre lang verantwortlich für die Produktionen der ABC-Show *American Sportsman*. In jüngerer Zeit drehte er Dokumentationen für die ABC-Serie *Spirit of Adventure* und die ESPN-Serie *Expedition Earth*. Waterman erhielt zahlreiche Auszeichnungen und Preise für seine Arbeit, darunter fünf Emmys, zwei Goldmedaillen des UK Unterwater Film Festival, vier Golden Eagles, einen Preis für sein Lebenswerk von der Miami Expo und von den Boston Sea Rovers, den Cousteau Diver of the Year Award, die Richard-Hopper-Day-Gedenkmedaille der Philadelphia Academy of Natural Sciences und den Reaching Out Award der Diving Equipment and Marketing Association. Ferner wurde er in die International Scuba Diving Hall of Fame berufen. Seinen beiden Söhnen und seiner Tochter hat er seine Liebe zum Meer weitervererbt. Mit seinem ältesten

Sohn, Gordy, ebenfalls ein erfolgreicher Kameramann, gewann Stan Waterman den ersten Vater-und-Sohn-Emmy für ihre Zusammenarbeit in der Produktion *Dancing with Stingrays* des National Geographic Explorer. Sein erstes Buch, *Sea Salt*, erschien 2005. Waterman beschäftigt sich noch immer mit Tauchen und Filmen, tritt als Redner auf und veranstaltet Tauchreisen.

REISETIPPS

► **Anreise:** Alotau ist der Ausgangspunkt für die meisten Touren in der Milne Bay. Air Niugini fliegt von Port Moresby in Papua-Neuguinea dorthin. Nach Port Moresby gelangt man von Deutschland aus mit zwei Zwischenstopps.

► **Beste Reisezeit:** Das Tauchen ist in der Milne Bay ganzjährig möglich. Die Sicht ist von Juni bis Oktober am besten, von November bis Mai findet man verschiedende Makrolebewesen.

► **Unterkünfte:** Die meisten Besucher der Milne Bay entscheiden sich für ein Tauchschiff; sehr beliebt ist Bob Halsteads Telita Dive Adventures (www.telitacruises.com). Das Tawali Resort (www.tawali.com) bietet ebenfalls Tauchausflüge an.

MALAPASCUA ISLAND

EMPFOHLEN VON **Andrea Agarwal**

Andrea Agarwals erster Tauchgang bei Malapascua war einer der denkwürdigsten ihres Lebens. »Ich hatte von den Fuchshaien von Malapascua gehört und wollte sie mit eigenen Augen sehen«, beginnt sie. »Mein Mann Trevor und ich machten Urlaub auf den Philippinen und hatten ein paar Tage für die Insel eingeplant. Als wir in Richtung Monad Shoal aufbrachen, stieg der Adrenalinspiegel. Wir gingen auf den flachen Meeresgrund hinunter, als die Sonne gerade aufging. Wir schwammen einige Minuten umher, und dann tauchte aus der Dunkelheit der Umriss eines Fuchshais auf, anmutig mit dem großen, sensenartigen Schwanz schlagend. Er kam bis auf einige Meter heran. Sein silberner Körper glänzte im frühen Morgenlicht, und seinen charakteristischen Schwanz, der fast die halbe Körperlänge erreichte, zog er träge hinter sich her. Der Hai umkreiste uns mehrmals und schwamm dann davon ins blaue Meer. Auf demselben Tauchgang sah ich auch meinen ersten Mantarochen. Wow!«

Malapascua schaffte es dank der Aussicht auf zuverlässige Fuchshai-Sichtungen auf die Tauchkarten der Welt.

Die Philippinen werden viel zu wenig als Tauchziel genutzt, obwohl es dort mit Sicherheit eine Reihe von Tauchplätzen der Weltklasse gibt, die mehr Beachtung verdient hätten. Lohnende Ziele auf den 7000 Inseln, aus denen das Land besteht, sind etwa Tubattaha Reef, Balicasag Island, Anilao, Puerto Galera – und Malapascua Island. Malapascua ist eine kleine Insel wenige Kilometer vor der Nordspitze der Provinz Cebu in der Visayas-See. Mit ihren herrlichen weißen Sandstränden war sie jahrelang ein Geheimtipp unter Urlaubern; die Taucher haben die Insel jedoch erst seit Beginn der 1990er-Jahre auf dem Schirm. Ursprünglich war die Stelle vor allem für die zuverlässigen täglichen Sichtungen von Fuchshaien bekannt. Fuchshaie gehören zu den Makrelenhaiartigen. Sie erreichen eine Länge von fast sechs Metern, wobei ihr charakteristischer Schwanz, der ihnen auch den Namen »Drescherhaie« einbrachte, etwa die Hälfte davon ausmacht. Wegen ihrer Vorliebe für große Tiefen und ihre nachtaktive Lebensweise ist relativ wenig über sie bekannt. Man weiß, dass sie Kalmare und Schwarmfische wie Makrelen fressen und dass sie ihre kleinen Beutefische mit dem Schwanz zusammentreiben können. Wegen ihrer offenkundigen Abneigung gegen helles Licht hat man in den frühen Morgenstunden die besten Chancen, auf einen zu treffen. »Wenn Besucher die Fuchshaie sehen möchten, empfehlen wir einen frühen Aufbruch – am besten schon um fünf, auf keinen Fall aber später als um sieben«, fährt Andrea fort. »Wir fahren zu einer Stelle namens Monad Shoal, eine versunkene Insel in einer Tiefe von 18 bis 24 Metern. Die Ränder fallen auf über 200 Meter steil ab, und die Fuchshaie kommen aus den Tiefen, um sich von den Putzerlippfischen, die hier leben, die Parasiten entfernen zu lassen. Wenn man unten ist und auf sie wartet, fühlt man sich wie auf Safari. Wir bewegen uns langsam, als ob wir ihnen nachstellen. Wenn wir tatsächlich einen Hai sehen, halten wir an und warten. Wenn wir bewegungslos verharren, kommen die Haie so nahe, dass wir sie fast berühren könnten. Oft kommen mehrere Tiere gleichzeitig und umkreisen uns. Ich sehe jeden Morgen Gäste nach dem frühen Tauchgang, und ihre Gesichter strahlen fast immer vor Aufregung, einen Fuchshai gesehen zu haben.«

Die meisten kommen zwar wegen der Fuchshaie nach Malapascua, aber wie man angesichts der Lage der Insel in der Visayas-See erwarten kann, hat sie noch mehr zu bieten. »Auf Gato Island, einem Meeresreservat und Seeschlangen-Schutzgebiet, gibt es eine sehr artenreiche Meeresfauna«, bekräftigt Andrea. »Man sieht dort Nattern-Plattschwänze, Sepien – häufig bei der Paarung, Nacktkiemer, Anglerfische, Muränen, Skorpionfische, Indische Makrelen und viele Weißspitzenhaie. Oft trifft man hier auch auf Zwerg-Seepferdchen, und es gibt einen Tunnel, der unter die Insel führt. Für jeden Geschmack ist etwas dabei! Vor Lapus Lapus Island findet man spektakuläre, ganz unberührte Korallenformationen. In der Umgebung liegen einige Wracks; am beliebtesten ist die Passagierfähre »Dona Marilyn«, die 1988 sank. Mehrere große Rochenarten leben dort, und erfahrene Wracktaucher können an einigen Stellen ins Schiff hinein. Wir entdecken auch immer mehr Stellen, die sich für das Muck-Diving gut eignen. Die kleinen Lebewesen, die man an solchen Orten findet, sind so unglaublich gut getarnt – es ist ein Hochgefühl, wenn man eins erblickt, und ein weiteres, sein Verhalten zu beobachten.«

Ein typischer Tauchtag auf Malapascua endet mit einem passenden Gegenstück zum Fuchshai im Morgengrauen – ein Stelldichein mit Mandarinfischen in der Abenddämmerung an einer Stelle namens Lighthouse. »Wir nennen das den Randy-Mandy-Tauchgang«, erklärt Andrea, »weil wir häufig die komplizierten Balzrituale der Mandarinfische beobachten können, die dort in den kaputten Hartkorallen leben. Beim Einsetzen der Dämmerung sammeln sich kleine Gruppen von Weibchen. Ein Männchen, das etwas größer ist, nähert sich einem oder mehreren Weibchen und tanzt um sie herum. Wenn das Männchen eine willige Partnerin findet, tanzen sie einige Augenblicke umeinander und steigen dann einen bis anderthalb Meter über die Koralle. Eier und Spermien werden in einer Wolke ausgestoßen, und die beiden sinken wieder zurück in die Koralle. Manchmal hat das Männchen noch Zeit, sich ein oder zwei weitere Weibchen zu suchen, bevor die Dunkelheit hereinbricht.«

ANDREA AGARWAL ist Mitinhaberin von Thresher Shark Divers (www.malapascua-diving.com) auf Malapascua. Die gebürtige Engländerin war Tauchlehrerin in Thailand und Honduras, bevor sie in San Francisco ihre Tauchschule Andrea's Aquatics eröffnete. Als sie nicht länger in kaltem Wasser unterrichten wollten, machten sie und ihr Mann Trevor sich auf den Weg in die Tropen, um nach einem Ort für ihre nächste Tauchbasis zu suchen. Ursprünglich kamen sie nach Malapascua, um die Fuchshaie zu sehen, aber es gefiel ihnen dort so gut, dass sie blieben.

REISETIPPS

► **Anreise:** Die Insel Cebu ist von Hongkong, Singapur und Manila aus mit Cebu Pacific Air zu erreichen. Diese Flughäfen werden von Deutschland aus von vielen Airlines mit einem oder zwei Stopps angeflogen. Die Tauchbasen und Hotels in Malapascua kümmern sich um den Transport ins Hotel.

► **Beste Reisezeit:** Tauchen ist das ganze Jahr über möglich. Die Hochsaison dauert von Dezember bis April. Es regnet am meisten im Mai, Juni und September; pro Jahr sind weniger als zehn Tage aufgrund schlechter Sicht wegen der Stürme zum Tauchen ungeeignet.

► **Unterkünfte:** Auf Malapascua stehen verschiedene Unterkünfte zur Verfügung, zum Beispiel das Cocobana, das Hippocampus (www.hippocampus-online.com) und das Sunsplash (www.malapascua.info).

► **Tauchbasen/Guides:** Es gibt mehrere Tauchbasen auf Malapascua, darunter auch Andreas Unternehmen Thresher Shark Divers (www.malapascua-diving.com) und Sea Explorers Philippines (www.sea-explorers.com).

SCAPA FLOW

EMPFOHLEN VON **Kieran Hatton**

»In Großbritannien gibt es eine sehr aktive Wracktaucherszene«, sagt Kieran Hatton, »und wenn es ein Mekka für Wracktaucher gibt, dann ist es Scapa Flow. Die Besucher können direkt ins Goldene Zeitalter der Schifffahrt abtauchen und haben Zugang zu sehr intakten Wracks an sehr gut erreichbaren Stellen. Ich glaube, es gibt nirgendwo sonst auf der Welt einen Ort, an dem man so einfach zu Kriegsschiffen dieser Generation hinabtauchen kann.«

Aufgrund der bewegten Seefahrtsgeschichte des Landes und seiner natürlichen Schönheit ist es kein Wunder, dass Wracktauchfans eine Pilgerfahrt nach Orkney und Scapa Flow für ein Muss halten. Orkney, ein Archipel aus 70 Inseln, liegt direkt über der Nordspitze der britischen Hauptinsel zwischen dem Nordatlantik im Westen und der Nordsee im Osten. In der Mitte des südlichen Teils des Archipels liegt Scapa Flow, ein großer natürlicher Hafen, der von den Inseln Mainland, Hoy, Graemsay, Burray und South Ronaldsay gebildet wird. Die 300 Quadratkilometer große Innensee wurde schon zu Wikingerzeiten als Ankerplatz genutzt. Später diente sie der Royal Navy in beiden Weltkriegen als wichtige Marinebasis. Von hier aus konnten die britischen Truppen den Zugang sowohl zum Nordatlantik als auch zur Nordsee kontrollieren.

Die Grundlage für Scapas Ruhm als Wracktauchstelle wurde 1918 gelegt, als die Bucht nach dem Waffenstillstand als Internierungsort für die deutsche Hochseeflotte gewählt wurde. Später in diesem Jahr lenkte Admiral Ludwig von Reuter 74 Schiffe (zehn Kriegsschiffe, sechs Schlachtkreuzer, acht Kleine Kreuzer und 50 Zerstörer) nach Scapa Flow, um dort den endgültigen Friedensvertrag abzuwarten. Nach sechs Monaten Warten, kaum Informationen und keinerlei Anzeichen für eine eindeutige Lösung schmiedete Admiral von Reuter im Stillen Pläne, die Flotte untergehen zu lassen, damit sie nicht in die Hände der britischen Truppen fiel. Am 21. Juni wurde die gesamte Flotte versenkt. Von den

74 Schiffen wurden 22 sofort geborgen und weitere 45 dank aufwendiger Bergungsarbeiten zwischen den Kriegen wieder an die Oberfläche geholt. Auf dem Grund der Bucht blieben damit drei Kriegsschiffe und vier Kleine Kreuzer. Das zweite Stadium der Entwicklung von Scapa Flow zum Paradies für Wracktaucher begann mit der Eskalation der Aggressionen kurz vor dem Zweiten Weltkrieg. Um die britische Flotte in Scapa zu schützen, wurden zahlreiche Durchfahrten zum Ankergrund durch das Versenken verschiedener Schiffe blockiert, die später als Blockschiffswracks bekannt wurden. Trotz dieser und anderer Sicherheitsvorkehrungen (wie Netzsperren über wichtige Einfahrten im Osten) gelang einem deutschen U-Boot die Einfahrt nach Scapa Flow. Die »HMS Royal Oak« wurde versenkt, 833 Menschen starben. Um solche Vorkommnisse in Zukunft zu verhindern, wurden mehrere Dämme über die östlichen Einfahrten in den Hafen gebaut, die als »Churchill Barriers« bekannt wurden. Zusammen mit den Blockschiffswracks stellen sie eine weitere Attraktion für Taucher dar.

Die Überreste der sieben Schiffe der deutschen Hochseeflotte liegen in der Nähe der Insel Cava zwischen den größeren Inseln Mainland und Hoy. Jedes der drei Kriegsschiffe – die »Markgraf«, die »Kronprinz Wilhelm« und die »König« – ist mehr als 165 Meter lang. »Schon allein die Größe der Kriegsschiffe ist unglaublich eindrucksvoll«, fährt Kieran fort. »Man kann sich auf den Meeresgrund setzen und zu den Kanonen der ›Kronprinz Wilhelm‹ mit einem Durchmesser von 30 Zentimetern hochsehen. Das waren die Marschflugkörper der damaligen Zeit! Die Planken aus Teakholz sind noch intakt, und man kann sogar die Steuerradsäule erkennen, wenn man weiß, wo man suchen muss. Geschickte und abenteuerlustige Taucher können sich in die Maschinenräume der ›König‹ und ihrer Schwesterschiffe vorwagen. Von den Kleinen Kreuzern – ›SMS Karlsruhe‹, ›SMS Cöln‹, ›SMS Dresden‹ und ›SMS Brummer‹ – mag ich die ›Cöln‹ am liebsten, weil sie von allen noch am besten erhalten ist. Der Bug ist komplett unzerstört. An einem Tag mit guter Sicht kann man sich an ihn hängen und die Größe dieser fast 150 Meter langen Schiffe auf sich wirken lassen. Solche Schiffe werden heute gar nicht mehr gebaut! Am Bug hat sich auch eine Fülle von Meereslebewesen angesiedelt: Schwämme, Anemonen und viele verschiedene Fischarten. Wenn man sich am Schiff entlangtreiben lässt, kommt man irgendwann zu den Ankerketten, die daran erinnern, dass diese Schiffe vor Anker lagen, als sie sanken.« Während die Kriegsschiffe in 25 bis 45 Metern Tiefe liegen, muss man zu den Kreuzern nur 13 bis 35 Meter hinabtauchen. Die Kanonen der ›Karlsruhe‹ und das intakte Heck der ›Dresden‹ sind weitere lohnende Attraktionen. Auch die Überreste der 45 geborgenen Schiffe lassen mehr oder weniger deutlich deren Erhabenheit erahnen. Unter den nicht geborgenen Metallteilen erkennt man am deutlichsten noch die vier Geschütztürme der »SMS Bayern«.

Kieran beschreibt einen typischen Tag in Scapa Flow: »Morgens tauchen wir zu einem der Kriegsschiffe oder Kleinen Kreuzer. Zum Mittagessen fahren wir zurück in die Stadt und besuchen danach das Stromness Museum, das viele Artefakte der deutschen Flotte ausstellt. Nachmittags tauchen wir zu einem anderen der großen Wracks oder besuchen die Blockschiffe in Burra Sound oder an den Churchill Barriers.« Zu den beliebtesten Wracks unter den Blockschiffen gehören die »Tabarka«, die »Gobernador Bories« und die »Doyle« im Burra Sound sowie die »Cape Ortegal« (Barriere Nr. 2) und die »Gartshore« (Barriere Nr. 3).

Auch über Wasser mangelt es in Stromness und in Orkney allgemein nicht an Sehenswürdigkeiten. »Man findet hier einige der ältesten menschlichen Siedlungen in Nordeuropa«, berichtet Kieran stolz, »eine Menge Frühgeschichtliches, Menhire und Grabstätten. Der Einfluss der Wikinger ist überall spürbar. Auch unter Vogelbeobachtern ist Orkney weltberühmt.« Und wenn das Tagespensum geschafft ist, spricht nichts gegen einen Schluck Single Malt Whiskey aus Scapa.

KIERAN HATTON ist Tauchlehrer bei Scapa Scuba (www.scapascuba.co.uk) in Stromness (Schottland). Über 1000 Tauchgänge führten ihn bereits nach Ägypten, Australien, Mexiko, Indien, Thailand und an zahlreiche Orte in Großbritannien.

REISETIPPS

► **Anreise:** Die Stadt Stromness ist ein guter Ausgangspunkt für Expeditionen nach Scapa Flow. Nach Stromness fliegt British Airways täglich von Inverness, Edinburgh und Aberdeen. Dorthin gelangt man von Deutschland aus direkt oder mit einem Stopp.

► **Beste Reisezeit:** Die Tauchsaison dauert von April bis Oktober. Die Sicht ist am Anfang und am Ende der Saison am besten, das Wasser ist im Sommer allerdings wärmer.

► **Unterkünfte:** Das Stromness Hotel (www.stromnesshotel.com) wird allgemein empfohlen. Auf www.visitorkney.com finden sich weitere Unterkunftsmöglichkeiten.

► **Tauchbasen/Guides:** Die einheimische Tauchbasis Scapa Scuba (www.scapascuba.co.uk) bietet Ausflüge zu den Wracks in Scapa Flow an.

MAHÉ

EMPFOHLEN VON **Debbie Smith**

Taucher sind ständig auf der Suche nach dem nächsten Paradies, dem Unterwassergarten Eden. Manche, wie zum Beispiel Debbie Smith, glauben, es auf den Seychellen gefunden zu haben. »Wenn man auf Mahé zufliegt, ist man überwältigt von seiner Schönheit. Es ist noch üppiger als auf den Hochglanzfotos in den Touristenbroschüren«, meint Debbie. »Wenn man dann endlich in das warme, klare Wasser kommt, findet man sich in einer vielfältigen, üppigen und wunderschönen Welt wieder. Jeder Tauchplatz ist ganz anders als der nächste. Vor Mahé und den anderen inneren Inseln bekommt man nicht viele Haie zu sehen, aber doch genügend große Tiere, die den Ort interessant machen.«

Die Seychellen sind ein Archipel mit 115 Inseln, die sich über 400 000 Quadratkilometer im Indischen Ozean verteilen und etwa 1500 Kilometer vor der Küste von Kenia und 1000 Kilometer nördlich von Madagaskar liegen – insgesamt also relativ abgelegen. Weitab von jedem Festland und direkt unter dem Äquator gelegen, geben die Seychellen das idyllischste Tropenparadies ab, das man sich nur vorstellen kann. Die Lufttemperatur liegt das ganze Jahr über um 29 Grad, die Wassertemperatur ist ähnlich. Das Wasser ist unglaublich klar, und seine türkisblaue Färbung hebt sich einmalig gegen den blendend weißen Sand und die sich wiegenden Palmen ab.

Die abgeschiedene Lage der Seychellen erklärt, warum die Inseln bis zum Beginn des 16. Jahrhunderts unentdeckt blieben, als portugiesische Eroberer kurz hier anlegten (man glaubt, dass arabische Händler vor den Portugiesen hier gelandet sein könnten; darüber gibt es allerdings keine Aufzeichnungen). Abgesehen von gelegentlichen Zwischenstopps von Schiffen, die auf Schildkrötenfleisch aus waren, blieben die Seychellen bis zur Mitte des 18. Jahrhunderts unbewohnt. Als die Franzosen die Inseln 1756 annektierten, benannten sie sie kurzerhand nach ihrem damaligen Finanzminister Jean Moreau de Séchelles. Im

Laufe der nächsten 50 Jahre rang England mit Frankreich um die Kontrolle über die Inseln und brachte sie 1814 schließlich in seinen Besitz. 1976 erlangte die Republik Seychellen die Unabhängigkeit. Die Inselbewohner bestritten ihren Lebensunterhalt traditionell durch Baumwollanbau, Walfang, Kokosplantagen und dem Export von Guano. Seit der Unabhängigkeit hat die Regierung fast die Hälfte der Gesamtfläche der Inseln zu Naturschutzgebieten oder Nationalparks ernannt, weil sie sowohl den Wert dieser Ressourcen an sich als auch ihr Potenzial für den Tourismus erkannt hat. In Zusammenarbeit mit verschiedenen Naturschutzorganisationen setzt sich die Regierung auch rigoros für den Schutz der zahlreichen einzigartigen Arten ein, die auf den Inseln zu Hause sind.

Während es in den flacheren Regionen im Laufe des El Niño 1998 zu einigen Schäden an den Korallen kam, blieben die Riffe im tieferen Wasser weitgehend unversehrt.

Debbie lernte die Tauchwelt der Insel Mahé, auf der sich die Hauptstadt Victoria und ein großer Teil der Bevölkerung finden, und der umliegenden Inseln während der Aufbauarbeiten für das North Island Resort kennen. »Es war eine ganz neue Erfahrung«, erzählt sie, »da meine meisten Tauchgänge um Mahé Erkundungscharakter hatten. Die Hälfte der Zeit hatte ich keine Ahnung, wo ich war. Ich fand viele gute Stellen dank der Hilfe einheimischer Fischer. Ich bot ihnen Saft im Austausch gegen Informationen über Riffe an, die viele Fische hervorbringen. Es war sehr befriedigend, so viele Tauchplätze als Erste zu entdecken.«

In den flacheren Regionen um Mahé kam es während des El Niño von 1998 zur einigen Schäden an den Korallen, weil das Wasser sich zu sehr aufheizte, aber Untersuchungen zeigen, dass sie sich gut wieder erholen. Die Riffe in tieferen Gewässern nahmen weniger Schaden. Weil Mahé und die Inner Islands aus Granit bestehen, hat die Fischfauna der Seychellen kaum gelitten. »An fast jedem Tauchplatz bei Mahé oder North Island«, fährt Debbie fort, »findet man viele unterschiedliche Arten, zum Beispiel Trompetenfische, Fledermausfische, Glas- und Beilfische, Kraken, Schaukelfische, Fetzen-Drachenköpfe, Steinfische, Imperator-Kaiserfische, alle Mitglieder der Stachelmakrelen-Gattung *Caranx*, Große Barrakudas, Bäumchen-Lippfische, große Schwärme von Füsilieren, Weißspitzen-Riffhaie sowie Echte Karettschildkröten und Suppenschildkröten. Auch einige Freiwasserarten wie Goldmakrelen, verschiedene Rochenarten, Wahoos und sogar Gelbflossen-Thunfische kommen hier vorbei. Das ganze Jahr über haben wir hier Walhaie, vor allem zwischen Mahé und der Insel Praslin im Nordosten. Manchmal sieht man fünf oder sechs in einem Gebiet, man kann sie vom Hubschrauber aus erkennen. Viele Tauchplätze sind recht flach und damit ideal für Anfänger. Aber es gibt auch tiefere Stellen für erfahrenere Taucher.« Dank der relativ vielen Walhaie um Mahé forschen das Shark Research Institute Seychelles und die Marine Conservation Society Seychelles hier ständig zu diesen Tieren.

Es gibt eine Unmenge von Tauchplätzen um Mahé und die Inner Islands. Tauchzentren auf Mahé bieten täglich Tauchgänge zu festen Zeiten an; wer in einem der Resorts absteigt, kann praktisch zu jeder gewünschten Zeit tauchen gehen. Auf die Frage, welche Stellen denn besonders beliebt seien, nennt Debbie Shark Bank, das Wrack der »Ennerdale« und South Marianne vor der Insel Marianne. Shark Bank besteht aus einer Reihe von Unterwasser-Granitfelsen in der Beau Vallon Bay. Hier findet man nicht nur Gorgonien, sondern zuverlässig auch große Stechrochen, und manchmal schwimmen auch Walhaie durch. Die »Ennerdale« war ein 215 Meter langer britischer Öltanker, der 1970 in der Nähe von Mamelles Island nördlich von Mahé auf Grund lief. Das Schiffsheck mit seinen gewaltigen Bronzepropellern ist größtenteils noch intakt und zieht nun Muränen, Zackenbarsche, Adlerrochen, Feuerfische und große Schwärme von Füsilieren an. In South Marianne finden sich dramatische Felsbögen, die gern von Grauen Riffhaien, Napoleon-Lippfischen und Adlerrochen aufgesucht werden.

Wer auf dem Weg nach Marianne an der Insel Praslin vorbeikommt, könnte sich ein paar Stunden Zeit nehmen, um an Land zu gehen und das Vallée de Mai zu besuchen, einen nahezu unberührten Palmenwald in einem Tal nahe dem Zentrum der Insel. Hier wächst die Seychellenpalme, die die größten Samen der Welt hervorbringt. Der Samen der Seychellenpalme kann bis zu 25 Kilogramm schwer werden und enthält zwei Lappen – daher auch ihr ehemaliger lateinischer Name *Lodoicea callipyge*, der sich wiederum aus dem griechischen Wort *callipyge* für »hübsches Gesäß« herleitet. Die Seychellenpalme verteilt ihre Samen über das Meer. Bis in den 1760er-Jahren ihre Quelle entdeckt wurde, glaubten manche Seeleute, dass sie von einem magischen Baum am Meeresgrund stammten (vermutlich gehegt von Meerjungfrauen mit ähnlich gut proportionierten Gesäßen).

Manche Menschen sind übrigens auch davon überzeugt, dass das Vallée de Mai dem irdischen Ort des biblischen Gartens Eden entspricht.

DEBBIE SMITHS Leidenschaft und Hingabe führten dazu, dass sie mit den wichtigsten Forschern bei der Öffentlichkeitsarbeit für Haie und zum Schutz der Riffe zusammenarbeitete. Seit sie 1986 den Tauchschein machte, bildete sie sich zum PADI Master Scuba Diver Trainer (MSDT) weiter und spielte eine wesentliche Rolle bei der Einrichtung und Etablierung hochklassiger Tauchzentren und Luxusresorts in Südafrika und auf den Seychellen, vom Kartieren und Benennen der Tauchplätze bis zur touristischen Nutzung. Diese Resorts sind bereits mit hoch angesehenen internationalen Preisen ausgezeichnet worden. Debbie

Smith hat mehrere Artikel über das Tauchen mit Weißen Haien veröffentlicht und ist Gründungsmitglied des Ökotourismusveranstalters Diving with Sharks (www.divingwithsharks.co.za). Als erste Frau in Afrika wurde sie 2007 in Anerkennung ihrer herausragenden Verdienste als Taucherin in den Bereichen Aufklärung, Sicherheit, Forschung und Naturschutz in die Women Divers Hall of Fame aufgenommen.

REISETIPPS

► **Anreise:** Mahé, die Hauptinsel der Seychellen, wird von Deutschland aus direkt oder mit einem Zwischenstopp angeflogen.

► **Beste Reisezeit:** Das Tauchen ist auf den Seychellen ganzjährig möglich. Das wärmste Wasser und die beste Sicht hat man von Ende November bis Ende Mai.

► **Unterkünfte:** Auf der Website von Seychelles Travel (www.seychelles.travel/de) findet sich eine Liste mit Unterkünften auf Mahé und den umliegenden Inseln. North Island Resort (www.north-island.com) gehört zu den Tauchbasen, die Debbie mit aufgebaut hat.

► **Tauchbasen/Guides:** Seychelles Travel führt auf seiner Website (www.seychelles.travel/de) auch die vielen Tauchveranstalter auf Mahé auf.

SHA'AB RUMI

EMPFOHLEN VON **Dominique Sumian**

Als Cheftaucher auf Jacques Cousteaus »Calypso« hatte Dominique Sumian die Gelegenheit, an vielen der schönsten Riffe der Welt zu tauchen, lange bevor sie für das Freizeittauchen »geöffnet« wurden. Nach 23 Jahren mit dem bekanntesten und beliebtesten Unterwasserabenteurer der Welt bleibt Dominique vor allem ein Ort im Gedächtnis: Sha'ab Rumi im Roten Meer vor Sudan. »Kurz bevor ich bei ihm anfing, baute Jacques Cousteau in Sha'ab Rumi die Unterwasserstation »ConShelf II« auf. Drei Jahre später kehrte ich mit Kapitän Cousteau nach Sha'ab Rumi zurück. Ich war überwältigt von der Dichte der Fauna und dem klaren Wasser. Ich tauchte an der Wand entlang, in deren Nähe die Behausungen standen, und die Korallenwälder waren wirklich sehr eindrucksvoll. Wir sahen auch viele Haie dort, unter anderem sehr große Tigerhaie. Elf Jahre später kehrte ich mit Philippe Cousteau ein weiteres Mal dorthin zurück, und es war immer noch genauso schön wie 1967.«

Taucher aus Europa sind den Verlockungen des Roten Meers schon lange erlegen, das tropische Bedingungen bei weniger als einem Flugtag Anreisezeit verspricht. Das Rote Meer ist über den Golf von Aden mit dem Arabischen Meer und dem Indischen Ozean verbunden und erstreckt sich über 2000 Kilometer vom Berg Sinai im Norden bis zum kleinen afrikanischen Staat Dschibuti im Süden. Im Westen grenzt es an Ägypten, den Sudan und Eritrea, im Osten an Saudi-Arabien und den Jemen. Das schmale Nebenmeer misst an seiner breitesten Stelle nur 300 Kilometer, ist dafür aber stellenweise über 2500 Meter tief. An den Küsten kann es mit großen Korallenriffen aufwarten. Wegen der Artenvielfalt unter den Weich- und Hartkorallen und der zahlreichen großen Freiwassertiere, vor allem der Haie, sind viele Fans des Roten Meers davon überzeugt, dass es sich in den Gewässern vor dem Sudan am besten tauchen lässt. Und unter den Küstengewässern dieser gebeutelten Nation ist Sha'ab Rumi, 40 Kilometer nördlich von Port Sudan, das bekannteste Tauchziel.

Berühmtheit hat Sha'ab Rumi zum großen Teil durch Jacques Cousteaus beliebten zweiten Dokumentarfilm *Le Monde sans Soleil* (*Welt ohne Sonne*) erlangt, mit dem er 1964 auch seinen zweiten Oscar für den besten Dokumentarfilm gewann. Das Filmprojekt entstand aus Cousteaus Wunsch, die Möglichkeiten für Taucher zu erforschen, längere Zeit unter Wasser zu leben. Für Cousteau war das Leben unter Wasser eine logische Weiterführung des Konzepts des Sättigungstauchens, das ein Physiologe der US-Marine namens George Bond vorgeschlagen hatte: Bei einer Sättigung des Körpers eines Tauchers mit Stickstoff ist die erforderliche Dekompressionszeit bereits maximiert. Hypothetisch würde es diese Tatsache dem Taucher ermöglichen, für eine unbegrenzte Zeit unten zu bleiben, solange er mit genügend Luft, Nahrung etc. versorgt würde – und sofern er dabei seine geistige Gesundheit bewahrt. 1962 errichteten Cousteau und sein Team im Mittelmeer vor Pomègues die »Continental Shelf Station No. 1« (»ConShelf I«). Zwei Taucher (Albert Falco und Claude Wesley) verbrachten dort ohne größere Zwischenfälle eine Woche unter Wasser. Nachdem diese erste Phase abgeschlossen war, begann Cousteau mit der Planung für die Station »ConShelf II«. Der Standort Sha'ab Rumi wurde zum Teil wegen des klaren Wassers, der reichen Fauna und der robusten Korallenformationen ausgewählt. Diesmal sollten fünf Taucher einen Monat unter Wasser verbringen. Ihr kleines Dorf in einer Tiefe von zehn Metern bestand aus vier Hauptgebäuden und acht Nebengebäuden; das größte Hauptgebäude wurde *Starfish House* genannt und verfügte über eine Klimaanlage und Kochmöglichkeiten. (Zusätzlich sollten zwei Taucher eine Woche in einer Tiefe von 26 Metern verbringen.) Auch bei diesem Experiment lief alles glatt. Unter anderem lernte das Team, dass in ihrer Umgebung Schnittwunden viel schneller heilten und Bärte viel langsamer wuchsen.

Die Welt erfuhr auf diese Weise von der einzigartigen Schönheit der Riffe von Sha'ab Rumi. Der Tauchplatz an sich ist in die Sektoren East und South geteilt. Sha'ab Rumi East, eine Ebene auf einem Felsvorsprung, ist der Standort des »ConShelf-II«-Dorfs. Die von der Oberfläche aus sichtbaren Schatten entpuppen sich beim Näherkommen als Gebäude, darunter auch der Hangar für das Zweimann-U-Boot des Teams, und einer der Haikäfige, die einst einen Ring um die Siedlung bildeten. Abgesehen von seinem Wert als historische Stätte beeindruckt die östliche Sektion des Riffs mit fantastischen Korallenformationen, einer Mischung aus Hart- und Weichkorallen in einer schwindelerregenden Vielfalt an Formen und Farben. Auch Sha'ab Rumi South genießt als Tauchplatz große Wertschätzung. Zu diesem Sektor gehört eine kleine Wand, die im Osten und Westen steil abfällt. Auf dem Riff wachsen Korallen im Übermaß; hier bekommt man einen guten Überblick über die fast

200 Arten, die im Roten Meer beheimatet sind. Wegen der Steilwände besuchen auch viele Freiwassertiere das Riff, etwa Jello-Barrakudas, Stachelmakrelen, Zackenbarsche und Büffelkopf-Papageifische. Manchmal hört man sogar, wie bei letzteren die männlichen Exemplare ihre dicken Köpfe zusammenstoßen. Auch Sha'ab Rumi South zieht eine Reihe von Haien an; regelmäßig kommen hier Graue Riffhaie, Silberspitzenhaie, Schwarzspitzenhaie und Seidenhaie vorbei. In den Wintermonaten ist das Riff einer der besten Plätze für Begegnungen mit Bogenstirn-Hammerhaien.

DOMINIQUE SUMIAN war ein wichtiger Teilnehmer bei vielen Cousteau-Expeditionen. Der einstige Froschmann der französischen Marine wurde als Cheftaucher und zweiter Kapitän zum französischen ozeanografischen Dienst (COF) auf die »SS Espadon« versetzt, wo er erstmals mit Jacques Cousteau zusammen diente. Als Cheftaucher auf der »Calypso« forschte und filmte Sumian später im Roten Meer sowie im Indischen, Atlantischen und Pazifischen Ozean. Unter den Filmen, an denen er mitarbeitete, finden sich die Emmy-gekrönten Werke *The Sharks* und *Life and Death of the Coral Sea* sowie andere mit Preisen ausgezeichnete Produktionen wie *In Search of the Deep*, *The Whales* und *The Unexpected Voyage of Pepito and Christobal*. Auch mit Philippe Cousteau arbeitete er als rechte Hand und Cheftaucher auf vielen Filmexpeditionen zusammen.

REISETIPPS

► **Anreise:** Port Sudan, der Dreh- und Angelpunkt für alle Expeditionen ins Rote Meer vor Sudan, wird von Deutschland aus mit einem Zwischenstopp angeflogen.

► **Beste Reisezeit:** Die meisten Tauchschiffe fahren von Oktober bis Juni. Die Sommer können in dieser Gegend unerträglich heiß werden (und im Gegensatz zum *ConShelf-II*-Team ist ein Verbleiben unter Wasser über die gesamte Aufenthaltsdauer leider nicht möglich).

► **Unterkünfte:** Getaucht wird im Sudan (bei Sha'ab Rumi und überall sonst) von Tauchschiffen aus. Buchungen für das runde Dutzend Schiffe vor Ort können über Reiseveranstalter wie Tony Blackhurst Scuba (www.scuba.co.uk) und Diving World (www.divingworld.co.uk) vorgenommen werden.

ALIWAL SHOAL / WATERFALL BLUFF

EMPFOHLEN VON **Simon Enderby** UND **Jason Isley**

Jason Isley liebt Aliwal Shoal wegen der Haie. Simon Enderby liebt Waterfall Bluff wegen der Sardinen – und all der Lebewesen, die sie anlocken. Beide tauchen gern in den Gewässern südlich von Durban wegen des Adrenalinrausches, den sie mit großer Sicherheit bescheren.

Aliwal Shoal liegt etwa fünf Kilometer vor der Küste gegenüber der Stadt Umkomaas, 50 Kilometer südlich von Durban (Südafrika) im Indischen Ozean. Die Untiefe selbst ist relativ klein, etwa 1500 mal 800 Meter, aber sie erlangte weltweite Berühmtheit durch die Tatsache, dass sie eine Vielzahl verschiedener Haie anzieht. »Man trifft hier auf Hammerhaie, Seidenhaie, Bullenhaie und Sandhaie«, zählt Jason auf. »Tigerhaie kommen auch her. Über die wird am meisten berichtet, und unter anderem deswegen kam dann auch das Team von Scubazoo nach Aliwal.«

Um große Tiere anzulocken, griffen Jason und sein Team auf Chum, einen Köder aus Fischblut und Fischresten, zurück. »Man lässt sich mit dem Köder in der Strömung treiben«, erklärt er, »und hofft, dass man nahe genug an die Haie herankommt, um gute Fotos zu schießen. Bei einer Gelegenheit war ich mit dem Tauchabenteurer Monty Halls und einem großen Tigerhai im Wasser, und die Mitarbeiter des Veranstalters im Boot waren nicht besonders erfahren. Die Sicht war nicht besonders, aber wir konnten einen großen Schatten ausmachen, der uns umkreiste. Als ich hochsah, wurde mir klar, dass der Bootsführer den Köder aus dem Wasser gezogen hatte und keinen mehr runterließ. Als der Hai immer engere Kreise um uns zog, erkannten Monty und ich, dass *wir der Köder waren.* Wir wollten dieses Erlebnis nicht noch einmal haben, und deshalb ist es sehr wichtig, nur mit einem Veranstalter hinauszufahren, der jahrelange Erfahrung hat, wie Mark Addison von Blue Wilderness. Eine unerwartete Überraschung auf dieser Reise waren mehrere Begegnungen mit Walhaien. Jeden Tag auf dem Weg durch die Dünung zurück zum Strand trafen

wir auf bis zu neun Walhaie, die entlang der Küste auf Beutefang waren. Die Sicht war wegen der Brandung schlecht. Wir kamen so nahe heran, dass die Haie fast mit uns zusammenstießen. Wir wurden geradezu gleichmütig, wenn wir ihnen begegneten.«

Aliwal Shoal lockt viele Haiarten an, darunter auch Sandhaie mit ihrem charakteristischen Gebiss.

Ein Highlight von Aliwal sind Sandhaie – von den Einheimischen auch *raggies* genannt, nach ihrer englischen Bezeichnung *ragged-tooth sharks*. Ihren englischen Namen tragen die Sandhaie nicht zu Unrecht: Ihr charakteristisches Gebiss besteht aus langen, scharfen Zähnen, die ihnen in verrückten Winkeln aus dem Maul ragen. Trotz ihres bedrohlichen Aussehens stellen Sandhaie für Taucher keine große Gefahr dar. Wenn sie in großer Zahl auftreten (in der Regel von Juli bis Oktober, wenn sie sich Vermutungen zufolge in Aliwal paaren), findet man sie tagsüber an Stellen wie Cathedral oder Raggie Cave oft ruhend vor, was dem Taucher genügend Zeit gibt, diesen Vertreter der Makrelenhaie ausgiebig zu bestaunen.

Im Mai und Juni verlagert sich das Geschehen etwas weiter nach Süden an einen Ort namens Waterfall Bluff, wenn nämlich der jährliche *Sardine Run* ansteht. Dieses Phänomen wurde wegen der unfassbar großen Anzahl der beteiligten Tiere und der hektischen Betriebsamkeit, wenn die Raubtiere sich aus allen Ecken den Beutefischen nähern, schon mit der großen Tierwanderung in der Serengeti verglichen. »Es ist zweifellos einer der Höhepunkte in der Welt des Unterwasserfotografen oder Filmemachers, der Gipfel, der Mount Everest, wenn man während des *Sardine Run* an eine solche Zusammenballung von Sardinen herankommt«, erklärt Simon. »Wir gingen einmal für eine Produktion des *National Geographic Channel* hinunter, als wir einen Beitrag über einen britische Fotografen machten, der einige Jahre zuvor dort beim Filmen von einem Hai gebissen worden war. Die Haie schwimmen mit geschlossenen Augen und geöffnetem Maul durch den Sardinenschwarm. Der Fotograf landete versehentlich inmitten des Schwarms. Glücklicherweise wurde er herausgeschleudert und überlebte. In der Sendung ging es hauptsächlich darum, seine Rückkehr zum *Sardine Run* zu filmen und wie er mit den Haien und anderen Fischen wieder ins Wasser ging.«

Über die Gründe für den *Sardine Run* sind sich die Experten nach wie vor nicht einig. Die Sardinen leben normalerweise in den kälteren Gewässern vor Kap Hoorn im Atlantik, aber jedes Jahr im Mai folgen sie dem kalten Strom von Süden nach Norden bis in die Gewässer im Süden der Provinz KwaZulu-Natal und kommen dabei häufig nahe an die Küste und ins seichte Wasser. Millionen und Abermillionen von Fischen ballen sich eng zusammen, weil sie sich in der Gruppe sicherer fühlen. Es ist jedoch ein trügerisches Gefühl angesichts der scheinbar endlosen Liste von Räubern, die sich auf ein Festmahl freuen – Basstölpel, Delfine, Robben und Haie, Haie, Haie. (Bronze-, Schwarz- und

Schwarzspitzenhaie sieht man hier häufig, gelegentlich schauen auch Weiße Haie vorbei.) Doch die Sardinen und ihr hungriges Gefolge zeigen nicht immer ausreichend Manieren, um dann aufzutauchen, wenn die Zuschauer sie erwarten. »Es passiert nicht immer, was vorausgesagt wird«, erzählt Simon. »Einmal waren mehrere Filmteams vor Ort in der Hoffnung auf schöne Aufnahmen, und wir waren die einzige Produktion, die in diesem Jahr wirklich erfolgreich war. Die Zusammenballungen sind vergänglich, sie können zehn Minuten oder eine Viertelstunde so bleiben oder auch nur einige Minuten. Die Zeitfenster sind klein. Man braucht möglichst viele Augen auf dem Meer und das Glück, zur richtigen Zeit am richtigen Ort zu sein. Wir beobachteten erst am letzten Tag unseres Besuchs eine solche Zusammenballung. Einen großen Teil unseres Glücks haben wir Mark Addison und Blue Wilderness Expeditions zu verdanken. Mark ist einer der erfahrensten Haitaucher in Südafrika, und unser Erfolg lässt sich zum großen Teil auf seine logistischen Fähigkeiten und seine Ortskenntnis zurückführen. Es läuft etwa so ab: Zuerst müht man sich in Zodiacs durch die 1,80 bis 2,50 Meter hohe Dünung, um den Strand zu verlassen und aufs offene Meer zu gelangen. Dann dümpelt man viel herum. An dem Tag, an dem uns die Aufnahmen gelangen, waren wir stundenlang hin und her geschippert, bis wir endlich Basstölpel sahen – Tausende, wie es schien –, die wie Raketen ins Wasser stießen. Als wir näher kamen, sprangen Delfine um den Sardinenschwarm aus dem Wasser, Haie kreisten, ein paar Seebären waren auch da – eine wirbelnde Masse aus Zähnen und Fischen. Das Wasser brodelte wie in einem Kessel, und über uns kreischten die Basstölpel. Als ich die Szene in mich aufsog, kam mir der Gedanke, dass ich mich in die Mitte dieses Aufruhrs begeben müsste. Wir rollten an der Seite vom Boot hinunter, und mein einziger Gedanke war: Wie bekomme ich dieses fantastische Ereignis auf den Film? Vor mir sausten 30 oder 40 Delfine um eine hysterische Quecksilberkugel, die Sardinen, herum, Basstölpel schwammen inmitten einer Explosion von Luftblasen vorbei, 1,80 bis drei Meter lange Haie bahnten sich ihren Weg mittendurch, kamen heran, inspizierten uns und wandten sich wieder ab. Alles passiert so schnell, so rasend, man wundert sich, wie diese Vögel, Säugetiere und Fische zusammenarbeiten, ohne sich ins Gehege zu kommen. Wie schnappen die Haie an den Vögeln vorbei, wie verfehlen die Vögel die Delfine? Man sieht, wie die Kugel immer kleiner und immer kleiner wird, und der Angriff wird dabei noch wilder. Plötzlich sind alle Sardinen und all die anderen Tiere verschwunden. Die letzte Szene erinnert an eine Schneekugel – Schuppen segeln langsam in die Tiefe hinab, und das Fischöl schimmert im Wasser. Das war meine unglaublichste Erfahrung als Filmemacher, ich würde es wieder und wieder tun. An dem Tag meiner Rückkehr von dieser Reise zeigte ich meiner Frau einen Teil des Materials. Sie begann, mir Kopfnüsse zu geben, weil sie sich darüber aufregte, welches Risiko ich ihrer Meinung nach eingegangen war. Aber jedes Mal, wenn ich an diesen Tauchgang zurückdenke, lächle ich und schüttle verwundert den Kopf.«

JASON ISLEY verließ Großbritannien 1995, um Südostasien zu bereisen, und entdeckte bald in Cairns in Australien das Tauchen für sich. Nach seinem PADI-Abschluss als Divemaster machte er eine Ausbildung zum Unterwasserkameramann und schloss sich Ende 1996 Simon Christopher auf Sidapan an, um bei der Gründung von Scubazoo (www.scubazoo.com) zu helfen. Scubazoos Reportagereisen haben ihn um die ganze Welt geführt; er tauchte bereits in Indonesien, Thailand, den Philippinen, Malaysia, Vietnam, Indien, den Malediven, Australien, Neuseeland, Tonga, Mikronesien, Hawaii, Mexiko, Panama, Kanada, Norwegen, Südafrika, Mosambik und Ägypten. Isley filmte bei allen größeren Fernsehproduktionen von Scubazoo. 1999 gehörte er zu den wichtigsten Unterwasserkameraleuten bei der ersten 24-Stunden-Aufnahme auf den Malediven, 2001 und 2002 organisierte er die gesamte Unterwasserlogistik und alle Unterwasserfilmaufnahmen für die beiden Staffeln *UK Survivor*, und 2002 hatte er die Regieaufsicht über Scubazoos Beitrag zur kanadischen IMAX-Produktion *Sacred Planet* auf Sipadan und in Thailand. In jüngerer Zeit filmte er für die *BBC*-Sendung *Really Wild Show* mit Michaela Strachan, *Great Ocean Adventures* mit Monty Halls, *Killer Shark Live* mit Nick Baker, *Journeys of a Lifetime* mit Minnie Driver, *The Jeff Corwin Experience* für *Animal Planet*, Nick Bakers *Weird Creatures* und *Perfect Predators* für die Shark Week auf *Discovery*. Jason Isley ist außerdem ein etablierter Unterwasserfotograf; seine Bilder erschienen in zahlreichen Büchern, Zeitschriften und Broschüren, und er war die treibende Kraft hinter Scubazoos erstem Bildband, *Sipadan, Mabul, and Kapalai: Sabah's Underwater Treasure*. Inzwischen blickt er auf über 3000 Tauchgänge zurück.

SIMON ENDERBY schloss die Aberdeen University mit einem Bachelor in Meereszoologie ab. Er war ein führendes Mitglied der ersten wissenschaftlichen Forschungsexpedition nach Pulau Layang Layang (Malaysia) im Südchinesischen Meer. Nach verschiedenen Jobs für Sea Mammal Research Unit und British Antarctic Survey in Großbritannien kehrte er 1997 nach Malaysia zurück, um eine Erhebung der gesamten Küste und der Korallenriffe von Sabah zu erstellen und ein Schildkrötenforschungsprogramm zu leiten. Anfang 1998 schloss er sich Scubazoo (www.scubazoo.com) an und beteiligte sich an vielen ihrer

Fernsehprojekte. Er half bei der Unterwasserlogistik, Planung und beim Filmen für beide Staffeln von *UK Survivor* 2001 und 2002 und war 2002 Projektmanager für die kanadische IMAX-Produktion *Sacred Planet* auf Sipadan. Als Unterwasserkameramann für *Channel 5 UK* und *Great Ocean Adventures* auf *Animal Planet* war Simon Enderby schon auf der ganzen Welt unterwegs. Er unternahm mehr als 2500 Tauchgänge und ist qualifizierter Assistant Instructor (PADI und BSAC) mit Ausbildung in TDI Nitrox, Extended Range und als Rebreather Diver sowie mit Erfahrung im Helmtauchen und oberflächenversorgten Tauchen. Er träumt davon, einmal die Entdeckung von Enderby Land in der Antarktis durch seine Vorfahren nachzuvollziehen und ihr Leben als traditionelle Walfänger mit seinem als modernem Meeresbiologen zu vergleichen.

REISETIPPS

- **Anreise:** Umkomaas, der Umschlagplatz für Ausflüge nach Aliwal, liegt 50 Kilometer südlich von Durban in der südafrikanischen Provinz KwaZulu-Natal. Durban wird von Deutschland aus von mehreren Linien mit einem oder zwei Zwischenstopps angeflogen.
- **Beste Reisezeit:** Für Tigerhaie Januar bis Mai, für Sandhaie Juli bis Oktober, für den *Sardine Run* Mai und Juni.
- **Unterkünfte:** Umkomaas bietet zahlreiche Unterkünfte. Die KwaMnandi Lodge (www.kwamnandi.co.za) ist im Luxussegment zu empfehlen, eine bescheidenere Möglichkeit ist die Aliwal Dive Lodge (ww.aliwalshoal.co.za).
- **Tauchbasen/Guides:** Es gibt mehrere Tauchveranstalter in Umkomaas. Für die Feinheiten rund um das Tauchen mit Tigerhaien oder den *Sardine Run* empfehlen Jason und Simon Blue Wilderness Expeditions (www.bluewilderness.co.za).

VAVA'U

EMPFOHLEN VON **Paul Stone**

Die westliche Welt hatte größtenteils noch nie etwas von Tonga gehört, bevor es sich im Irakkrieg 2003 der »Koalition der Willigen« anschloss (und etwas mehr als 40 Einheiten entsandte), und wusste schon gleich gar nicht, wo es auf der Karte zu suchen war. Das Königreich Tonga liegt auf etwa zwei Drittel des Wegs zwischen Hawaii und Neuseeland im Südpazifik und besteht aus 171 Korallenatollen und Vulkaninseln, die sich in drei Gruppen zusammendrängen: Tongatapu im Süden, Ha'apai in der Mitte und Vava'u im Norden. Das tongaische Volk blickt auf eine bewegte Seefahrergeschichte zurück. Häuptlinge und Entdecker, die von 1000 bis 1200 von Tonga aus mit dem Schiff aufbrachen, schufen ein locker zusammenhängendes Imperium, zu dem schließlich ein großer Teil von Polynesien einschließlich Fidschi, Samoa und Teile von Mikronesien und Melanesien gehörten. Trotz ihrem einstigen Hang zu Eroberungen sind die Tongaer für ihr freundliches Wesen bekannt. Als Kapitän James Cook Tonga in den 1770er-Jahren besuchte, wurde er so herzlich aufgenommen, dass er die Inselgruppe »Freundschaftsinseln« taufte. (Auch heute noch verstößt es gegen tongaische Sitten, einen Gast zum Verlassen des Hauses aufzufordern, und der einheimische Trinkspruch »Ofatu« lässt sich übersetzen mit »Ich liebe dich«.) Bemerkenswerterweise ist Tonga der einzige polynesische Staat, der durch die ganze Geschichtsschreibung hindurch seine Unabhängigkeit bewahrt hat.

Die hügeligen, üppig bewaldeten Inseln von Vava'u sind das Ziel für den größten Teil der Touristen auf Tonga (wobei der Tourismus immer noch einen relativ unentwickelten Wirtschaftszweig darstellt) und ein ausgezeichnetes Segelrevier mit einem der geschütztesten Häfen (Port of Refuge) in Polynesien. Zwar ist Vava'u schon seit einiger Zeit für seine Sommerbesucher aus der Familie der Wale bekannt (dazu später mehr), doch den Zauber seiner Riffe und kleineren Lebewesen beginnen die Taucher gerade erst zu entdecken. »Ich

hatte schon an verschiedenen Orten im Südpazifik gearbeitet«, beginnt Paul Stone zu erzählen, »und als ich in Tonga ankam, fand ich dort so ziemlich das klarste Wasser vor, das ich je gesehen hatte. Außerdem waren die Riffe in unglaublich gutem Zustand. Ich weiß noch, wie ich zu verschiedenen berühmten Tauchplätzen fuhr und an ihren jeweiligen Vorzeigeriffen tauchte. Da wechselte es sich immer ab: 20 Meter abgestorbenes Riff, zehn Meter gesundes Riff, dann wieder zehn Meter totes Riff und so weiter. In Vava'u gibt es Riffe, an denen man immer weiter entlangtauchen kann, ohne tote Stellen zu finden. Ich liebe kleine Tiere, und in unseren Riffen leben ein paar faszinierende Wesen – wie in Fidschi, aber vielleicht noch besser. Ich hatte mal den Auftrag, einem Gast einen Nacktkiemer zu zeigen, als ein Grauer Riffhai vorbeigeschwommen kam. Er zeigte aufgeregt auf den Hai, aber mich interessierte die Seeschnecke viel mehr! An drei Stellen finden wir Halimeda-Geisterpfeifenfische, die erst vor wenigen Jahren als Art entdeckt wurden. Unsere riesigen Muscheln rufen bei den Besuchern ebenfalls Begeisterung hervor.«

Vava'u macht sich langsam einen Namen wegen seiner prächtigen Riffe, aber viele Besucher kommen immer noch wegen der Möglichkeit, mit den Buckelwalen zu schnorcheln, die sich vom Hochsommer bis zum Herbst hier versammeln.

Wenn es Paul auch gelingt, den vorbeiziehenden Grauen Riffhai zu ignorieren, um interessante Kleintiere zu untersuchen – dem Ruf der Buckelwale, die die geschützten Gewässer von Vava'u in den Sommermonaten aufsuchen, kann auch er nicht widerstehen. »Jeden, der ein Interesse an der Natur oder der Unterwasserwelt hat, werden die Buckelwale einfach umwerfen«, ruft er begeistert aus. »Wer sich auch nur im Mindesten für Wale interessiert, wird jeden Augenblick der Begegnung mit einem Buckelwal im Gedächtnis behalten – ob es die erste ist, die zehnte oder die hundertste. Ich kann gar nicht zählen, wie oft solche ›Kenne ich alles schon‹-Typen dabei waren, die ganz sachlich tun, wenn sie das Boot betreten. Sobald sie jedoch einen Wal von Nahem sehen, flippen sie alle aus. Letztes Jahr hatten wir einen berühmten Fotografen auf dem Boot, der Aufnahmen machen sollte. Nach seiner ersten, dreiminütigen Begegnung kam er aus dem Wasser und erkannte, dass er vergessen hatte zu fotografieren. Das passiert eben, wenn man plötzlich neben einem Tier von der Größe eines Busses schwimmt.«

Buckelwale gehören zu den Bartenwalen. Ausgewachsene Tiere sind meist zwölf bis 15 Meter lang und können bis zu 40 Tonnen wiegen. Die Giganten ernähren sich von Krill und verschmähen auch kleine Schwarmfische nicht. Sie sind bekannt für ihre langen Wanderungen; manche Exemplare legten nachweislich bis zu 25 000 Kilometer vom Nahrungs- bis zum Fortpflanzungsgebiet zurück. Die 500 bis 1000 Wale, die jedes Jahr in die Gewässer von Tonga zurückkehren, wandern vom Antarktischen Ozean südlich von Neuseeland und Australien hierher.

»Vava'u in Tonga ist einer von nur zwei Orten auf der Welt, an denen Menschen legal mit Walen schwimmen können«, erklärt Paul. »Der andere liegt 135 Kilometer vor der Küste der Dominikanischen Republik im offenen Meer. Viele Stellen, an denen wir den Walen begegnen, sind sehr geschützt, sodass man ihnen sehr nahe kommt. Die ersten Tiere tauchen zwar schon im Frühling auf, aber für uns beginnt die Saison erst Mitte Juli. Dann kommen nämlich die ersten Jungtiere. Sie scheinen besonders gern mit dem Boot und mit Menschen in Kontakt zu treten. Oft hatten wir den Fall, dass zwei bis fünf Wale uns umkreisten. Ich glaube, die versuchen noch, das Paarungsverhalten zu verstehen. Sie paaren sich nicht mit dem Boot, aber sie balzen es an. Von Anfang bis Ende August beobachten wir sie in der Brunst. Dann kommt manchmal ein Dutzend Wale zusammen, vorne ein bis zwei Weibchen und dahinter ein Haufen Männchen, die sie verfolgen. Zu dieser Zeit erlebt man fantastische Schauspiele an der Oberfläche. Von Mitte August bis Ende September finden Weibchen und Männchen im fortpflanzungsfähigen Alter zusammen, und die ersten Kälber aus den Paarungen des Vorjahres werden geboren. Das ist auch die Zeit, in der die Männchen singen. Wenn ein Männchen sechs oder auch 25 Meter unter einem singt, spürt man den Gesang richtig durch sich hindurchgehen. Ich kann das nur mit dem Beat vergleichen, den man im Körper spürt, wenn man bei einem großen Rockkonzert ganz vorn steht und die Band das erste Lied anstimmt. Im Oktober sieht man hauptsächlich die Weibchen und ihre Kälber. Das berührt die Menschen am meisten: zu sehen, wie ein Tier, das sich physiologisch so sehr vom Menschen unterscheidet, eine so zarte mütterliche Fürsorge zeigt. Für ein dreieinhalb Meter langes Baby!«

Pauls Frau und Geschäftspartnerin Karen Varndell erinnert sich an einen ganz besonderen Moment mit einem Muttertier und seinem Kalb. »Wir entdeckten eine Mutter und ihr Kalb, die in der Ferne aus dem Wasser sprangen, und wir fuhren bis auf 30 Meter mit dem Boot heran. Sie sprangen weiter, schlugen mit den Schwanzflossen auf das Wasser, und dann begannen sie, das Boot zu umkreisen, erst in zehn Meter Entfernung, dann in nur drei. Da gingen wir dann ins Wasser – und die Mutter schlief ein. Sie war etwa 20 Minuten weit unter uns, und das Kalb blieb zwischen ihr und uns. Dann kam sie zum Luftholen nach oben und machte anschließend noch ein zwanzigminütiges Nickerchen. Insgesamt dauerte die Begegnung 45 Minuten. Ich bin total überzeugt davon, dass die Mutter keine Angst hatte, ein Schläfchen zu halten, weil wir da waren und auf ihr Kalb aufpassten.«

PAUL STONE ist Mitinhaber von Dive Vava'u (www.divevavau.com) in Tonga. Der gebürtige Amerikaner aus North Carolina ist seit über zwölf Jahren in der Tauchbranche aktiv. Seine Tauchkarriere hat ihn bereits um die ganze Welt geführt; er arbeitete schon in der Lagune von Chuuk, in Palau, Französisch-Polynesien, Belize, auf den Kaimaninseln und Indonesien. Er ist Tauchlehrer und Tauchtrainer bei der Tauchorganisation TDI und arbeitet für verschiedene andere Behörden wie NAUI, IANTD und SSI. Nach über 5000 Tauchgängen liebt Paul die Unterwasserwelt mehr denn je. Seine besondere Leidenschaft gilt der Unterwasserfotografie und -videografie.

REISETIPPS

- **Anreise:** Mehrere Fluglinien fliegen Tonga mit mehreren Zwischenstopps an; der Ankunftsflughafen liegt auf der Insel Tongatapu im Süden. Von dort aus fliegen Sie mit Peau Vava'u oder Airlines Tonga nach Vava'u.
- **Beste Reisezeit:** Man kann das ganze Jahr über gut in Tonga tauchen, aber die Wale sind zuverlässig nur von Mitte Juli bis Oktober vor Ort.
- **Unterkünfte:** Das Tonga Visitors Bureau (www.tongaholiday.com) führt auf seiner Website eine Auswahl an Unterkünften auf der Insel Vava'u auf.
- **Tauchbasen/Guides:** Auf Vava'u gibt es mehrere Tauchbasen, die Ausflüge anbieten, zum Beispiel Dive Vava'u (www.divevavau.com).

GRAND TURK

EMPFOHLEN VON **Mitch Rolling**

Auf Grand Turk bedeutet Tauchen nur eins: die Wand.

Wenige Tauchziele in der Welt verbindet man stärker mit dem Steilwandtauchen als Grand Turk. »Die Leute kommen nach Grand Turk, um an der Wand zu tauchen, ganz einfach«, erklärt Mitch Rolling. »Manche Gäste kommen immer und immer wieder, obwohl das Erlebnis jedes Mal so ziemlich das gleiche ist.« Man darf also annehmen, dass es sich um ein recht angenehmes Erlebnis handelt.

Die Turks- und Caicosinseln bestehen aus 40 Inseln und Koralleninselchen und liegen 900 Kilometer südöstlich von Miami und den Bahamas im Atlantischen Ozean, nördlich von Haiti und der Dominikanischen Republik. Die Caicosinseln sind weiter im Westen, etwas besser erschlossen und machen den Großteil der Inselgruppe aus. Die Turkinseln Grand Turk und Salt Cay sind kleiner und entspannter. (Die Esel, Pferde und Rinder, die in der Blütezeit der Salzindustrie von Grand Turk das Salz schleppten, dürfen sich heute dort frei bewegen.) Als erste Europäer bekamen die Seeleute unter dem Kommando von Christoph Kolumbus auf der berühmten Expedition von 1492 die Inseln zu Gesicht. Sie standen wechselweise unter britischer, französischer und spanischer Herrschaft, bis die Briten schließlich die Oberhand behielten (Die Turks- und Caicosinseln gehören noch heute zum British Commonwealth.) Viele Inselbewohner wurden versklavt oder erlagen Krankheiten. Relativer Wohlstand (für die Kolonialherren) stellte sich mit der Gewinnung von Meersalz ein, doch da das trockene Klima der Insel sie ungeeignet für den Anbau von Baumwolle oder Zuckerrohr machte, ließ das Interesse der Eroberer rasch nach – bis sie das touristische Potenzial der Insel erkannten. Die Einrichtung eines Club Med 1983 auf der Insel Providenciales wies den Inseln den Weg in die Zukunft.

Insgesamt bieten die Turks- und Caicosinseln eine Vielfalt an verschiedenen Tauchmöglichkeiten. Um Providenciales (Provo) liegt das Augenmerk auf den Gewässern in und um den Princess Alexandra National Park, in Grand Turk ist es die Wand. Die 35 Kilometer breite und durchschnittlich 2000 Meter tiefe Kolumbus-Passage trennt die Turksinseln von den Caicosinseln. Die Grand Turk Wall liegt direkt an der Passage; aus neun bis zwölf Metern Tiefe fällt sie hier steil auf 2,5 Kilometer ab. Mitch erläutert die vielen Vorteile der Wand. »Zunächst einmal liegt sie auf der windabgewandten Seite von Grand Turk und ist so gegen Wind und Unwetter geschützt. Uns gehen nur sehr wenige Tauchtage an der Wand verloren. Zweitens beginnt sie schon 400 bis 800 Meter vor der Küste und erstreckt sich über die ganze Länge der Insel von zehn Kilometern. Man fährt im Durchschnitt nicht länger als zehn Minuten zum Tauchplatz. Die Sicht ist ausgezeichnet, um die 30 Meter und mehr. Schließlich bekommt das Riff eine Menge Tageslicht, da es schon in so flachem Wasser anfängt, was sowohl das Wachstum fördert als auch die Farben besser erkennen lässt.«

Die Tauchplätze befinden sich am westlichen Rand von Grand Turk und sind durch Ankerbojen gekennzeichnet. An einem normalen Tag führt Mitch die Gäste zuerst zum nördlichen Ende der Insel. »Hier gibt es drei Stellen, an die ich gern fahre: Aquarium, Rolling Hills und die Gorgonian Wall«, sagt er. »Die Weichkorallen sind besonders üppig und verschiedenartig – Gorgonien, Seefedern und Filigrankorallen. Dann fahren wir in Richtung Süden zu den mittleren Tauchplätzen. Hier finden sich steilere Wandabschnitte und Überhänge im Riff mit Schwarzen Korallen, die man normalerweise nicht in Freizeittauchertiefen findet. Sie wachsen hier, weil die Überhänge das Tageslicht abschirmen. Insgesamt sind die Riffe extrem gesund. Was die Fische angeht, so hat sich in den letzten 27 Jahren, in denen ich hier bin, auf jeden Fall einiges verändert. Ich finde, wir sehen nicht mehr so viele größere Arten wie früher, und diejenigen, auf die wir treffen, werden nicht mehr so groß wie früher. Trotzdem finden viele Besucher es aufregend, so viele Zackenbarsche zu sehen, und das hört man natürlich gern. Von Mai bis November besuchen manchmal Mantarochen die Riffe, und sogar Walhaie kommen gelegentlich vorbei. Buckelwale wandern im Winter durch die Passage. Wir sehen sie zwar selten auf Tauchgängen, aber wir hören sie oft. Insgesamt würde ich Grand Turk nicht unbedingt als Ort für große Tiere anpreisen, auch wenn man ihnen hier auf jeden Fall begegnen kann. Die Makrowelt und die Wirbellosen dagegen sind wegen der gesunden Riffe reichlich vertreten.«

»Provo hat eine gut entwickelte touristische Infrastruktur«, fügt Mitch hinzu. »Hier hat man verschiedene Möglichkeiten, wie auf den anderen gut erschlossenen Inseln in der Karibik. Auf Grand Turk gibt es WLAN und andere moderne Annehmlichkeiten, aber es hat sich den Charme eines weniger entwickelten Ortes erhalten. Man kann hier natürlich wunderbar tauchen, aber ich glaube, die Leute kommen im gleichen Maße wegen der entspannten Rahmenbedingungen. Wir fahren um neun raus, gehen ein paarmal ins Wasser und sind um eins zum Mittagessen wieder da. Dazu ein Bier, danach ein Nickerchen. Wenn die Gäste noch mal tauchen möchten, lassen wir das Bier weg und fahren noch mal raus.« Wenn die Gäste bei Einbruch der Dunkelheit noch nicht zu entspannt sind, empfiehlt Mitch einen nächtlichen Tauchgang an einer Stelle namens Library. »Nachts sind meist weniger Fische da, dafür werden die Wirbellosen sehr aktiv«, erklärt er. »Eins meiner liebsten nachtaktiven Tiere ist die Karibische Juwelenanemone. Sie hat einen transparenten Körper mit orangen Kugeln an den Enden ihrer Tentakel und sieht ganz bezaubernd aus.«

MITCH ROLLING eröffnete Blue Water Divers (www.grandturkscuba.com) 1983 mit einem Boot und einem alten Kompressor. 24 Jahre und 9200 Tauchgänge an der Grand Turk Wall später war Blue Water Divers auf drei Boote und einen Tauchbedarfsladen angewachsen und als PADI-Gold-Palm-Fünf-Sterne-Resort anerkannt. Mitch legt großen Wert darauf, Besucher mit der richtigen Mischung aus professioneller Sicherheit und lebensfroher Kameradschaft zu empfangen. Wenn er nicht gerade Tauchgänge leitet, tritt der erfolgreiche Musiker mit seiner Band auf Grand Turk auf.

REISETIPPS

► **Anreise:** Die Insel Providenciales wird von Deutschland aus mit einem oder zwei Stopps angeflogen. Sky King (www.skyking.tc) bietet Flüge von Provo nach Grand Turk an.

► **Beste Reisezeit:** Getaucht werden kann auf Grand Turk das ganze Jahr über. Mitch bevorzugt die Sommermonate, wenn das Wasser wärmer ist und weniger Unwetterfronten die Insel erreichen.

► **Unterkünfte:** Auf der Website des Turks and Caicos Tourist Board (www.turksandcaicos tourism.com) finden sich Unterkunftsmöglichkeiten auf Grand Turk.

► **Tauchbasen/Guides:** Es gibt mehrere Tauchbasen auf Grand Turk, darunter auch Blue Water Dives (www.grandturkscuba.com). Eine vollständige Liste finden Sie auf der Website des Turks and Caicos Tourist Board (www.turksandcaicostourism.com).

PUGET SOUND

EMPFOHLEN VON **Janna Nichols**

Sechskiemenhaie, Wesen wie aus grauer Vorzeit, gehören zu den größten Fischen, die man im Puget Sound antreffen kann.

Janna Nichols hatte etwas anderes als den Puget Sound im Sinn, als sie beschloss, mit dem Tauchen anzufangen. Eher etwas wie Hawaii. »Meine Tochter ging damals in Hawaii aufs College«, erzählt Janna, »und ich stellte mir vor, das Tauchen könnte eine gute Möglichkeit sein, etwas zusammen mit ihr zu unternehmen. Mein Plan war, die Theorie und die Poolausbildung hier in Washington zu absolvieren und den Schein dann in Hawaii abzulegen. Je länger ich im Theoriekurs saß, desto klarer wurde mir, wie gern ich mit meinem Lehrer und den anderen Teilnehmern zusammen war. Als sie mich ermutigten, zusammen mit ihnen den Tauchschein im Puget Sound abzulegen, trug ich mich mit ein. Ich machte den Schein im kalten Wasser und schaffte es anschließend tatsächlich bis nach Hawaii. Das Tauchen dort machte mir einen Riesenspaß, aber ich konnte nicht allzu häufig hinfahren. Da begriff ich langsam, was der Puget Sound alles zu bieten hatte.«

Puget Sound gehört zu Amerikas großen Tauchgründen in Stadtnähe. Der Sund liegt zwischen den Olympic Mountains im Westen und den Cascades im Osten und umfasst eine Fläche von nahezu 7000 Quadratkilometern mit einer durchschnittlichen Tiefe von 150 Metern. Der Großteil der rund vier Millionen Einwohner des Bundesstaates Washington lebt am oder nahe dem Puget Sound. Unberührt kann man ihn nicht nennen – immerhin haben die Häfen von Tacoma und Seattle zusammen das zweithöchste Verkehrsaufkommen im Land, und viele Schwerindustriebetriebe säumen seine Ufer. Dennoch beherbergt der Sund dank dem Zufluss aus 10 000 Bächen und Flüssen, die die Abwässer verdünnen, und der Juan-de-Fuca-Straße, die das System mit Nährstoffen versorgt, eine gesunde Meeresfauna. Zwar kommt die Sicht vor Pike Place Market oder Edmonds nicht an die von Kona heran, aber man muss auch keine 50 Meter weit sehen können, um die einheimischen Lebewesen zu begutachten. Im Puget Sound bewegt sich ohnehin alles etwas langsamer.

»Wenn man in den Tropen taucht, sieht man überall nur Fische«, fährt Janna fort. »Man ist überwältigt von der gewaltigen Anzahl unglaublich farbenprächtiger Fische. Manche Leute kommen zum Puget Sound und fragen: ›Gibt es hier überhaupt Fische?‹ Ja, es gibt hier schon einige Fische. Aber für die Farbenpracht sorgen unsere Wirbellosen – Anemonen, Seesterne, Kraken. Sehr große Wirbellose. Ich gebe Bestimmungskurse für Fische und Wirbellose, und wenn ich die Arten im Unterricht durchgehe, scheinen sehr viele Rekordhalter dabei zu sein.« Und der Pazifische Riesenkrake ist dabei sicherlich der Star. Er misst im Durchschnitt fünf Meter von Armspitze zu Armspitze und wiegt 40 Kilogramm. Das größte je vermessene Exemplar hatte eine Armspannweite von neun Metern, und sein Gewicht wurde auf 270 Kilogramm geschätzt! Er kann seine Farbe wechseln, um Angreifer zu verwirren oder Beutetiere zu täuschen, und ist ein hochintelligentes Tier.

Ein weiterer der großen Wirbellosen im Puget Sound ist der Sonnenblumenseestern. Diese Riesenseesterne können einen Durchmesser von über 75 Zentimetern erreichen und bis zu 24 Arme haben. Sie bewegen sich mit einer blitzartigen Geschwindigkeit (für Seesterne) von bis zu mehreren Zentimetern pro Minute und haben einen unersättlichen Appetit. »Sonnenblumensterne gehören zu den gefräßigsten Räubern im Puget Sound«, erklärt Janna. »Sie fressen alles, was ihnen vor die Arme kommt, auch andere Seesterne.«

Im Puget Sound gibt es mehr als 75 küstennahe Tauchplätze und Hunderte weitere für alle, die mit dem Boot hinausfahren können. Die San Juan Islands nicht weit nördlich vom Puget Sound eröffnen eine Reihe weiterer Möglichkeiten. Doch die Einwohner von Seattle müssen nicht weit fahren, um interessante Unterwasserwelten zu entdecken – einige lassen sich sogar bequem nach Feierabend ansteuern. »Eine Stelle, an die die Leute immer wieder fahren, liegt direkt gegenüber von Elliot Bay im Süden von West-Seattle«, sagt Janna. »Sie heißt Alki Beach. Es gibt dort einige künstliche Riffe, die einen guten Querschnitt der Meeresfauna im Puget Sound anlocken. Besonders beliebt ist das Nachttauchen an einer Stelle namens Seacrest Cove Two. Oft halten die Leute Ausschau nach Sechskiemenhaien, die man sonst nur in wesentlich tieferen Gewässern findet. «

Ein weiterer Favorit der Besucher von Puget Sound ist der Edmonds Underwater Park. Er beheimatet zahlreiche der ortsansässigen Fischarten von Puget Sound wie Lengdorsche, Stachelköpfe, Cabezons und Pazifische Seewölfe. Zu verdanken ist dieser Park Bruce Higgins, der über 30 Jahre hinweg unter Wasser daran arbeitete, den Park zu einem sicheren und schönen Tauchplatz zu machen. Er installierte Seilpfade, die zu den Höhepunkten des Parks führen, sowie zahlreiche Aufbauten, in denen Tiere sich ansiedeln können.

»Als ich mit dem Bestimmungskurs REEF für Wirbellose begann«, erzählt Janna, »gab es einen festen Lehrplan mit 44 Arten, die ich behandeln sollte. Ich musste Fotos von allen schießen, damit die Teilnehmer sie bestimmen konnten. Die ersten 43 waren einfach, aber die letzte Art, die Clowngarnele, machte Schwierigkeiten. Ich wusste, dass sie eine bestimmte Anemonenart aufsucht, die in British Columbia häufiger ist. Mein Mann und ich fuhren nach Norden und fanden diese Anemonenart in rauen Mengen, aber nicht eine einzige Clowngarnele. Auf dem Nachhauseweg kamen wir an Edmonds vorbei und beschlossen, dort einen Zwischenstopp einzulegen. Wir fanden ein versunkenes Boot voller Seenelken, und zwischen den Seenelken krochen einige Clowngarnelen. Das war das einzige Mal, dass ich sie jemals zu Gesicht bekam.«

JANNA NICHOLS ist die Inhaberin von Pacific NW Scuba, wo PADI-zertifizierte Gerätetauchkurse, Kurse in Reanimation und Erster Hilfe, REEF-Fischbestimmungskurse und DAN-O_2-Kurse angeboten werden. Sie ist PADI Master Scuba Diver Trainer, DAN-Tauchlehrerin, REEF-Lehrkraft und Tauchsicherheitsbeauftragte an der Washington State University. Als Mitglied der American Academy of Underwater Scientists führt sie regelmäßig REEF-Erhebungen an Fischen und Wirbellosen durch. Darüber hinaus engagiert sie sich in der Identifizierung und Katalogisierung invasiver Manteltiere in Puget Sound. Sie ist eine leidenschaftliche Unterwasserfotografin.

REISETIPPS

- **Anreise:** Nach Seattle fliegt man von Deutschland aus direkt oder mit einem Stopp. Ein Mietwagen empfiehlt sich, da viele Tauchplätze leicht vom Ufer aus zugänglich sind.
- **Beste Reisezeit:** September und Oktober bringen Sonnenschein, etwas wärmeres Wasser und gute Sicht. Abgehärtete Naturen (mit Trockenanzügen) tauchen das ganze Jahr über.
- **Unterkünfte:** Auf der Website des Seattle Convention and Visitors Bureau (www.visitseattle.org) finden Sie Unterkünfte im Großraum Seattle.
- **Tauchbasen/Guides:** Zwei der größeren Ketten sind Lighthouse Dive Centers (www.lighthousediving.com) und Underwater Sports (www.underwatersports.com).

Autorisierte deutsche Ausgabe veröffentlicht von
NATIONAL GEOGRAPHIC DEUTSCHLAND
(NG Malik Buchgesellschaft mbH), 2. Auflage, Hamburg 2016

Die amerikanische Originalausgabe wurde erstmals 2008 unter dem Titel *Fifty Places to Dive Before You Die* von Stewart, Tabori & Chang, einem Imprint von ABRAMS, New York, veröffentlicht. (All rights reserved in all countries by Harry N. Abrams, Inc.) – Text © 2008 Chris Santella.

Bildnachweis Umschlagvorderseite: © Jeff Hunter/Getty Images; Seiten 2, 50, 132, 150, 154 und 164: © Eric Hanauer, ehanauer.com; Seiten 10, 108 und 198: © Ethan Gordon, ethangordon.com; Seiten 12, 24, 30, 42, 56, 60, 94, 128, 140, 212 und 216: © Stephen Frink, stephenfrink.com; Seite 16: © Norbert Wu, norbertwuproductions.com; Seiten 20, 112 und 180: © David Doubilet; Seiten 38, 66, 78, 186, und 220: © Marty Snyderman, martysnyderman.com; Seite 100: © Tom Phillipp; Seiten 46, 84, 116 und 136: © Jonathan Bird, jonathanbird.net; Seite 72: © Masa Ushioda/Stephen Frink Collection; Seite 90: © Roger Munns, scubazoo.com; Seite 104: © Dee Scarr; Seite 124: © Al Hornsby; Seite 144: © Ivo Kocherscheidt, ivokphoto.com; Seite 160: © Nicolas Reynard/Getty Images, Inc.; Seite 168: © Matthew Oldfield, scubazoo.com; Seite 172: © Paul M. Hudy, nc-wreckdiving.com; Seiten 190 and 206: © Jason Isley, scubazoo.com

Mitarbeiter der deutschen Ausgabe
Übersetzung aus dem Englischen: Susanne Schmidt-Wussow
Redaktion: Thomas Rath für bookwise GmbH, München
Umschlaggestaltung: www.anjagrimmgestaltung.de (Gestaltung), www.stephanengelke.de (Beratung)
Vorsatzkarte: Esther Gonstalla, www.erdgeschoss-grafik.de
Herstellung: Piper Verlag GmbH München, Dörte Rehberg

Printed in Slovenia by Florjancic

ISBN 978-3-86690-441-5

Die National Geographic Society, eine der größten gemeinnützigen wissenschaftlichen Vereinigungen der Welt, wurde 1888 gegründet, um «die geographischen Kenntnisse zu mehren und zu verbreiten». Sie unterstützt die Erforschung und Erhaltung von Lebensräumen sowie Forschungs- und Bildungsprogramme. Ihre weltweit mehr als neun Millionen Mitglieder erhalten monatlich das NATIONAL GEOGRAPHIC-Magazin, in dem die besten Fotografen ihre Bilder veröffentlichen sowie renommierte Autoren aus nahezu allen Wissensgebieten der Welt berichten. Ihr Ziel: *inspiring people to care about the planet*, Menschen zu inspirieren, sich für ihren Planeten einzusetzen. Die National Geographic Society informiert nicht nur durch das Magazin, sondern auch durch Bücher, Fernsehprogramme und DVDs. Falls Sie mehr über NATIONAL GEOGRAPHIC wissen wollen, besuchen Sie unsere Website unter www.nationalgeographic.de.

44
7
50
40
25
39
21
31
32
5
11
14
30
24
49
33
6
13
15
22
23
8
9
12